# LANDSCAPES OF FEAR

# 恐惧景观

[美国] 段义孚——著

徐文宁——译

译林出版社

图书在版编目（CIP）数据

恐惧景观 /（美）段义孚著；徐文宁译. —南京：译林出版社，2023.10
书名原文：Landscapes of Fear
ISBN 978-7-5447-9809-9

Ⅰ.①恐… Ⅱ.①段… ②徐… Ⅲ.①人文地理学
Ⅳ.①K901

中国国家版本馆CIP数据核字（2023）第136659号

*Landscapes of Fear* by Yi-Fu Tuan

由江苏译林出版社有限公司与企鹅兰登（北京）文化发展有限公司Penguin Random House (Beijing) Culture Development Co., Ltd.合作出版

著作权合同登记号 图字：10-2020-434号



**恐惧景观 [美国] 段义孚 / 著 徐文宁 / 译**

责任编辑 王瑞琪
装帧设计 韦 枫
校 对 王 敏
责任印制 董 虎

原文出版 Pantheon Books，1979
出版发行 译林出版社
地 址 南京市湖南路1号A楼
邮 箱 yilin@yilin.com
网 址 www.yilin.com
市场热线 025-86633278
排 版 南京展望文化发展有限公司
印 刷 徐州绪权印刷有限公司
开 本 880毫米 ×1240毫米 1/32
印 张 13.625
插 页 4
版 次 2023年10月第1版
印 次 2023年10月第1次印刷
书 号 ISBN 978-7-5447-9809-9
定 价 78.00元

# 目 录

# 中文版导言

《恐惧景观》貌似是一本“闲书”，实际上它是人文主义地理学派创始人之一段义孚先生的学术著作之一。翻开本书的读者有两类，其一是地理学研究者，其二是对景观感兴趣的非地理学研究者。无论是哪一类读者，或许都期待通过阅读本书，与作者“神交”，并获得思考和行动的启示。譬如设计什么样子的居住小区，可以让生活在其中的人们有安全感？选择绿色出行，是否可以减缓人们对全球气候变化威胁的恐惧？年轻人为何兴奋地坐上过山车，却又惊恐地尖叫？

对于许多读者，首先要明确何为恐惧景观。景观（landscape）一词在不同学术圈，以及大众话语中的定义略有不同。在本书第一章中，段先生指出他采用的是17世纪以来西方世界一直使用的景观含义。景观既是一种心智的构建物，也是一种自然的、可测量的实体。在此定义的基础上，段先生给“恐惧景观”下了定义，它既指无形的心理状态，也指有形的环境，是无法控制的、对人心理造成压力的，混乱的、自然的或人为的力量存在。每个人一生中总伴有恐惧，它既表现为警觉，也表现为焦虑。例如，人们远离熟悉的环境，远离可以依赖的人群，进而产生的恐惧。当人们对世界不同的地方有了更多的真实了解，或许会减少恐惧。例如，人们的恐惧来自对死后世界的无知，对大自然威力的无力，对人类之恶的失控。因此，段先生书中讲到的各类恐惧景观，都可以唤起读者的共鸣。如果仅仅获得这种共鸣，还不是段先生撰写本书的目的，他还要让读者体会到，在人类社会中，恐惧与克服恐惧、逃离恐惧与制造恐惧是对立和统一。我们在时刻警惕他者（人和自然）威胁时，也要警惕自己成为他者的恐惧景观；人们在营造美好家园的同时，也在生产着恐怖电影和游乐园的鬼屋。在对立统一的矛盾中，每个人都在思考中找到自己决策的平衡点。

段先生是一位带有传奇色彩的华裔美国地理学家，其作品风格与多数地理学家的著作迥然不同，但他得到了国际地理学界的高度认可，并被授予美国艺术与科学院院士、英国皇家科学院院士等荣誉头衔，这充分体现了国际地理学界的包容性。段先生的著作几乎都被翻译为汉语，读者群超出了地理学界。这说明段先生的著作得到了中国多学科人士的关注。除段先生外，另一位美国地理学家哈维（David Harvey）的著作也多被翻译为中文。段先生与哈维二人的治学共同点是：高产且致力于探索地理学的分析逻辑。前者探索了人文主义地理分析方法，后者探索了结构马克思主义地理学。读者翻开此书，一定不是冲着段先生的学术头衔，而是有着了解人文主义地理学的动机。

段先生被若干研究地理思想史的学者划定为文化地理学家，如编写《现代地理学思想》的皮特（Richard Peet）。[①] 一个学者在学术界的“他称”，很大程度上表明了他学术贡献集中的领域。我目前担任中国地理学会的文化地理专业委员会的主任委员，这个专业委员会于2004年正式成立。相较于文化地理学的百年历史，中国地理学界的文化地理学研究和研究力量都比较薄弱。一些中国地理界朋友见到我，就常半开玩笑地说：地理学有了文化地理学

① R. Peet, *Modern Geographical Thought*. London: Blackwell. 1998: 10.

就有了文化。其实地理学是否有文化，并非取决于它除了研究自然地理世界，还研究人文活动中的音乐、舞蹈、宗教、情感、遗产等，而是取决于地理学界是否有一批人，从文化的高度来审视人类的各类活动。本书《恐惧景观》就体现了这种思路。在书中，我们可以看到段先生提到的研究对象，既有大自然的风景，也有农田、城市。显然这些都不是狭义的文化事象，但是地理学者可以从人性的视角来分析它们。而人性就是人文主义地理学的核心。

地理学研究者对人文主义地理学派持不同态度，这既表明这个学派的价值，也表明学界的自省能力。质疑人文主义地理学的学者中有些很有学术影响力，如英国布里斯托尔大学的约翰斯顿（Ron J. Johnston），他认为人文主义地理学将个人的独特性提升到“不合理”的地位。[①]加拿大滑铁卢大学的奎尔克（Leonard Guelke）认为，人文主义地理学基于现象学而强调的个人感悟是无法被验证的，因此人文主义地理学是艺术[②]，他的言外之意是人文主义地理学的研究逻辑不是科学。约翰斯顿的质疑其实暗含了对独

① R. J. Johnston, “On the nature of explanation in human geography.” *Transactions of the Institute of British Geographers*, 1980. NS5, 402–412.

② L. Guelke, “Geography and logical positivism.” *Geography and Urban Environment*. 1978. 1: 35–61.

特性的接纳，只是他觉得不能以之替代地理学的统计分析。面对这些质疑，另一位人文主义地理学代表人物莱（David Ley）反驳道：现象学上的人是公开的、社会性的[①]，因此这样的人感悟出来的意义是共享的或共识的，人们共享的是主体间性。[②]读者会理解《恐惧景观》中提到的各类恐惧，而不需要作者提供大量的样本来验证是否存在这样的恐惧，因为人们知道，只要是人，都会有恐惧，同时我们也知道恐惧是在不同条件下因人而异的。段先生从来不直接回应学术界对人文主义的质疑，而是通过不断撰写新作，努力将人文主义地理学的分析逻辑阐述透彻。

段先生在《恐惧景观》中的一些思考，也出现在他1998年出版的《逃避主义》一书中。例如在《恐惧景观》第一章中，段先生指出，人们不单建造房子、发明农耕以应对自然的威胁，还创作童话、传奇，构建宇宙想象、哲学体系，将之作为心理的庇护所，用以逃避思维的混沌、对自然的恐惧。值得强调的是段氏思维，我在段先生的自传《我是谁》的汉译序中，将段氏思维称为“塞翁失马”模式。正像我前面提到的，恐惧景观既给人们带来强大的

---

① D. Ley, “Social geography and taken for granted world.” *Transactions of the Institute of British Geographers*, 1977. NS2: 498–512.

② P. Jackson, “Phenomenology and social geography.” *Area*, 1981, 13: 299–315.

心理压力，同时也被人们利用。例如大人用传说中的恐惧景观，告诫孩子做某些事情会受到惩罚。由此我们可以联想到许多类似的情况，如中国古人创造的地狱景观，其目的是管理现世。这样讲来，读者或许已经开始了解文化地理学与恐惧景观的关系了。

最后我以一个亲身的经历将恐惧景观的分析思路与规划联系起来，这或许是回应那些认为人文主义地理学无法指导空间实践的人。我从1999年夏到2000年夏在美国威斯康星-麦迪逊大学做富布莱特访问学者，租住在大学的宿舍（University Houses）。这片宿舍位于蒙多那湖（Lake Mendona）岸面向湖心的一个小丘上。人性是既亲水又怕水的，洪水就是恐惧景观。因此在小丘上规划、建设的住宅有两类：一类是既可以看到湖景，又不易被淹的富人住宅；另一类是看不到湖景且不易被水淹的地方，我住的宿舍属于后者。我住的这片宿舍由三组房子组成：两个东西并列的小圈，外面套一个环形路，环形路的外圈是第三组房子。我住的是西侧小圈，共有五间房子，各间房子的大门面向环形道路，房子后面是宽敞的法式门（French Door），面向圈内。这样的设计使得本组建筑的各家后院连在一起，且相互可以看到彼此。在当年没有便宜监控设备的条件下，这种建筑群形式创造了“城市眼”，在一定程度上威慑了那些想从后门进入的坏人。我猜想设计师一定是考虑到如何规避恐惧景观，我作为一个初在陌生环境生活的人，很容易察觉到这种设计的巧妙，并在内心感谢设计师。我这种思考推理的过程无需“验证”，每当我向人介绍这种设计的优点时，参与交流的人在主体间性上都会产生共鸣。

相信大家一边阅读本书，一边会联想到身边丰富多彩的案例。

周尚意

2023年6月9日于退思园

# 致　谢

写一本关于恐惧的书，怎么也不会是一种让人快乐的体验。但是，出于多种多样的原因，它仍是纯粹的智识乐趣之一：我可以去找寻大量参考文献，其范围从童话故事的注解，到有关刑法的论文。我从这些文献中获益良多，我非常乐意在此表达我的感激之情。另一个快乐的来源是，在成书的过程中，我得到了无数朋友、同事、学生的热情帮助。那些友好地与我交流其想法并提供参考书目的人包括迈克尔·阿尔伯特（Michael Albert）、贝金赛尔（R. P. Beckinsale）、马克·博曼（Mark Bouman）、钱伯斯（R. W. Chambers）、斯蒂芬·丹尼尔斯（Stephen Daniels）、丹尼斯·丁格曼斯（Dennis Dingemans）、杰克·弗林（Jack

Flynn)、菲利普·格斯梅尔(Philip Gersmehl)、琳达·格雷伯(Linda Graber)、休斯顿(J. M. Houston)、杰克逊(J. B. Jackson)、詹姆斯·哈撒韦(James Hathaway)、简·凯尔伯(Jane Kelber)、管(C. T. Kuan)、达纳·努南(Dana Noonan)、波特(P. W. Porter)、休·普林斯(Hugh Prince)、斯卡格斯(R. H. Skaggs)、凯瑟琳·斯迈利(Catherine Smiley)、奈杰尔·思里夫特(Nigel Thrift)、段思孚(Sze-Fu Tuan)、艾弗·温顿(Ivor Winton)。

我尤其要感谢本书编辑汤姆·恩格尔哈特(Tom Engelhardt)。书中谬误自然要由我来负责,但若本书确有条理明晰、前后一致的优点,则都应归功于汤姆,他对本书的编辑细心、精心而有创意。

# 第一章　导　言

恐惧的景观？我们若是停下来认真思索一下什么是恐惧的景观，我们的脑海中无疑会浮现出一大堆与恐惧有关的景象：在我们小的时候，我们会怕黑，怕被父母抛弃；当我们前往一个陌生的地方或是陌生的社交场所时，我们会感到焦虑；我们害怕看见死尸，害怕黑暗中那些具有超自然能力的妖魔鬼怪；我们对疾病、战争、天灾感到恐惧；看到医院与监狱，内心会战栗不安；独自走在空无人迹的街道和社区时，担心会被打劫；担心整个世界的秩序会突然崩乱溃散。

恐惧是由一个个独立的个体感觉到的，从这一意义上可以说恐惧的感觉是主观的；不过，有些恐惧显然来自对个体具有威胁性的外在环境，其他恐惧则不是这样。某些种类的恐惧只会在儿童中发生，其他一些种类的恐惧则仅在青春期和成年期出现。一些恐惧出现在充满压力的环境中的“原始”人身上，其他恐惧则出现在复杂的工业技术社会，尽管这样的社会对自然天性有着巨大的影响力。

在所有关于人类个体与人类社会的研究中，恐惧都是一个主题，不论它是隐藏在有关勇气与成功的故事中，还是直接清晰地体现在有关恐惧症与人类冲突的著作中。但据我们所知，没有一个人尝试过将“恐惧景观”视作一个就其本身而言值得进行系统探究的主题——基于这一原因，它有可能给人们抱有永恒兴趣的那些问题（作为人意味着什么？活在这个世界上意味着什么？）提供一个解惑的途径。在本书中，我们将会尝试探索这些问题，尤其是追寻多种多样的恐惧景观相互之间的联系与影响。

当然，对人类来说，恐惧并无什么特别之处，或者说恐惧并非人类所独有。所有高等动物都明白，恐惧是一种情绪，它警示马上就有危险降临，并且这种情绪是其生存下来所必要的。恐惧出现时，我们常会尽力将这一情绪压在心底，之所以这样可能是因为我们需要始终将“自
3 然”视作一片纯真之地，当我们对人感到不满时，可以退

回这片天地。对我们来说，漫山遍野的花朵与遍布海滩的卵石，是宁静安谧的景象。一些动物，比如一只给自己的孩子喂奶的母猫，或是一头正在草地上吃草的牛，是代表和谐宁静的图像。不过，在人类以外的世界中，所谓“平静”带有很大的虚妄性。动物可能会在自己家中，在它自己所处地盘的中心区域感到安全；但是，考虑到其自身具有的远距离感觉（嗅觉、听觉、视觉）能力，这些能力可以使其意识到更大的空间，这些空间既可以为其提供诱惑，也可以对其造成威胁。极少有恐惧景象会像一只刚刚从自己窝中溜出、探头探脑地看着眼前广阔地域的兔子那样生动形象；它的耳朵支棱着，身体因紧张而颤抖不已。稍有风吹草动，它就会掉头逃命。

不同物种的恐惧强度与频率有很大不同。与神经极为紧张敏感的兔子相比，在非洲广阔的热带稀树草原上巡视自己地盘的狮子，看上去好像没有一点害怕的样子。当然，比起捕食者，猎物有更多理由保持高度紧张与警觉。食草动物有许多比它们自身强大的天敌，为了活命，它们必须以最快速度逃离自己的天敌。经过无数年的进化演变，食草动物拥有了侧眼，这是它们具有的一种优势，有了这一优势，它们就能注意到四面八方的情况。缺少防御能力却特别警惕的兔子，实际上可能在其头后与头前视野重叠，就像俗语所说："没有人能靠近兔子而不被察觉。"[1] 狮子则与其他捕食者一样有前眼。它们的正事就是发现猎物后去追捕和猎杀，它们极少有什么理由害怕敌人从后面向它们发动袭击。但不管怎么说，在所有动物中，警惕性必然隔上一段时间就会有所放松，谁也不可能一根弦绷到老，那样非绷断不可。谁睡得比较踏实呢？我们可能会说："不做亏心事的人。"但更具普适性的回答则是："谁感觉不到害怕，谁就会睡得踏实。"因而，像猫这样的捕食者就会睡得非常好；与之相对，那些遭到频繁捕食的物种，如老鼠，则会睡得较差。另外，住处比较安全也很重要。蝙蝠在其栖身的洞穴里就会比绵羊在露天时睡得好得多。[2]

在对恐惧的感觉中，同一物种内的个体之间有时可能会有相当大的差异。在人类这一具有相当多不同形态的物种中，一些人天生就胆小；反之，也有些人一生下来就天不怕地不怕。我们能在家养宠物身上辨识出不同的气质，却不大确定野生物种内部的成员相互间有何不同，部分原因是我们缺少相关的观察数据。不过，多态性程度（degree of polymorphism）也可作为一个粗略的参照指标。实际上，在一些物种中，比如牛或海鸥，个体之间的体型极为相像，由此我们可以推论，这些动物的情绪反应可能具有相当多的一致性。[3]

我们在评估一个动物物种已知恐惧的种类与程度时， 4
也要记住下面这一点：在动物的生命历程中，这一情绪同样可能会发生改变。特定的焦虑与警觉是习得的。尽管许多鸟儿单凭本能就能识别它们的天敌并尽可能地避开它们，但是幼小的寒鸦必须由年长的寒鸦教导它们应该对什么感到恐惧。幼狼在它们充满活力但又略显笨拙的行为中看上去完全是一副什么都不怕的样子，但实际上，在它们从小到大逐渐进入成熟期的过程中，它们必须学会成年雄狼身上所有的那种警觉性。[4]而对于人类来说，毫无疑问，在其生命周期中的不同阶段，也会有不同的恐惧出现或消失。我们往往趋向于在遇到恐惧时，通过将那些让人不快的记忆深藏于心来简化这一情景。成年人在慢慢走过中年那段例行的时间时，可能极少还会记起自己年轻时的那些焦虑，至于在婴幼儿时期所感受到的对夜晚的恐惧，那更是绝少会被记起。

什么是恐惧？它是一种复杂的感觉，在这种感觉中，有两种类型的紧张清晰可辨：一种是警觉，一种是焦虑。警觉往往是由环境中比较显眼的事情所引发，对此动物的本能反应不是奋起搏斗就是飞奔而逃。另一方面，焦虑则是一种恐惧不断扩散的感觉。它经常会在动物进入一种陌生环境从而迷失方向，远离自己居住地那些可以帮助自己的事物与人时发生。焦虑是一种对危险的预感，尽管在其周边环境中没有任何东西可被明确视作对其具有危险性。做出决定性行动的需要，会被任何具体的、可能的威胁的缺乏所抑制。

警觉与焦虑在所有高等动物身上都可看到。人与其他灵长类动物有许多共通之处，比如在焦虑感的起因上，在随后的行动反应上。人与其他物种不同的地方则是，人类有更大的情绪变化幅度与更高的心智。

情绪变化幅度是神经系统复杂度的测量器，间接来说也可算是心智复杂度的测量器。与复杂动物（例如兔子）的情绪表达相比，水母的情绪表达极为有限；但若是与人类的情绪表达相比，兔子的情绪表达也可以说是非常少了。动物有可能会愤怒与悲哀，但它们是否会伤感或忧郁呢？它们会显示出警觉与焦虑的信号，但它们是否会处于被羞辱的恐惧中呢？或是处于为其同类感到羞耻的状态中呢？会产生羞耻感与负罪感这一能力，极大地增加了人类恐惧的范围。生活在自然环境中的动物，能否体验到与死亡相连的毛骨悚然与难以解释的恐怖呢？意识到存在超自然的邪恶，这是人类所独有的能力，使得人能看到和生活在幻觉世界中，那个世界里有巫婆、鬼魂和妖怪；对这些鬼神的恐惧是其他动物所没有的。害怕亲友背叛自己，与害怕熟人圈子外的敌人有很大不同。人的想象力会极大地增加人类社会中恐惧的种类和强度。

因而，我们的头脑想象力丰富，实在是一件利弊参半的事情。我们知道的越多，我们的担心与忧虑就会越多。如果我们知道的不是那么多，我们也就较少会感到恐惧。纽曼主教（Newman）在其谱写的广为流传的赞美诗《慈光导引》中所请求的，并不是“指引遥远的路程”，而是“一步一步引领”。如果我们想象更少，我们就会感到更加安全。斯多葛派哲学家爱比克泰德（Epictetus）曾对同行的一位旅客说：“你害怕这场风暴，就像你必须吞下所有的海水；但是，我亲爱的先生，只要一夸脱水就足以将你淹没。”人所独有的形而上恐惧，在世界上任何地方都不可能被缓解。只有上帝能让人安心。“万古磐石为我开，容我藏身在主怀。”这是一种带有绝望意味的做法。[5]

内心的恐惧，除了病理缘由，其根源多在于外在环境，这种环境对人具有真正的威胁性。就像17世纪以来一直使用的“景观”一词，它既是一种心智的构建物，也是一种自然的、可测量的实体。“恐惧景观”既指无形的心理状态，也指有形的环境。

什么是恐惧景观？它们是混乱的、自然的和人为的力量近乎无限的展示。混乱的力量无所不在，人们也无处不在地想要控制它们。某种意义上可以说，每个人类构造物——不论是精神的还是物质的——都是恐惧景观的一部分，因为它的存在包含整个混沌。因而，小孩子的童话及成年人的传奇、宇宙神话，以及哲学体系，都是人类的心智构造的庇护所，人类可以在那里面栖息，至少可以暂时避开经验和怀疑的围困。与此相似，物质景观，例如房子、田野和城市也都包含混乱。每所住宅都是一个小城堡，人们建造它以使它的居住者对抗混乱；它是人类脆弱性的一个持久的提示。每片被开垦的田地都是人们从自然那里夺取来的（自然被侵犯和毁坏），是人类不间断的努力所致。一般来说，地球上每个由人类造成的边界，比如树篱、城墙或电网，都是一种尝试，想要将敌对力量阻拦在外。边界之所以无处不在，就是因为威胁无处不在：邻居家的恶狗、穿着沾满污渍的鞋子的儿童、陌生人、疯子、外国军队、疾病、野狼、暴风雨等。

当然，农场和农田的景观并不会直接让人产生恐惧。相反，它是一幅静谧的画面。我们经常说，农场是避难所，但是避难所往往也暗示着有威胁存在：一个观念会引起另一个观念。现在我们来考虑一些敌对力量。它们中的一些， 6
如疾病和干旱，不可能被人直接察觉。疾病景观是指疾病带来的可怕后果，如畸形的肢体、尸体、拥挤的医院和墓地，以及可怕的对抗流行病的措施，这些措施过去包括全副武装的卫生巡查员，把病患和疑似病患强行关押起来，保持街道上从早到晚生着的火堆不能灭掉。干旱是因缺水少雨，也不是一种可以直接看到的现象，人们只能间接看到它所带来的悲惨后果：干瘪的庄稼、死去或垂死的生命，以及恐慌的人。

另一方面，其他敌对力量则明晰可见，并且是有形的，如铺天盖地的暴风雪、滔滔而下的洪水、熊熊燃烧的大火以及怒火中烧的暴民。对早年的欧洲人和其他传统文化中的人来说，高耸入云的山川和一眼望不到边的森林，都是让人恐惧的景观。不同于暴风雪和洪水，它们可能会被人们设想成被侵占的受害者，山川和森林伤害的仅仅是那些敢于闯入其领地的人。不过，山川也可能被看成一种有生命的力量，它的高不见顶与深不见底，足以使得生活在山脚的人们恐惧不已。

恐惧景观的类型各具特色。不过，它们之间的不同之处，在个体受害者的经历中可以说是模糊不清的，因为一个可怕的威胁，不管以什么形式出现，通常都会在个体心中产生两种强有力的感觉。一是害怕其世界崩溃，死亡临近，最终陷入终极混乱；二是将邪恶人格化，感觉敌对力量（不论以什么方式展现）都拥有意志。在现代科学观念确立之前，几乎每个地方的人们都将自然力量看成有生命的存在，视为神或魔，视为善或恶的灵魂。即使在今天，当一场暴风雪打断我们早已安排好的计划时，我们仍可能会发现很难将其仅仅看成一个气象事件（统计员能确定其发生概率）而不去猜疑它，不论这种想法有多短暂。

将自然人格化是人身上一种根深蒂固的习性，它源于人类早期首要而深切的需要。每个婴儿都会探索的第一个养育环境，就是其生母或养母。婴儿产生意识时最初感知到的第一批稳固的对象就是他人，没有这些对象，人也就不会有对世界的感知。因此，从最早的经验中我们认识到，
7 我们完全依靠他人才能获得食物和关于现实的概念。人是我们安全感的最大来源，同时也是我们恐惧感的最大来源。他们可以对我们的需要不管不问，背叛我们的信任，或是

极力伤害我们。他们是鬼怪、巫婆、凶手、窃贼、强盗、陌生人和不怀好意者，他们萦绕在我们的景观之中，将乡村、街道、滋养人类的校园都变成让人恐惧的地方。

对一个逐渐长大的孩子来说，就像对一个社会来说一样，随着时间发展，恐惧的本质会变得更加复杂微妙。恐惧景观并非人类心智的持久状态，并非与有形现实的某些部分持久不变地联系着；没有哪个模式能将其全部囊括。因而，我们需要从个体角度和群体角度去理解恐惧景观，将其放回历史背景中。

在本书中，我们首先从儿童世界谈起，探究孩子是怎样掩蔽其警觉和忧虑，并在其成长过程中获得信心的。不过，成长通过远离熟悉的事物的方式，也制造了风险；孩子虽说是获取了更多的知识力量，但对真实的和想象的危险也有了越来越清醒的认识。孩子会通过与成人，尤其是母亲的亲密关系发展出一种现实感。母亲是熟悉的对象和养育的基础，孩子从母亲那里出发，得以四处冒险，建起自己慢慢向外延伸的世界。但是，母亲或家长的形象并不总是可靠的。她也会生气，心情不定，行动随意。另外，成人经常认为孩子还没定型，必须被控制，就像动物和自然要受人类控制一样；大人规训孩子的一种常见方法就是恐吓他们，包括用妖怪、巫婆和鬼魂这样会复仇的角色来吓唬他们。

力量源于数量和组织。人们一起行动能够掌控其所在地方的环境，创造一个或多或少较为稳定的世界，人们在里面感觉就像在家一样。在昔日的部族社会，这一人性世界被视作一个有秩序和安全的小天地，天地外的四周则被危险层层包围。房屋四壁或城墙给人类提供了有形的保护和神奇的防卫，帮着抵御人类的敌人、邪魔、恶劣天气和疾病，这些力量会给人类带来混乱、解体和死亡。不过，由于它们之间并不存在明确的界限，因而人类的敌人也是邪魔；邪恶的神灵则有人形并有人的意志；雷雨云则是死者的军队，或是由巫婆施展巫术变化而来；流行病洗劫城
8 市，被视为是由带有恶意而致命的云雾所致。

随着人类征服自然的力量不断扩展，人类对自然的恐惧开始下降。人们建造的现代世界，有效地承受了自然的波动。一个例外事件，例如暴发的洪水，仍有可能摧毁城镇，但它给人造成的恐惧感与以往相比已大不相同，因为自然力量已不再被视为拥有意志的恶意伤害者。矛盾的是，大城市（它们是人类理性与征服自然最显而易见的标志）

中依然留下了一些古老的恐惧。例如，不断向外扩张的城市被看成一座密林，密密麻麻的高楼大厦、宽阔的街道和疾驰而过的汽车造成的混乱，使得新来者迷失方向并惊慌不已。但是城市中最大的威胁还是他人。恶意（不再归属于自然）依然是人类的一种本性。人们对城里某些地段避之不及，因为那里是罪犯和小混混的地盘。暴民“丧失心智”并四处进行破坏，但他们中的每个人都是有头脑和意志的——每个人都有心制造混乱。

尽管人们通过集体行动可以创造出秩序和社会，然而单是在同一个地方进行集会，有时也会导致暴乱。对统治者和政府来说，人群聚集具有潜在的危险性；像对待自然力量一样，一定也要对这些人严加控制。以前，当局通过法律和正义的体系工具有意制造恐怖气氛来制服人群。他们在公共场所竖起颈手枷和绞刑架，他们把判刑弄得像演戏一样，建起了一种极其引人注目的惩罚景观。

当我们主要关注恐惧时，我们不可避免地会给人这样一种印象：生活在地球上的人们几乎无时无刻不生活在恐慌中。这当然是一种不正确的看法。人类生活中更常见的是一成不变的习性和平淡无奇的日常事务，而不是惊吓和绝望。即使一个社会看上去像是被迷信的恐惧所包围，我们也不会得出结论，认为每个人多数时间都生活在恐慌不安中。迷信是一种手段，通过它，人类的某一个群体可以在不确定的环境里制造出一种生活是可预期的幻象。规则具有降低忧虑的效果，一旦成为人们的习性，许多规则都会不再成为一种明确的负担。即使客观情况确实可怕并具有威胁，人们也能及时学会适应和忽略它们。而且人性中
9 有一种不合情理的性格特征，即在危险并非马上降临的情况下，人们并不会感到事态有多残酷和荒诞，例如人们在绞刑台前吃饭，以及14—16世纪随处可见的苦难和惨痛的经历，都是明证；如果这还不足以说明问题，我们还可以来看这样一个例子，当时的法国流行戏剧中，有不少执行严酷刑罚和处死犯人的场面，这些场面在演出中所占的时长，远远超过其在现实生活中实际发生的时长。[6]

因此，人并非总是在寻求安定与秩序。凡是经过世事消磨的人都知道，秩序是短暂的，除了个人无法控制的意外事件与外力打击，生命总是有成长也有衰退，总是不断在改变，否则它就根本不是生命了。变化不可避免，我们为此而忧虑。忧虑促使人去寻找安全，或相反，促使人去
10 外面冒险。所以，研究恐惧不只是要研究如何减少和消除恐惧，还至少要对成长、勇敢和冒险也有所了解。

# 第二章　正在成长中的孩子的恐惧

孩子生活在一个天真的、欢喜的、迷人的世界中。成年人生活的世界则是悲哀的，他们被逐出先前可以得到庇护的花园。小说家纳博科夫似乎就相信有这样一个世界，他认为自己过于沉湎于对小时候的回忆中，但他也强调自己有“理由感谢这些回忆，它们是通往真实伊甸园的小径，这个伊甸园由视觉和触觉所感知”[1]。毫无疑问，一些人比较幸运，比如纳博科夫，童年时生活在光明和温暖中。但是，一般来说，这样美好的世界并不是真实的，在浪漫主义时期，年轻人自会感到纯粹的快乐，而这之后的人往往会把悲伤埋藏于心底，从旧日的记忆中寻找快乐。偶尔看到躺在婴儿床上睡觉的小宝宝，人会不由得想到“无邪的睡眠”，但若我们靠近小宝宝细心观察，就会发现小宝宝的脸和手会有轻微的颤动，这表明梦惊扰了他们。一两岁大的孩子有时会从梦中惊醒，浑身发抖，满头是汗。是什么让他们如此惊慌？他们梦到了什么？

将童年视为一个极为重要的成长阶段是西方文化中的一个典型（具体时间不会早于17世纪），但在西方及世界的其他地方，更常见的情形则是认为孩子是有缺陷的小成年人。许多民族的“成年礼”隐含的意思就是“第二次出生”：年轻人从此以后放弃先前不成熟的举动，维持住成人的尊严。父母爱子女，正在成长中的孩子被视为处在一个
11 尴尬又幸运的过渡期。我们为什么要特别关注这一点呢？考虑到这一事实在未受西方价值观影响的地方普遍存在，看到他们忽视对孩童的研究也就没有什么好奇怪的。我们所知道的正在成长中的孩子的恐惧，主要来自对西方世界的孩子的观察。他们的恐惧，尤其是出生后第一年生活中的恐惧，可能与其他文化传统中的孩子有许多共通之处。至于事实是否果真如此，后面自有简明讨论。

与许多新生的灵长类动物不同，人类的婴儿无法一直紧贴着母亲不放。人类的母亲必须与她的孩子保持亲密接

触。但是，这一生物特性表明，婴儿必须学会适应（母亲）短暂的离开。[2]在生命最初的几个月里，当婴儿被单独留下一会儿时，他可能不会流露出警觉或焦虑的迹象。如果说某人比较享受无知的极乐和无畏，那一定是指其生命最初的那一段岁月。当然，异常事件总是可能导致恐惧产生的。就像许多其他动物一样，婴儿在突然听到刺耳的噪声，失去外援，急速移动，看到膨胀或快速移动的物体、飞快的光亮变化时，都会感到不安。一般来说，不熟悉的事物会让人不安，但是，随着孩童世界的快速扩展，孩童更多地了解了其所置身的环境，所谓“不熟悉的事物”又是指的什么呢？起初，类似噪声和突然移动这样的特别事件，都会让孩童感到惊慌。后来，视觉环境中特定的方面会让其心神不安。再往后，儿童的恐惧不再与环境中任何客观上具有威胁性的东西有明显关联；看上去，他们似乎能够自我生成和预想较高的想象秩序。

既然害怕环境中的事物，那么孩童必然会对持久地独立于自己的对象有一定概念，不论这一概念有多粗浅。在孩童不稳定的世界里，第一个持久的对象就是他人。最初，孩子并不能区分陌生人和熟人：两三个月大的婴儿从母亲怀中换到一个完全陌生的手上时，并没有什么特别反应。

然后，在持续四到六周的时间内，婴儿一看到陌生面孔就会心神不宁地凝视着这张脸。八个月大（也可能会更早一些）的婴儿靠近生人时明显流露出惊惶的神色。[3]哪怕是与母亲的距离很近，其恐惧感都会显著增加。婴儿坐在母亲腿上会感到非常满足，但在被放到距离母亲一米远的地方时，他就会流露出对世界警觉的神态。当他开始怀疑陌
12 生人时，他也开始将其母亲那里作为一个安全基地，从那里出发去探索外面的世界。[4]

婴儿一旦能够四下走动，他的世界就会迅速扩张。他会走入种种吸引其注意力的新奇环境，其中许多对他来说都具有潜在的危险。地形环境中会有哪一方面让他警觉到自己有受到伤害的可能性呢？心理学实验表明，婴儿能够识别“视崖”（visual cliff）。婴儿出生越久，越可能拒绝去爬用一块玻璃板遮盖的一个垂直的缺口，即便是在母亲不断鼓励的情况下。在一项实验中，七到十一个月大的婴儿中，约有半数愿从缺口爬到妈妈身边，但所有十三个月大或更大的婴儿，没有一个愿意从缺口爬过去。脱离母体不久的婴儿更相信他们的触觉：他们轻拍并舔舔玻璃板，而后完全无视自己的亲眼所见，就开始在“峭壁”边缘爬行。出生较久的婴儿由于已经开始更多地生活在视觉世界中，

似乎觉得“如果看上去有危险，那就是有危险，不管我的手告诉我的是什么”[5]。

从远古时代起人们就生活在靠近水源的地方。幼儿可能会不慎失足落水被淹。他们是否会显露出一种对水的自然恐惧？有时他们在被带到海边时确实显露出恐惧的表情，尤其是在波浪翻滚而来时。这些恐惧有些看上去是自发的和无师自通的。当然，这样的不安也许是由涌动的波浪和碰撞的声响促成的。不过，也有一些只有两三岁大的儿童看上去对大海和入水一点也不害怕。没有持续的证据表明，像大海这样巨大的水体会在孩童中引起惊慌。[6]

当然，许多具体的恐惧都是习得的，并在不同文化之间有所不同。当我们关注自然特性时，自然环境中有哪些一般特点有可能触发儿童对危险的感知呢？我们可以肯定地指出的只有动物和黑暗。我们先来看看动物。在生命最初的八个月里，极少会有孩子害怕动物，但在那之后，对动物的恐惧就会变得越来越明显，一直到他们五岁这种恐惧才会减弱。是什么使得孩童觉得动物是危险的？这个问题的答案并不简单。突然移动是一方面，幼儿常会疑惑不解地看着青蛙，因为青蛙会出乎意料地突然跳起。[7]大型的、多毛的动物则会因其庞大的躯体和奇怪的外形而让人不安。一个小事件，比如被牵狗绳绊倒，可能会使儿童对待犬科动物的态度从先前的谨慎小心变为深深的恐惧。孩子们会通过他们的推断能力，学会对动物的恐惧。他们被带到动物园，在那里他们看上去玩得非常开心。不过，他们会注意到，动物园的动物都关在笼子里，由此可以得出
13 一个结论：动物是危险的。那么，为什么邻居家的狗可以随意走动呢？

害怕某些种类的动物，很难用理性的观点解释清楚。一个引人注目的案例就是世界上广泛存在的人对蛇的恐惧。这一恐惧是先天就有的还是后天习得的？通过研究我们的近亲黑猩猩，我们也许能找到一个答案。1835年，在伦敦动物园进行的一项测试显示：一只小黑猩猩瞥见一条蛇时变得非常害怕。1968年，珍·古道尔观察到，野生的黑猩猩在看到一条快速移动的蛇和一条快要死去的巨蟒时都会害怕不已。[8]一些动物行为学家注意到，在旧大陆，猴子和猿容易受到爬行动物惊吓这一事实时有记录，这是一种长期的重复经验。不过也有例外：一些被囚禁着抚养大的黑猩猩就一直没有显露出这样的恐惧。可能就像莫里斯夫妇（Ramona and Desmond Morris）说的那样："粗略的、一般性的恐惧感会在幼猿几个月大时被唤醒，如果准确的、特定的恐惧

要通过正常方式发展出来的话。”[9]

两岁以下的孩子，即使看到蛇在地板上冲着他们爬过来，也会表现得相当冷静。随着岁数渐长，再遇到蛇时他们会变得不安。四岁的孩子尤其怕蛇，六岁时这种恐惧达到顶点。在那之后，对蛇的恐惧有所减弱，但在整个成年期对蛇的恐惧感仍然较强。在一项电视调查中，研究者让英国四到十四岁的一万一千九百六十名孩子列出他们最厌恶的动物；蛇位列榜首，蜘蛛紧随其后，然后才是真正危险的大型动物，比如狮子和老虎。[10]在神话和儿童故事中，温血动物和毛茸茸的野兽，不论多凶猛，都会让人赞赏，爬行动物和两栖动物则毫无吸引力。人们避开它们更多是因为它们的样子比较吓人且让人反感（看上去一点也不像动物王国真正的成员），而不是因为它们可能有毒。人们对在陆地上移动的冷血的、有毛发的动物的偏见可谓根深蒂固。就连林奈都在他的书中写到，他极不喜欢两栖类动物（amphibia），这个术语当时所包括的动物要多于现今被归入此类的动物。

这些肮脏和讨厌的动物，可以通过单一心室、单一外耳、不太可靠的肺和双倍大的阴茎来加以区分。

> 多数两栖纲之所以让人憎恶，是因为它们身体冰凉、颜色苍白、骨骼松软、皮肤肮脏、一脸凶相、眼神冷
> 14 酷、气味刺鼻、声音刺耳、住所肮脏及有可怕的毒液，因此万物的创造者并未施展他的力量创造出太多这样的物种。[11]

怕黑是一种在全世界范围内都极为常见的现象。一岁以内这一点并不明显，即便如此，到十个月的时候，婴儿在母亲不在身边的情况下还是更乐意进入一个四下明亮的地方，而不是一个光线暗淡的地方。随着岁数增加，儿童对黑暗的恐惧也在增加。黑暗会让人产生一种隔离感和迷失感。由于看不清四周，再加上无法快速移动，人就会胡思乱想，想象自己将会遇上强盗或是妖魔鬼怪。成人在回想他们最早的恐惧时，常常会忘记很多幼年的事情，但对黑暗的恐惧记得清清楚楚。[12]同样经常出现的一个类似的记忆是，父母惩罚孩子，将其关入黑屋子，这是一个让人不安的地方，象征着彻底的抛弃。

对黑暗的恐惧也可能会由睡觉时惊醒而引起，其实让人惊吓的事件本身并不怎么吓人。我们可以看看下面这个故事，它讲述了一个孩子是怎样学会害怕的：

一天晚上，一个五岁大孩子的父母有事外出，把孩子交给一位亲戚代为照管。这位亲戚想让孩子早点睡觉，就给孩子讲了一个关于天使的故事。“可爱的小天使，”她绘声绘色地讲道，“一到夜里就会站在床头，守护着孩子们，保护他们不受伤害。”这个孩子在这之前从未听说过天使的故事，对卧室中可能潜藏着危险也是一点概念也没有；听过故事后，他变得极为不安。之后，连着几个晚上他都不愿去睡觉。[13]

在西方社会，就像在现代的东方社会中一样，正在成长中的孩子初入校门会进入一个全新的环境：吵闹的年轻人、陌生的成年人、混乱的建筑物。孩子害怕迷失在庞大的教学楼中，对粗野的同伴感到不安。他们会产生新的社会恐惧，其前提是大约三岁时出现的自我意识。新入学的小学生对同伴玩的竞争游戏非常警觉，因为在这些游戏中，身体条件欠佳的孩子会因笨手笨脚而被同伴耻笑，他们也对测试充满恐惧，生怕考不好会让老师看不起。工业社会的中产阶级家庭的学龄儿童有着巨大的压力，他们得去讨得同学、老师和家长的欢心。

格蕾塔今年只有六岁，但她已经受到噩梦的折磨，这

15 些梦表明，她上一年级以来所面临的挑战一直纠缠着她，让她很是不适。“我希望，”她眼中噙着泪，沮丧地说道，“我希望我……什么都知道！要是我什么都知道，我就能——”她深深地吸了一口气，说出了如在学校一般让她感觉很糟糕的体验，“我就能关着灯睡觉了。”[14]这里面包含一种深切的信仰：一个人只要有知识，就不会怕黑或怕学校。

美国社会文化批评家阿尔弗雷德·卡津（Alfred Kazin）回想他在布朗斯韦尔度过的童年时光，这样写道：

> 每次路过学校，一想起过去在那里感受到的恐惧，我的心里就会五味杂陈。校园是标准的纽约公立学校的样式：三边是褐色砖墙，一边是学校大门，围成一个正方形，墙上那片高高的城垛俯视着“战场”，我仍能闻到球场上的火药味，它看上去就像是一座工厂，戴着城堡的面具。再次步入校园，我又一次感受到昔日的战栗；我觉得自己好像一直都在准备参加星期五早上的“测验”，那是我在学校时最害怕的事情。[15]

孩子有时极不情愿在某些地方玩耍；其实他们真正害

怕的并不是那些地方，而是那里的人。几乎随处都有恶魔暗中潜伏。孩子眼里的人类本性可能是非常霍布斯主义的（即认为人是世界上最坏的生物）。问一个美国小孩为什么会有规则和法律，他可能会说："这样人们才不会相互杀害和抢夺。"电视上的暴力画面无疑增加了孩子对世界的怀疑，但是即便是根据自己的经验，孩子们都知道他们会受到大孩子的欺负或羞辱。有研究者对七到十一岁的美国孩子进行了一项全国调查，结果显示，在两千二百五十八名年轻人中，四分之一害怕在户外活动，三分之二害怕有人突然闯入家中伤害他们。关于学校，三分之二的孩子有考试焦虑症，三分之二的孩子会因犯错而感到羞耻。这次调查得到的一个没有预期到的结果是，超过半数孩子承认害怕教室混乱无序：他们反对其同伴扰乱秩序。[16] 如果学校管理较严但很有秩序，可能并不会让人感到如此害怕；不过，在现代公立学校，往往是持续不断的混乱威胁与严格管理兼具。

小孩子的世界是事实和幻想相互交织的脆弱结合体。七八岁前，他们经常分不清梦（包括白日梦）与外在事件有何不同。对孩子来说，噩梦既可能出现在人的脑子里，

也可能出现在卧室里。一个八岁的男孩在心理学家皮亚杰的帮助下，用素描解释了他是怎样理解这一情境的。男孩
16 说："我梦见恶魔想要把我煮了。"在男孩的素描里，他把自己画在左边的床上，中间是恶魔，右边还是男孩，在恶魔煮他前，他穿着睡衣站在那里。孩子穿着睡衣这一事实表明，恶魔已经把他从床上拖了起来。在被问到这一点时，男孩解释说："当我在床上时，我确实在床上，然后当我做梦梦到跟恶魔在一起时，我也真的跟恶魔在一起。"[17]

因为对孩子来说，噩梦是世界上真实存在的事情，所以我们必须将其纳入恐惧景观。噩梦是一种常见的痛苦。它们的内容随年龄而变，当孩子渐渐长大，它们会变得越发具体且能被区分开来。约两岁大的孩子能把让其感到恐惧的东西描述成烦人的噪声、动物或机器。两到五岁的孩子最常梦见会咬人的动物和简单的妖怪，梦到的人物没有男女之分。再大些的孩子所做的梦中，魔鬼常有特定的人物形象。[18]让人恐惧的动物有螃蟹、蜘蛛和蛇。比较可怕的生物（多少与人有关）有鬼魂、巫婆、吸血鬼、狼人和畸形的老人。显然，稍大些的孩子梦中意象受到民间传说和成人信仰的强烈影响，为了便于管教孩子，成人会有意提起。

童年时所做的噩梦在细节上有很大不同。孩子在噩梦中遇到的东西，经常能反映其当天或上一天所遇到的事情。不过，也有一些特定主题会反复出现，即使在成人的噩梦中也是这样。这些主题包括：窒息，被怪物追赶和吞食，迷失在一间空屋子或森林里，发现门后藏着可怕的东西，屋外有窃贼和妖怪威胁要闯进来，以及被遗弃。

害怕窒息在童年的噩梦中一再发生。毯子可能无意间蒙住过婴儿的脸，或是婴儿的鼻子和嘴埋在了软枕中。婴儿期感受过窒息，会导致孩子在日后生活中对环境改变产生过度恐惧，以及在成人后患上幽闭恐惧症。[19] 岁数再大点的孩子，可能会在噩梦中把对窒息的感受转化成对自己被活埋的恐惧。这是不是由对婴儿期不能自由移动及无助感的回忆所引起的呢？ 17

有父母陪在身边，孩子会感觉很安全。独自一个人待着时，他们就会没有安全感。身外的世界像是一个危险的地方，满是噪声和运动。醒着时受到的震撼并不会自动导致噩梦。噩梦的来源很复杂。身体威胁通常伴随着一种道德威胁：受害者不仅觉得他的身体快要不行了，就连他的道德世界观也有坍塌的危险。比如，一个孩子在地里被一头公牛追赶，却没有受到伤害。这一体验很可能会让这个孩子做一个噩梦，但其影响很快就会过去。不过，保姆则会利用这一偶然事件去控制这个孩子。她会警告说："你要再淘气，公牛就会把你顶倒！"由此，一次简单的身体上的惊吓，通过道德说教，就得到了强化。[20]在孩子的噩梦中，公牛的威胁被放大，因为负罪感与身体受伤害被联系到了一起。

父母和陌生的大人时常会恐吓孩子。另一方面，孩子自己也可能会变成一个愤怒的咬人的生物。婴儿可能会在吃奶（"生命之血"）时因激动而咬到乳头。两到五岁大的孩子可能会因没人把他的快乐和想法当回事，而冲着包括父母在内的任何人发狠。类似这样强烈而危险的冲动通常都会被抑制住。在梦中，孩子会把愤怒发泄到其他人物身上。愤怒（不论被他人还是自己觉察到）会变成拟人化的怪物，其形状则取决于白天遇到什么样的烦扰。年幼孩子的噩梦中共有的一种恐惧就是被妖怪生吞或消灭。[21]

随着岁数渐长，孩子们会把婴儿期的恐惧抛到脑后，但随后又会生出新的恐惧，对这些恐惧的压抑则唤醒了他们对游戏和艺术的想象力。死亡是一种新的恐惧。与多数成人相比，孩子们对这一点的感受要更为真切。应对死亡的一种方式就是将其变成一场游戏。装死能给予孩子一种控制死亡的感觉，有了这一保证，他们就可以享受受到惊吓的乐趣。奥佩夫妇（Iona and Peter Opie）讲述过一个游戏，在这个游戏中，一个孩子装成死人躺在一堆衣服下。其他人在一旁走动，假装没有看见他，然后大喊："死人，快起来！"装死的孩子突然跳起来开始追逐他们。[22]不过，也有一些恐惧太过微妙，无法表演出来，对于这些恐惧，更合适的反应就是将其说出或记下。一个十岁的女孩，一位还不成熟的诗人，这样描述她的恐惧： 18

……

就像一个彻骨的寒夜

黑暗悄然潜入屋内

手中的热可可，突然

没有一丝暖意

……[23]

孩子们通常并不是单靠自己去理解他们在生活中遇到的事情。从18世纪起，大多数五到十岁的西方孩子所能得到的一个资源就是童话。童话是青少年的神话，是一个引人入胜的人为世界，它能帮助年轻人理解自己的生活（现实生活与梦想生活），理解他们的渴望、恐惧和成长的需要。我们可以看看对背叛、遗弃、迷失和充满诱惑之未知事物的恐惧。孩子们非常熟悉罪恶。同辈群体间经常会有暴力发生，让人感到不快。孩子们既可以从玩耍的伙伴那里得到支持和同情，也可能从那里受到打击与嘲笑。母亲对自己的孩子总是充满爱意，但在有些时候，她也会变得无比冷漠，或是突然翻脸，变得像一个巫婆。童话描述了人的善变这一事实（给人的感觉就像背叛），对此小孩子也会隐约感受到：同一个人有两张脸，会变成两个人，像母亲和继母（或巫婆），或祖母和狼。“从前有一个非常可爱的小女孩，可以说是人见人爱，但最喜欢她的还是她的外婆，几乎她要什么外婆就会给她什么。”她给了小女孩一顶小红帽，但（作为大灰狼）也想把小女孩吃掉。[24]

被遗弃的可能性，一种深藏于孩子心底的恐惧，要比成人愿意承认的那样出现得频繁，部分原因是大人们可能会将其作为一种有效的威胁，去控制不听话的孩子。童话确认了这一威胁和恐惧。童话中的父母用不同的方法来摆脱孩子的束缚。一对父母因为贪求女妖花园里的风铃草而许诺用他们的孩子来交换。当女妖来带走孩子时，父母二话不说就将他们的孩子交了出去。汉塞尔与格雷特两次被他们的父母抛弃。在格林童话《两兄弟》(*The Two Brothers*)中，哥哥指责弟弟与恶魔一伙。父亲惧怕恶魔，尽管也感到痛苦，但他还是把双胞胎兄弟带入森林深处，伤心地将他们留在那里。

孩子害怕走失。在陌生的环境中，就连七岁大的孩子也会想要拉紧大人的手，一旦大人对此不予理会，孩子就会感到无比不满。森林在童话中扮演着一个重要角色。它几乎从来都不是一个适合漫步或游戏的地方。对孩子来说，它意味着危险，它的幽暗陌生会让人受到惊吓——这与舒 19
适的村庄世界截然相反。森林的辽阔无边和参天大树都会让孩子感到恐惧，因为这些东西超出了孩子的日常生活经验。里面还有危险的野兽出没。这里是遗弃之地——一个黑暗、混乱的“非世界”，在这个世界中人会彻底感觉到迷失。

一个健康的孩子充满好奇心。他有探索的信心，但是好奇心也会让人产生焦虑。未知事物是一个潜在的威胁。孩子想要知晓一切，因为知识就是力量，却也害怕所发现的东西可能会超出自己的承受能力。父母鼓励他们年幼的孩子去探索，但又会设下一定限制。对于其中一些限制，父母会向孩子做出解释让其明白道理所在，但对有些限制，父母是不会解释给孩子听的，这时孩子就会觉得这些限制比较武断。在梦中，一个孩子忐忑不安地靠近一扇紧闭的门。当他打开这扇门时，他将会看到里面藏着什么，是金银财宝还是妖魔鬼怪？禁止进入的门是一些童话中一个突出的主题。例如在《费切尔的怪鸟》（*Fitcher's Bird*）中，男巫拐骗了一个孩子，待她特别好。一天，他说："我得出去办点事，你要一个人待一段时间。这是所有房门的钥匙。你什么房间都可以打开，但有一个房间除外……"当然了，孩子不可能抵制得住这一诱惑。强烈的好奇心让她坐立不安。她打开了那扇门。她看见了什么？"屋子中间放着一个血淋淋的大盆，里面全是砍成碎片的人体，旁边是一块大木砧板，上面放着一把闪着寒光的大斧子。"[25]

童话里当然也有可怕的事情发生，但与鬼故事和民间传说有所不同，它们会让健康的五岁或更大些的孩子为之兴奋而不是害怕。为什么会如此？一个原因是，讲故事的环境通常充满柔情爱意。另一个原因是缺少细节描述：恐怖极为简洁和抽象，死亡毫无恶臭和腐烂。[26]在简单的情节设计下，坏人受尽折磨而死，但对孩子来说，这些人物的悲惨结局只不过是"善有善报，恶有恶报"而已。

研究童话的学者相信，童话故事在两个重要方面对孩

子有所帮助。[27]它坦率地描述了将会成为孩子们生活一
部分的糟糕体验，孩子们是知道这一点的，但是大人极少
会承认。它告诉孩子们，痛苦是成长所必需的，人必须经
受磨难才能上升到较高境界。一个人想要长大，就必须离
开家和父母的庇护，进入野蛮和惊吓的世界。必须抵抗住
想要掉头回家的诱惑。在《汉塞尔与格雷特》（*Hansel and*
*Gretel*）和《小奶牛》（*The Little Earth-Cow*）这样的故事
中，孩子们可以用小石子给自己在森林里走过的路做记号，
从而回到家中，但是这类成功只是暂时的，不可能获取持
久的幸福。城堡或王国就在前面，即便通往它的道路上可
能还要经过一片黑暗森林，一个人也极少会得不到一点帮 20
助，因为除了狼、巨人和巫婆之外，森林里也生活着对人
友好的动物、猎人、小矮人和仙女。

非西方文化中的孩子们恐惧的是什么？他们是否与我们上文所述有很大不同？想要得出一个明确的答案，只有先详细了解非西方世界的孩子的经验。我们无法做到这一点。当然，教养对孩子的认知有巨大影响。这一点在现代科技社会与在其他社会中并没有多少不同。然而，如果我们可以笼统地谈论西方孩子（无视社会阶层和国籍之间的

文化差异），我们同样可以越过文化，从生物学角度来谈论一下青少年的主要成长阶段。

婴儿普遍会遇到三种具有潜在危险的刺激：陌生人、高处、移动的（或活的）物体。[28]婴儿不论是在瑞士还是在卡拉哈迪沙漠出生并长大，都会在八个月大的时候看到陌生人就往后退缩；十三个月左右，他们都会对爬过“视崖”犹豫不决，并会对突如其来的急速运动（例如有潜在危险的动物的快速移动）感到不安。

这些情感被呈现出来的方式，无疑会因养育方式不同而有所不同，因居住地不同而有所不同。布须曼人的婴儿害怕陌生人的年龄大致与他们的西方同龄人相近，但是他们的反应则明显有些极端：他们不顾一切地尖叫着扑向近在咫尺的母亲怀中寻求安慰。同样与西方婴儿相像的一点是，布须曼人的婴儿一旦能够四下移动就会探索他们四周的环境，但是相较于欧洲人的情况，他们显得更加犹豫，对母亲的依恋也更为强烈。卡拉哈迪沙漠里的孩子的这些行为特质表明，与他们的西方同辈相比，他们生活在一个有着更多危险的世界里。[29]

跨越文化差异的恐惧还有哪些呢？我们可以肯定的就是，迷失方向的恐惧普遍存在。首要的是，小孩子需要感受到自己生活在养育和安全的中心。家是一个根据地，家庭外面是一个危险和混乱的世界，可能是森林、灌木丛或沙漠。超越这些地理差异的是对黑夜的恐惧，黑夜会使平日熟悉的东西变得陌生起来。怕黑是一种世界范围的现象。 21
黑暗中充满各种各样有恶意的生物。许多文化中的成人都害怕天黑后出去；他们把这种恐惧下意识地传给了他们的孩子，有时也会有意将其作为一种管教手段。欧洲的孩子不喜欢被赶去睡觉，因为这样一来，他们就必须离开明亮的游戏室，进入（与外界）隔离的黑暗房间。对未开化社会的儿童来说，隔离并不是一个问题，因为他们通常都与大人睡在一起。另一方面，东非牧民和农民的孩子很早就得自己一个人住，一旦他们稍有不情愿，他们的父母就会威胁说，“把你扔给鬣狗”[30]。

与欧洲的孩子相比，非西方社会的孩子是否更常因噩梦而幻想并觉得痛苦？虽然缺乏关于这一问题的真实可靠的数据，但我们可以试着做出一些回答，因为我们可以认为，成人对自己孩子的想法与态度，在孩子的想象力发展中扮演着一个重要角色。我们可以了解一下不识字的农民的信仰。他们认为孕妇是不干净的。怀孕和分娩被认为是“有害的”失调，其性质与霍乱、痢疾、黑死病、癫痫症相似。有这种失调的人就是“怪”，意思就是“反常”或“失常”。说孕妇是反常的，这背后有许多原因，其中之一是：她们有四只眼，两只在头上，两只在肚子里。另外，女人认为，如果她们对某个人不友好，这个人的灵魂就会转回自己孩子身上。胎儿被认为是带有矛盾情绪的，甚至带有敌意和戒心。新生儿在被确认正常之前也让人不放心。[31]在这样的氛围中，孩子注定会怀疑自己来到这个世界上是否受欢迎，如果在他的想象中没有被邪魔和妖怪所困扰，那倒反而会让他感到奇怪。

另一方面，我们再来看一下新几内亚北部阿德米拉尔迪群岛的海洋居民马努斯人，就像玛格丽特·米德（Margaret Mead）看到的那样：孩子们被喂得饱饱的，有着丰富的物质产品，但多数时间都是他们自己玩。其结果就是，孩子们在无忧无虑的安全环境中嬉戏玩耍，没有想象力和方向感，和小狗一样。他们的生活既没有因邪魔而变得黑暗，也没有得到神明的眷顾。愉快地听故事或讲故事，在这里根本就不存在。按照米德的讲述，马努斯人的孩子毫不关心山的那边发生了什么或是小鱼儿开口说了什
22 么。他们的幻想是不加雕琢的，虽然它也确实存在。例如，他们热切地读着米德所带的旧刊物《自然史》（*Natural*

*History*)，对他们来说，那里面充满了惊奇。[32]

在规模较大而复杂的社会中，孩子们的恐惧的共同来源是，因为未能完成某些任务而受到大人的惩罚，或是受到同辈的羞辱。在规模较小的社会中，这样的恐惧出现得最少，或者压根就不存在。不过，我们需要区分出两种人：靠畜牧业为生的族群（比如非洲牧牛人）和原始狩猎族群。在有大型动物但没有围栏的社会中，成人会让孩子们去看管牲畜。他们可以自由放牧，但也有一定责任。放牧的孩子若是不小心让牲畜闯入邻家院子，定会受到一顿重罚。作为对比，在狩猎者和采集者中，年幼的孩子不用做具有经济功能的活计。男孩子们寻找他们自己的乐趣，没打着猎物也不会有任何惩罚。[33]其他两个让人紧张的来源也不存在。一是团体活动竞争：小的狩猎者群体中孩子很少，无法按年龄划分为竞争小组。二是学习竞争：男孩子不需要拿自己跟别人比，而是由他的父亲或叔伯单独教导。[34]在没有文字的大型社会中，尤其是在那些充满武士精神的社会中，男孩子在成年的考验中确实面临着严苛的竞争。在许多北美印第安部落，身体不好或是不好斗的年轻人，可以通过变成一个异装癖者（穿上女性的衣服，扮演女性的社会角色）来逃避男性角色。[35]

许多孩子都对学校充满恐惧，因为那里是一个相互竞争的地方，他们的弱点会暴露在没有同情心的陌生人面前。这类恐惧在近代中国早期的学校里普遍存在。不过，新中国成立后，教育态度和氛围发生了剧烈变化。近年来访问过中国的西方人，一再对幼儿园和小学生身上表现出的顺从和友善感到惊异。他们看起来很放松，似乎很喜欢周围的环境，并自然地接受参观的外国人。这样的转变是怎样发生的呢？一个重要步骤是，不再需要以牺牲他人为代价在课堂上大放异彩。当孩子们感觉不到竞争压力时，自然也就有了信心和平衡。近些年的教育理念中的关键词是“合作”与“成功”：二者是不可分割的，因为成功源自在
23 同伴的道义或物质支持下克服困难；成功的目标不再是个人的荣耀，而是人民的幸福。[36]道德故事反复地强调了这一点。与中国传统民间故事相比，新中国的儿童文学倾向于描述二元化的英雄和恶棍，这些文学当然缺乏力量来解决孩子们在个人生活中遇到的善恶模糊的问题。[37]但是我们也许应该放弃这些疑虑。毕竟，中国的孩子们看起来健康而明朗。不过我们仍然想要知道：他们会做些什么样的梦（包括噩梦）？在不接触超自然事物的情况下，他们的幻想生活的特点又是什么？

在对儿童恐惧的讨论中，我们一直回避了对文化作用的详细探讨。这是因为我们关注的焦点是，孩子们在逐渐成熟和进入成人世界的过程中获取并摒弃了哪些恐惧。下面我们就来看一看，儿童的恐惧有多少可以追溯到成人的行为中，即追溯到教养方法和习俗规范中。 24

# 第三章　未定型的孩子

孩子们有理由害怕成年人，哪怕是那些跟他们关系很近的成年人。纵览历史和世界上许多不同的地区，婴幼儿经常被轻视和受到极为残酷的对待。在许多社会中，杀婴是一种可以接受的做法。直到4世纪，在希腊和罗马，既没有法律也没有民众认为杀婴是错误的。古代作家可以公开赞许这一行为。男人有权对他的孩子做他想做的事情。古希腊哲学家亚里斯提卜（Aristippus）这样问道："我们不是应该清除从我们身上产生和繁殖出来的唾沫、虱子和类似这样的无用之物吗?"罗马哲学家塞涅卡（Seneca）则为杀婴的合理性进行辩护："我们敲烂疯狗的头，我们杀死野蛮的疯牛，我们宰杀病羊阻止传染病扩散，我们毁掉不自然的后裔，我们淹死一出生就体弱或畸形的孩子。并不是出于愤怒，而是出于理性，将对人有益的与对人有害的区分开。”[1]

人们为什么会杀害自己的子孙？在我们看来，这样做既怪异又违背天性。但是，构成人性的观念是变化的。就像现今许多人质疑一个月的胎儿是否享有人的地位并为是否允许堕胎而争辩，过去的许多社会也否认婴儿具有人的地位。孩子只有活到一定岁数才会被赋予人的尊严。可能是婴儿的死亡率——在欧洲直到18世纪晚期都是这样，在非西方社会则直到现在仍是这样——使得做父母的在情感上不把没能存活下来的婴儿当人看。过去普遍存在的一种 25
情感是，一个人之所以要好几个孩子，为的是能保住一个或两个。马可·奥勒留（Marcus Aurelius）认为，期望“让我亲爱的孩子都活下来”就跟“让所有人都赞扬我所做的事情”一样不合情理。[2]蒙田冷静地写道：“我的两三个孩子都夭折了，但我既不感到遗憾，也没有巨大的哀痛。”可能许多人都会有蒙田那种感受，认为婴儿既没有“心理活动，也没有可辨认的身体形状”[3]。

当孩子多得没法养活，或是没有足够的衣服和食物供养他们，有时父母就不得不牺牲掉其中几个，为的是保住剩下的。父母不得不坚强地面对失去孩子这件事，让自己变得冷酷无情。东方的日本和印度都有这一习俗，用日本农民的话说，把人进行“疏苗”，就像对正在种植的蔬菜进行疏苗一样。杀婴在19世纪之前的欧洲极为常见。在那之后这一做法逐步衰落的一个原因是，人们创立了弃婴养育院，这些养育院允许母亲抛弃而不是弄死她们不想要的孩子。一位英国船长托马斯·克拉姆（Thomas Coram）因为每天都能看到伦敦垃圾堆里的婴儿死尸而沮丧不已，后来他奋斗了十七年，建起了一家弃婴养育院。这家养育院在1739年获得特许。[4] 1756年，养育院得到英国议会支持，议会还建议在全国开设收容所。在法国，拿破仑于1811年制定法令，每个省都要设置养育院。不过，对这类机构的需求远远超出其实际所有。[5] 到19世纪30年代，法国的情况变得令人绝望：1833年，养育院收留的弃婴达到惊人的十六万四千三百一十九人。[6]

杀婴和弃婴是父母对孩子所做的两种恐怖行为。虽然统计论据不足，但是研究已经表明，这两种行为在欧洲和世界上其他地区极为常见，尽管我们可能不愿承认这一点。[7] 人们常用环境恶劣来为这一行为进行辩解，但是环境是否真的总是如此恶劣呢？在欧洲，父母在孩子很小时就已表

现出了与孩子分离的意愿。穷人为了找寻工作不得不把年
幼的孩子寄养在陌生人那里，但是小康之家和富人之家也
会这么做。在意大利文艺复兴时期，富人家的孩子一出生
就会立刻被送到乡下的奶妈处洗礼。孩子会在那里一直待 26
到两岁，有时甚至更久。[8]

从中世纪到至少17世纪，孩子在七岁左右被送往其他人家做学徒，这是各阶层一种极为常见的做法。在陌生人中，在陌生的环境中，孩子像仆人一样工作，同时也学礼仪、做生意，若是在贵族家庭还会学点拉丁语。[9]甚至在20世纪中叶，英国上层阶级的父母仍会把他们的孩子送往寄宿学校，在那里，孩子们为高年级学生做一些卑微的工作，培养绅士风度，接受正规教育。父母遵守习俗，把自己七八岁大的孩子送到陌生的环境可能是出于好意，但对孩子来说，尤其是对那些身体纤弱、内心敏感的孩子来说，则可能会觉得自己被父母抛弃了，这是引发恐惧的主要原因。

为什么孩子经常被视为无足轻重的人呢？一种看法是，不同文化中的成年人看待“人性”“兽性”“身体”的方式不同。所有人类社会都会把“人”与“动物”区分开。许多群体专门用“人”这一术语来指自己所在群体的成员，

言外之意，其他人都是“原始的”、像动物一样的、不完全的人。人之所以为“人”，在于行为得体，举止合宜，说话正确。依照这一标准，每个社会的年轻人都算不上是完全的人，因为他们缺少文化。按照传统，成年人更多地视年轻人为“身体”，而不是“人”——徒有一身蛮力与冲动，毫无优雅可言，而优雅只有经过循序渐进的培养才能获得。古人粗暴地对待孩子，部分可用成年人对待人体（他们自己的身体，更多则是他们孩子的身体）的矛盾心理来解释。从本质上来说，身体始终是野性自然的一部分，与自然中的其他部分一样，它通常都会提供支持，但有时也会出现紊乱和暴力，毁掉平和的心智。通过装饰身体，我们创造了一个世界，“宇宙”（cosmos）的最早含义就是“化妆品”（cosmetics），即整理头发的艺术。

“把身体看作有待驯服的野性自然”这一观念，我们乍一看可能会觉得有些奇怪。这是因为在浪漫主义思想的影响下，我们认为“自然人”深受敬佩，文化会扭曲这一理想。然而，即使对卢梭来说，真正值得赞美的也不是一个
27 大哭大叫的婴孩或一丝不挂的人体。真正值得称赞的是一个有文化的人，而又没有卢梭那个时代的文明所鼓励的过分的矫揉造作。值得注意的是，那些接近自然生活的人，

并没必要赞成法国学者对人为事物的看法。我们可以来看一个“原始”部落，即巴西的姆巴亚（Mbaya），他们是极为蔑视自然的极端例子。姆巴亚是一个等级社会。他们的贵族厌恶人的生育。堕胎、杀婴几乎习以为常，为了保证阶层延续，只能依靠收养。姆巴亚人脸上画着精制的蔓藤花纹，相当于饰有纹章的徽盾；这些图案刻意切割出脸部轮廓。法国人类学家克劳德·列维-斯特劳斯观察到，姆巴亚人“通过他们的艺术显露了对我们赖以生存的土地的轻视”[10]。

在许多文化中，孩子都被认为是未定型的人，其行为是不稳定的，像动物一样。对古典人文主义学者来说，童年与其说是成熟的积极基础，不如说是无形和混乱；成年则是通过教育强加一种理想的形式改变儿童劣根性的结果。伴随着成年期的到来，童年被果断而愉快地忘掉了。[11]其他社会也广泛持有这种见解。印度尼西亚的巴厘岛人对任何让他们想起动物状态的行为都感到厌恶。基于此，克里福德·格尔茨（Clifford Geertz）注意到，当地人不许婴儿爬行，在主要的青春期仪式中，孩子的牙齿会被锉，以便看上去不像动物的獠牙。对挑剔的巴厘岛人来说，不仅排便，就连吃东西“都被认为是让人厌恶的，甚至是淫秽的活动，应该在没人看到的情况下快速解决，因为它与动物性有很多相似之处。出于这一原因，就连跌倒或任何方面的笨拙都被认为是不适当的”。[12]

除了未定型、笨拙、兽性之外，基督教会的教条主义者为儿童的天性又增加了一个瑕疵：罪恶和易被恶魔附体。一些教父声称，婴孩哭就表示犯罪。如果哭起来没完或其他方面要求太高，很可能是投错了胎。直到1676年，英国神甫、伊顿学院的院长阿莱斯特里（Richard Allestree）还认为，新生儿“充满罪孽的污点和污染物，这是通过我们的腰部从我们的始祖那里继承来的”。魔鬼会在洗礼仪式上
28 被驱走，宗教改革后有很长一段时间，孩子在洗礼仪式上不停地哭叫仍被说成是在驱赶魔鬼。[13]

现代人往往认为孩子是脚踩祥云而来，考虑到这一点，上文那种蔑视孩子的看法着实会让现代人震惊。不过，通过简单的观察，就连最喜欢孩子的父母也不得不承认，小孩子确实未开化，在这个意义上，与成人相比，小孩确实与动物有些相像，而且他们还有一种很强的制造混乱的倾向。小孩子缺乏建设技能，却深具破坏力：小手臂轻轻一扫，顿时满地都是积木。打破秩序、制造混乱是婴儿最早取得的世俗成就之一，他会为此感到骄傲，笑个不停。再

大点的孩子能够搭建东西，但仍然保留着玩到哪儿乱到哪儿的天性。在欧洲，孩子们具有制造混乱和暴力的能力是一个历史事实。学龄儿童有时还会被武装起来。在17世纪的法国，五岁的男孩可能就会佩剑，但这既不是为了装饰，也不是为了威望。英国的学生叛乱一直持续到19世纪，其中一些叛乱直到当地出动军队才被平息下来。[14]

孩子的降生破坏了父母井然有序的生活。父母对此的反应是对孩子进行严厉管教，严厉程度取决于对孩子天性的不同看法。在许多社会中，包括欧洲早期的一些社会，管教孩子的手段极为残暴。其中一个例子就是把婴儿包裹起来。这一约束的装置在世界上很多地方都颇为流行，有时能包裹长达两个小时。不过，这样做对成年人有很多便利之处，一旦婴儿被包裹起来，成年人就不必再去过多关注他们。被包起来的婴儿非常被动，哭得少，睡得多。据17和18世纪的历史资料显示，孩子们处于各种屈辱的境地：有时被放在热火炉后，一放就是几个小时；有时被悬挂在墙上；有时被放入木盆；但通常都是像包裹一样被扔在就近的角落里。

古老的迷信支持把婴儿包裹起来这一做法，迷信认为婴儿会变成恶性生物。这种迷信的余孽在东欧偏远地区一直留存至今。人们认为婴孩像动物一样，具有暴力和邪恶倾向。一定要将其绑起来，要不他就会撕自己的耳朵，抠出眼睛，碰伤腿，或是玩弄生殖器。我们可能会想
29 起刘易斯·卡罗尔（Lewis Carroll）的《爱丽丝漫游奇境》中的爱丽丝，她学到“看护婴儿的适当方式”是“打上死结，绑紧左腿和右耳，以防婴儿解体”（那个婴孩很快就变成猪跑掉了）。

人们还发明了一些器械装置来对付大一点的孩子。16世纪，一到三岁的孩子会被放在凳子状的架子里，他们一站就是几个小时。成年人相信凳子可以帮助孩子学会行走，防止他们像动物一样爬行。[15] 19世纪极有名望又有影响力的教育家施雷伯（Daniel Gottlieb Schreber）等发明了一套设备，用来磨炼正在成长中的孩子的身体。平直器（Geradhalter）是用铁闩来防止孩子读书时身体前倾。头持带（Hopfhalter）则用来防止儿童的头往前或两边倾斜：它用一根带子把孩子的头发与内衣连到一起，在这种情况下，只要头部没有保持平直，头发就会被扯疼。睡带则是将孩子固定在床上，以便其身体在睡觉时依然仰卧和伸直。此外还有许多各种各样的工具，最可怕的是那些用来防止手淫的。隐藏在所有这些“刑具”

背后的目的就是规训孩子的身体，“根除”和“灭绝”其心中杂念。[16]

与其他社会相比，用器械来束缚年轻人这一做法，在重视机器的西方要更为流行。不过，器械并非必不可少。想要有效地管教孩子，成人只需对其进行言语威吓和做出一些过激的手势。对孩子进行口头威胁和恐吓，是世界各地一种病态的惯例。下面是这方面的一些例子。

巴厘岛的孩子们学走路时，若是想要跑到家门外去冒险，就会受到母亲的控制。母亲会随机说出一些与恐怖相关的东西，比如“老虎！”“警察！”“蛇！”“大便！”，将其吓回来。这样夸张的警告造成的结果就是，孩子们学会了将不确定的空间和怪物联系起来。[17]

约瑟夫·李坚比（Joseph Lijembe）的童年是在肯尼亚西部的牧民和农民中度过的。回首过去，他这样写道：

> 没错，打小恐惧就在我们的成长过程中扮演着一
> 个重要角色。我记得，不论什么时候，我妹妹阿露莎
> 一不吃奶，我妈妈就会抽她嘴巴，逼着她吃。她要是
> 一直哭个不停，就会被“扔”到屋外的黑暗中，我 30
> 妈妈会绷着脸吓唬她说，让怪兽马那尼“来把你吃

掉！”……等我长大到必须睡在我们屋子外面时，我发现夜里走动非常吓人。每次都得由我妈妈或父亲亲自护送。我怕夜里出没的怪兽，更怕遇上鬼怪，我的父母过去经常说它们就在我们家门外出没。[18]

上埃及一个穆斯林村庄席尔瓦的成年人，极度渴望他们的孩子听话驯服，对父母孝顺。这就是教育的主要价值所在，而教育孩子的方法就是恐吓。几乎每个小孩子都知道怪物席洛瓦（Silowa），一到夜里它就会从山顶走下来，在尼罗河畔消饥解渴，在村里游荡。席洛瓦会吃孩子，就像巨型长毛野兽一样，它会在黑暗中袭击孩子们。大人警告孩子们不要去议论或去看它们的影子，尤其是在有月光的夜里，以免因此精神错乱。为了避开邪恶的神灵，大人告诉孩子们，从有鬼魂出没的地方附近走过时，要背诵《法蒂哈》(《古兰经》开篇）或是《古兰经》中的任一部分。圣物能给人祝福，也能给人带来危险。大人警告孩子们不许在圣人墓边撒尿，或是在公墓中乱跑，因为类似这样的举动会惹怒圣人。[19]

在美国西南部，纳瓦霍的儿童很早就意识到，在他们生活的世界中，恐怖的威胁无处不在。一旦能听懂大人所说的话，他们就可能会在无意中听到大人们窃窃私语，谈论一些关于巫术的事情，发现家人会怀疑和害怕某些部落同胞。六岁的孩子们会意识到他们的父母、祖父母和其他看护人的无能为力，后者必须借助祈祷和歌曲去安抚自然中的精灵。大人用恐吓和威胁来控制孩子。大人会告诉孩子，他们要是不听话，耶比柴（yeibichai）就会把他们带走并吃掉。通过夸张的方法，恐惧得到了清晰的阐释。在孩子们的入会仪式上，戴面具的人会突然跳出来威吓他们。大人们会用灯芯草与树枝制作一些“猫头鹰”，挂在木屋旁不起眼的地方。在漆黑的夜晚，孩子们很容易误把它们当成真的野兽；大人们会警告孩子，猫头鹰会把他抓走。这一威胁更为险恶，因为人们经常把猫头鹰与鬼怪和女巫联系在一起。在这样一种让人恐怖的情境中，孩子们自然会得出结论，认为生活中最重要的事情就是让自己处于安全状态。而安全则来自谨慎细心，确保自己的行为与严格的规矩相一致——无论对待超自然世界的事物，还是对待人类世界的事物。[20]

西方历史中有许多可怕的记载，讲述了大人们是如何通过恐吓这一办法尽力让孩子屈从于他们。古希腊人有他们的拉弥亚（Lamia，女怪、妖妇）与斯特里嘉（Striga），

31 就像她们的希伯来原型莉莉斯①一样，她们会生吃孩子。按照希腊神学家克里索斯托②的看法，人们“发明怪物，主要是为了对孩子们好，让孩子们不那么鲁莽和难以管教”[21]。到中世纪的时候，女巫和恶魔开始走上舞台成为主角。宗教改革之后，上帝自身成为主要的鬼怪。用孩子们能听懂的语言写就的宣扬宗教及伦理的小册子，描述上帝在地狱里等待着惩罚那些不听话的孩子们：“小孩子被关入炽热的烤箱。他们尖叫着想要跳出来。”[22]绞刑架上荡来荡去的尸体主要是想给孩子们一个印象，让他们意识到做一个有道德的好人的必要性。19世纪早期，学校甚至会停课，以让学生去亲眼见见公开执行的绞刑。父母有时也会在鞭打孩子时，用绞刑来教育他们的孩子，以便让这一教训在孩子心中留下永不磨灭的印象。[23]在18世纪与19世纪，上层阶级的欧洲人经常把他们的孩子交给保姆照看。这样一来也就创造出另一种给孩子灌输恐惧的路径。当保姆想要在夜里离开，同时又想让孩子乖乖地躺在床上时，她们便会讲述一些让人害怕的鬼故事。为了确保孩子听话，她们

① 莉莉斯（Lilith），最早出现于苏美尔神话中，传说她与吸血鬼的起源有关。——译注

② 克里索斯托（John Chrysostom），古代基督教希腊教父，善于传教和解经；长于辞令，被称为“金口约翰”。——译注

甚至会把鬼故事表演出来。在一部18世纪的回忆录中，苏珊·西博尔德（Susan Sibbald）追忆了鬼怪是怎样成为她童年生活中一个真实的部分的：

> 我记得非常清楚，一天晚上，住在福伊的两个照看我们的奶娘都想离开育婴室……我们听到楼梯旁隔间外传来这个世界上最凄凉的呻吟和刺耳的抓挠声，我们顿时屏住呼吸。门突然被撞开，噢，真是吓死人了，进来了一个怪物，高高的个子，一身白衣，它的眼睛、鼻子和嘴里似乎都在往外喷火。我们差点没被吓瘫，过后有好长时间我们都感觉身体不舒服，但谁也不敢说出来。[24]

在欧洲更为荒远偏僻的地方，直至20世纪60年代，做父母的仍会用许多传说中的食人魔来吓唬自己的孩子。

随着教育水平的提高，用超自然的恐怖来让孩子们守纪律这一做法开始减少。不过，父母仍会用抛弃这一威胁来恐吓自己的孩子。约翰·波尔比（John Bowlby）指出，抛弃孩子这一威胁有多种表现方式。第一种方式是，如果孩子不乖，就会被送往青少年教养院，或是被现代世界世俗的恶魔——警察给抓走。第二种方式是，母亲或父亲会走得远远的，把孩子一个人抛下不管。第三种方式是，如果孩子行为不端，他的父母就会得病，甚或是死去。第四种方
32 式是，父母将会自杀。[25]采用类似这种威胁的父母的比例，因其所处社会地位而异。英国进行的一项研究发现，在专业人士和管理阶层，有10%的父母承认用过抛弃这种威胁来让孩子听话。在中下阶层和工人阶层的父母中，这一比例超过30%。[26]在实际生活中，这一比例可能会更高，因为父母和孩子大都不愿承认这种严重破坏人际关系的行为。

鬼怪和食人魔让人感到的恐惧是特定的。孩子们害怕走出卧室，生怕一出门就和鬼怪撞个正着。相比之下，被抛弃的威胁，则会让孩子们产生一种普遍的焦虑感。不过，这种恐惧可能也是强烈而具体的。做父母的心里非常清楚他们的严重警告带有很大的夸张成分。一位矿工的妻子羞愧地承认，为了对他们四岁的儿子有好处，她玩弄了一些这样的把戏。

> 我跟他说，你要是太淘气，让我看不顺眼，我就离家出走，这样就再也没有妈妈来照看你……我明知

这样说是错的，可我还是这样做了。孩子的爸爸会说：“把他的包收拾好——把那个包扔到外面去，还有他那些玩具，他就要走了！”有一回，他爸爸把他的一些衣服和玩具都塞进那个包里并扔到外面，差点让他发疯。[27]

阿尔弗雷德·希区柯克（Alfred Hitchcock）时常会想起他孩提时发生的一次戏剧性事件。当时他也就五六岁的样子，他承认自己犯了小错误，作为惩罚，他父亲让他带着一张便条前往警局。值班警察读过便条，便把他关在一间牢房里约五分钟，并告诉他：“这就是我们对付那些淘气孩子的方法。”[28]那五分钟一定显得无尽的漫长。这是一种彻底的抛弃：被送给一个食人魔（一位警察），被他关入一间牢笼。在日后的成年生活中，希区柯克一见到警察就会产生恐惧感。在他拍摄的电影中，被捕和关禁闭给人带来的痛苦是一个反复出现的主题。

被抛弃的戏剧性情节也可能会在岁数较大的孩子身上上演，因此给他们留下深刻印象。一位父亲起草了一份文件，说他和他妻子义无反顾地决定放弃对他们十三岁的儿子埃里克所有的权利，他们希望能把他安置进当地合法寄养家庭中的一家。“他们把埃里克带上车，带他去见儿童警察。当时正是吃午饭的时间，办公室门锁着。男孩子随即被带离办公室，回到车上，这样来来回回数次，直到男孩子哭到歇斯底里。”这一事件（起因是父母指责孩子偷东西而对其做出惩罚）被深深地压抑在父母和孩子双方的心底。直到
33 一位精神科医师给孩子服下药物，他才吐露了这件事情。[29]

为什么大人会用粗暴和残酷的方法来对待孩子们呢？原因显然很复杂。首先是父母对孩子的敌意。在极端情况下，这种敌意似乎是他们对自己父母不满的一种代替品，而这样一来，父母对孩子的虐待也就得以代代相传。年轻的父母可能会把新生的孩子视为对其安定生活的一种威胁。与此相关的看法认为，孩子跟动物没什么两样，其身上的野性一定要去除，有时人们必须采取粗暴的教育方法。他们认为，孩子必须学会服从，以便其在进入成人社会后能够获得别人的尊重。最后一点是，许多成年人自身也都生活在恐惧中，对于编出来吓唬孩子们的那些妖魔鬼怪，他们自己心里多多少少也会相信一些，觉得自然环境与人文世界中都存有很多敌意，并认为恐吓教育可以让孩子做好
34 服从、适应和生活的准备。

# 第四章　没有恐惧的社会

为了在自然界中生存下去，动物必须对危险信号敏感；它们必须知道恐惧。在这一点上，人类（不论是个体还是群体）也不例外。古斯巴达人在城邦中心专门建造了一座供奉恐惧的庙宇。其他社会虽然没有如此明确地承认恐惧扮演的角色，但它显然存在于所有人类群体中。让整个社会恐惧的是神明的反复无常、天灾、战争、社会失序，让统治者恐惧的是纷争与叛乱，让被统治者恐惧的是严刑峻法与独裁专制。每个社会都知道有恐惧存在，但其流行程度因社会而异。除了小部分社会丝毫感觉不到恐惧外，其他社会或多或少都生活在恐惧的阴影下。

哪些社会处于无忧无虑与和谐中呢？想要回答这个问

题，不仅要看现有的人类学能够提供什么样的资料，还要看怎样选择去解释所选的资料。价值观和隐含不露的意识形态不可避免地站在完全客观判断的道路上。比如说，18世纪的欧洲学者因为厌恶其文化的衰败和暴政，声称在南太平洋群岛上看到了伊甸园和乌托邦社会。19世纪的欧洲学者因对伴随工业革命而来的恐怖很是不满，而美化了传统乡村生活。在我们这个时代，学者们不光批评科技社会，连原始的狩猎采集社会也受到批判，认为后者的日子过得非常苦，可谓朝生暮死。西方知识分子比较向往的是新石器时代村庄，它被理想化为一个公共生活的地方，而新石器时代则被理想化为一个创新时代，人们拥有的技术既能
35 改变环境又不会破坏环境。[1]近些年来则又出现一种新的趋势，就是贬低乡村生活，因为它有浓厚的迷信色彩、强烈的地域主义、令人不快的派系斗争和野蛮的猎巫①运动，又将简单的狩猎采集生活提升到接近伊甸园的状态。不过，在按照旧石器时代方式生活的人中，极少会有哪个人成为现代民族志研究者的主题。因此，最近的文献主要集中在一些小而分散的群体上，其中大多数都是在容易生养的热带环境中找到的，这并不奇怪。

---

① 猎巫（witch hunt），中世纪欧洲兴起的镇压巫术的运动。——译注

在那些无忧无虑、相处融洽的社会中，记载最详细的要数姆布蒂俾格米人（Mbuti Pygmies），他们生活在刚果热带雨林的东北角。人类学家科林·特恩布尔（Colin Turnbull）对这一民族进行了最为孜孜不倦的观察。接下来的叙述就以他的著作为依据。[2]关于姆布蒂俾格米人最突出的一个事实就是，他们不知道什么叫邪恶。虽然没有这样一个概念，但那里的人仍有警戒之心，只不过是人类恐惧的特有成分——害怕、怀疑、焦虑——就大为减少了。

雨林是一个什么样的地方？与广为流行的人们心目中的印象相反——这种流行印象被对雨林的想象扭曲了——未受干扰的雨林可能是一种非常适合人居住的环境。森林的地面没有被灌木丛破坏。树木往上疯长成一层厚厚的天篷，过滤掉了多数强烈的日光，使雨林内部得到很好的遮蔽，又不会太幽暗，即使在一天中最热的时候也会让人感到凉爽（低于27℃）。动植物给俾格米人供应了全年的食物。植物世界可以给人提供丰富的蘑菇、坚果、浆果、根茎和水果。小范围内的猎物非常多，而且很容易被抓到，因为它们不会迁徙。人们猎取的动物包括猴子、霍加狓、羚羊、野猪与大象。狩猎时，人们一般到下午早些时候就可捕获许多野物，足够食用一两天。长长的空闲剩余时间，足以让俾格米人去修补他们的猎网，闲聊，与孩子玩耍，唱歌和跳舞。

俾格米人的社会是平等的。男人和女人互相帮助抚养孩子，在随意开垦的土地上修建他们简单的圆锥形小屋，一同打猎。网猎实际上是一种群体活动：男人和男孩带着他们的网组成一个半圆，女人和女孩围成另一个半圆；他们从四边往中间聚合，猎取动物。

俾格米人全年的日常生活鲜有变化，这里的四季没有明显的区分标志。尽管俾格米人性情和善，但与同一批人
36 住得这么近，又做着基本上相同的事情，如此周而复始，紧张感也会不断上升。有时，就连一些鸡毛蒜皮的小事也会引起争执，但是他们彼此间的恶意会在争执开始没多久就消除了，这主要是通过丑角出面进行调停，丑角是每个打猎部族中不可或缺的成员。丑角会善意地嘲讽发生争执的一方或双方。他将争执双方的愤怒转嫁到自己身上，用歌舞的形式在笑声中消弭争端。丑角之所以能承担起替罪羊的角色，是因为他是一个没有结婚的人且是一个值得尊重的好猎手。对整个团体来说，人与人之间的紧张状态会因蜂蜜季节（Honey Season）的到来而得到缓解；这一季节会持续两个月，是一段丰饶的时节，俾格米家庭可以暂

时脱离群体。通过短暂的独自生活，他们得以释放此前积累起来的紧张情绪。等到这段时间过去，家庭与朋友们会再次相聚，他们会怀着期待和善意。姆布蒂人认为蜂蜜是一种美味佳肴。蜂蜜季节的森林营地，一天到晚歌舞不绝。

对姆布蒂人来说，雨林是他们的保护者和生命的赐予者。他们有时称它为“父亲”，有时则称它为“母亲”。他们不需要把某些地方确立为神圣之所，因为他们所居住的整个森林世界都是神圣的。他们生活在一种养育万物的力量之中，通过象征性仪式，比如用水与林中藤蔓的汁的混合物来给孩子进行洗礼，他们对这种力量产生了情感上的依恋。在他们的生命中，最有诗意的时刻就是在月光下的林中做爱，或是一个人独自起舞（他们自己也是这么认为的），意在表明舞者想要讨好森林。俾格米人的世界强调环境特征，他们极为看重美妙的声音，既包括自然界鸟儿的鸣叫声，也包括他们自己制造出的，而不是那些与特定地方相关的视觉形象。与多数其他民族不同，刚果森林中的俾格米人并不是生活在神圣的空间——一个有限的地方，而是生活在一种无所不包的环境中。这一环境是他们的安全感和免于恐惧的主要来源。

姆布蒂人应对死亡和其他不可避免的生活危机的方式，

表明他们对他们生活的世界充满信心。当不幸突然降临时，姆布蒂人并不会将其归于恶意，而是更多将其归于正常善意的缺失。某个人的死可能会让人们哀痛，但人们既不会正式哀悼，也不会感到受伤，或是怀疑有巫术作怪。遇到生病、死亡或打猎失败的情况，俾格米人会把所有人叫到一起，组织一次聚会，旨在唤醒森林中的精灵，提请它注意人们面临的困境。在聚会上，俾格米人不会做出具体请求；相反，成年男子会在夜里聚到一起，唱起赞歌："森林
37 是仁慈的，森林是善良的。"若是有人死去，人们则会唱道："黑暗围绕着我们……但是如果黑暗确实存在（如果森林允许它存在的话），那么黑暗就是善意的。"[3]

当今西方社会的人们感到紧张和苦恼的原因之一，就是对时间的敏感。我们所做的梦里更常发生的都是被时间而非空间追赶：人们经常梦到错过轮船或火车，然后在惊恐中醒来。西方人是在一定要实现个人目标的负担和挑战下长大的，这一目标建立在这样一种时间观念上：时间像一只利箭，指向未来接连不断的最后期限。相反，姆布蒂人的时间观念极弱。他们活在当下，每天都过得很好。与活在当下相比，过去和未来显得无足轻重。俾格米人对他们的祖先的记忆非常短暂，他们的传说表明，他们对其自

身的起源缺少兴趣。期待是焦虑的一个来源。俾格米人不会制订什么长期计划。尽管他们对有用的动植物了解得极为透彻，但他们对生活的理解中则有一种奇特的空白，即对生命的时间维度（不可避免的成长、变化、衰退和死亡）的理解是空白的。

除了姆布蒂人，是否还有其他原始部族也不存在冲突与恐惧呢？生活在菲律宾棉兰老岛热带雨林中的塔萨代人（Tasaday）可以算是这方面的另一个例证。他们长期避开了现代世界的目光，因为他们所住的地方难以到达，且他们的群体规模很小，被外界发现时只有二十六人。截至目前，我们对他们的了解仍极为有限。他们的存在被外界所知是在1971年。在那之后，媒体就把这一害羞、胆怯的民族推到聚光灯下。尽管如此，有关塔萨代人的文献资料仍然非常有限，所得出的研究成果也是不确定的。

现代人仍然保留着一种古老的神话：一群人，在一个遥远的地方，过着一种极为简单的生活。塔萨代人的情况看起来可以满足这个神话的某些特定方面。下面是一些关于塔萨代人的主要事实。[4] 他们的物质文化是民族志中已知的最简单的文化之一。塔萨代人更多算是采集者而非狩猎者。在被外界发现之前，他们不知道怎样用陷阱去捕捉动物，他们猎杀的最大的动物是青蛙。他们所吃的食物主要是植物，比如多种多样的根茎、水果、竹笋、棕榈髓。所需的蛋白质是由一些可以“随手捡起”的小动物提供的，比如小蝌蚪、青蛙、小鱼、螃蟹和棕榈幼虫。平均而言，一个成年塔萨代人一天只需花上三个小时在其洞穴周围找寻食物。因而，对塔萨代人来说，食物并不会成为问题，
38 在满足身体需求后还有许多空闲时间可以自由支配。另一方面，也会有一段时期，两种主要作物（野生山药和鱼尾棕榈）的产量比较稀少，这时塔萨代人就必须离开他们的居所，走很远的路去找吃的。[5]对塔萨代人来说，森林无论怎样都算不上是一个丰饶之地。他们每天摄取的食物热量少于一千五百卡路里。他们体重过轻。不过，他们的健康状况还是不错的：他们似乎没有得过疟疾和结核病，即使疟疾在他们所在地区普遍存在，而结核病则折磨着邻近部族中多达90%的人。

塔萨代人所处的自然环境并不像姆布蒂人所处的环境那样宜人。棉兰老岛内部地势起伏很大。这里的海拔从三千五百到四千五百英尺不等，这意味着一到晚上以及暴雨过后就会让人感到凛凛寒意。塔萨代人确实有他们的禁忌；比如，不许乱动他们洞穴旁的树木和植物。一旦违背

会给他们招致惩罚：不是瓢泼大雨，就是吓人的飓风。[6] 这里存在禁忌和惩罚这样的观念表明，塔萨代人在他们的雨林中并不像姆布蒂人那样会感到彻底的无忧无虑。塔萨代人对他们小小的生活区域有着很强的依恋感，他们没有欲望去探索超出他们生来就熟悉的区域外的地方。他们如此缺乏好奇心，以至于他们没有表示“大海”或“湖泊”的词汇，尽管这两样东西距离他们所在的地方不足四十英里。他们对时间的感受同样非常有限。五六年前发生的重要事件，比如结婚，他们似乎都已忘得一干二净。

塔萨代人热爱和平。他们没有武器，他们的语言里也没有表示“敌人”或“战斗”的词语。对他们来说，森林中所有的人都是友好的，唯一不友好的动物就是蛇，遇到蛇时他们会尽量避开，而不是将其杀死。塔萨代人厌恶“尖锐的目光”和嘈杂的喧闹声。他们非常和蔼可亲。杀婴在他们这里闻所未闻；实际上，他们经常表示想要更多的孩子。年幼的孩子通常都是被大人抱着，大人会用鼻子和嘴唇轻轻摩擦孩子的脸，用手爱抚他们。拥抱和抚摸在成年人之间也比较多见。他们相互之间说话都很温和，彼此温柔以待，看上去随时都在准备与人分享他们所拥有的东西。成年人明显缺乏竞争意识，尽管在小孩子之间依稀有一些竞争的影子。塔萨代人最爱的词是“mafeon”，意思是“善良的与美丽的”。一对年轻人决定结婚时，人们会聚到他们身边，一起祝福他们“真好、真美”，仅此而已。夫妇会在一起一辈子，“白头偕老”。[7]

西方的记者有时将塔萨代人最引人注目的特征说成是
39 “沉浸在快乐中”。可能是塔萨代人喜欢不分白天黑夜地即兴唱歌，给外来者留下了这一印象。不过，塔萨代人也有害怕的东西，那就是蛇与雷雨。在当地的主要食物比较短缺的那些日子里，塔萨代人必须去别的地方找寻食物，他们极不情愿这样做。他们与自身居所的联系是如此紧密，以至于暗示了一种潜在的焦虑。最后，塔萨代人不知道在遇到生病和死亡的情况下该怎样办。他们缺医少药，既没有物质上的方法也没有仪式上的方法去缓解他们的无助感和恐惧感。病人往往会被单独留下，直到一个人孤独地死去，死亡这一事实也被人们尽力压制。

与姆布蒂人和塔萨代人相比，塞芒人（Semang）距离伊甸园远一些，但生活在伊甸园的环境中。他们是一个矮小的种族，生活在马来西亚内陆雨林中。1924年舒伯斯塔（Paul Schebesta）首次拜访了这一雨林中的居民，他的田野考察给人这样一种印象：这是一个羞涩、胆怯而快乐的民族，安然地生活在自然的怀抱中。[8]塞芒人的物质文化与姆布蒂人一样简单，但与塔萨代人相比则又显得较为复杂一些。塞芒人在他们的雨林营地中建起单坡避风雨棚。他们最精致的手工艺品要数竹制吹管，他们用它来猎取小动物。他们不用石头，他们拥有的少数金属刀具来自他们的马来邻居。

塞芒人主要靠女性采集植物果实为生，男人则捕捉野物和鱼来补充营养。他们经常以小的家庭群体为单位在雨林中四处移动。社会关系和谐是他们的特点。婚姻的基础是男女双方拥有平等权利，维系已婚夫妇的纽带是双方间真挚的爱。塞芒人极其喜爱他们的孩子，从不打骂孩子，哪怕在西方纪律主义者看来，孩子们活该挨打。老人受人尊重，从不会遭人反驳。战争、凶杀、自杀、通奸、偷窃这些人类中常见的毛病，在这里全都不见踪影。他们对适宜行为的看法还扩展到了动物身上。虐待被捕的动物，甚或是嘲笑它们，都是一种莫大的罪过，会受到患上严重疾病的惩罚。用吹管猎到的野物，必须尽快宰杀，以使动物少受苦。[9]塞芒人的个人价值感表现在他们非常注意保持身体洁净，以及不论男女都爱用带香味的花草来装饰自身这种热情上。

与姆布蒂人一样，塞芒人与他们生活其中的森林环境

也紧密相连。森林的黑暗给予他们信心，相反，无树的平
40 原则会使他们极为不安。“我们周围必须有树木环绕，这样才会万事顺遂。”一个塞芒人拍着一棵树的树干向舒伯斯塔这样解释道。另一方面，马来西亚内陆在某些方面比刚果盆地东北角更不适合人类居住。马来西亚雨林更多是灌木丛，难以穿越，吸血的水蛭随处可见。更糟的是，这里还有许多危险动物，尤其是老虎、大象和黑色的黄蜂，塞芒人极为害怕这些动物。刚果盆地的雷暴会把死树劈倒在地，姆布蒂人将其视作一个信号，认为这是森林的精灵在发怒，但是他们并不会被其困扰。而雷暴会给塞芒人带来极大的不安，他们觉得自己冒犯了强大的雷神，必须用血祭来安抚雷神。当风暴肆虐时，塞芒人会冲到户外，用竹片刺伤小腿，用杯子接着血，把混合的血水抛洒在空中。与姆布蒂人相比，塞芒人更常受到食物短缺和地方性疾病的折磨；许多人都会得上一种让人变得很难看和衰弱不堪的皮肤病。可能是由于他们在尘世的家不够完美，塞芒人（与姆布蒂人不同）在他们的世界观中为天堂留有一席之地，他们认为天堂就在朝西的某个地方，那个地方的太阳永不落下，那个地方永不存在老虎、大象与疾病，那个地方的人们永不会死。[10]

对狩猎者和采集者来说，热带雨林是一个资源丰富、足以养育人的环境。一般来说，那里的食物充足无虞，经常唾手可得。我们可能会认为这些雨林居民的满足感、社会和谐度和表面上的没有焦虑，主要都归功于这里有可靠的食物供应。但是这一看法未免太过简单。我们可以想一想布须曼人的例子，他们生活在卡拉哈迪沙漠边缘。那里的生物资源极为贫乏，与雨林稳定的气候相比，沙漠和草原的气候变化极大。10月和11月是一年中的强热干旱月份，平原被阳光烤得嗞嗞作响，布须曼人极难找到庇荫之处，因而很有必要保留身体的水分并从湿沙坑中获得水。7月，气温会在晚上骤降：水坑中的水可能会结冰，赤裸的布须曼人会被来自南极的冷风吹彻。

为了强调环境的恶劣和为了存活下来不断抗争的必要性，关于布须曼人的早期文献多将他们描述为生存在一种持久的半饥饿状态的人。近来的著作则描述了对布须曼人远为有利的画面；实际上，一位杰出的人类学家把非洲的 41
布须曼人（亢人）社会归纳为“原始富裕社会”[11]。虽然把“富裕”一词用到这一沙漠部族身上未免有夸大之嫌，但毫无疑问，他们生活其中的环境给予他们的支持要比先前的外来者以为的多得多。亢人维持生活所需的物质资料，在他们周围就很丰富，任何人都可就近取用。类似这样的物质包括木头、芦苇、制作武器和器具用的骨头、制作绳索用的纤维、制作遮蔽物用的草。亢人也有足够的皮革用来制作衣服和袋子。他们“用鸵鸟蛋制作珠子，用于穿戴或交易，随处可见的是，至少每个妇女都有八到十个蛋壳作为盛水容器，以及用相当多的珠子做成的装饰物”。[12]

这里的食物算不上充足，但是草原确实给亢人提供了多种多样可以食用的植物。多布（Dobe）地区的布须曼人就近可得的食用植物约有八十五种。“可以食用的”动物有五十四种，尽管其中通常可以捕获到的只有十七种。如此广泛的食物来源使得布须曼人在环境条件发生改变时可以相应地调整他们的生存策略。事实上，当持久的干旱大面积出现时，狩猎者和采集者可能遭受的痛苦要少于生活在资源更丰富的土地上的游牧民和农民。那么，寻找食物是否一定要付出无休止的努力呢？显然不是。据理查德·李（Richard Lee）计算所得，亢人每周花在获取食物上的时间仅为十二到十九小时。[13]卡得（Kade）布须曼人生活在东南部条件更加恶劣的地方，每周花在采集可食用植物上的时间约为三十二小时。[14]即便这样，他们仍有许多空闲时间去走亲访友，开心地玩乐，尤其是跳舞。

人类学家过去认为狩猎者很年轻的时候就会死去。实际上，据推测，男性布须曼人出生时的预期寿命是三十二岁，与许多没有机会获得现代药物的农业群体的预期寿命相比，这个寿命并不算短。更加给人留下深刻印象的是，活到六十岁以上的布须曼人不在少数；一些人甚至能够活过《圣经》中记载的七十岁。尽管肺结核、风湿热和性病都是问题，但通常来说人们都很健康，充满活力。营养不足的问题确实存在，却算不上严重。

布须曼人的社会是平等的。男人和女人都要出去找寻食物，双方轮流照看孩子。男孩和女孩一块玩耍，他们没有什么竞争性的团体游戏。之所以会出现这些平等和互不侵犯的特质，一个主要原因就是布须曼人的群体规模比较小。没有足够的成员可以组成一个个不同的群体，去发展 42
出基于性别或年龄的差异化角色。人们经常公开表达爱意，有时同性之间的情感也会热情地流露出来。已婚夫妇通常都会终生不离不弃。神经系统疾病也极为罕见，自杀更是闻所未闻，也不存在偷盗。[15]孩子们深受大人喜爱。在布须曼人心中，孩子们的健康和愿望永远都是头等大事。与早先科学研究得出的观点相反，老人们（包括岁数过大的老人）确实得到了他人的关照，尽管他们会给一个小的迁移群体带来负担。

当然，布须曼人的世界并不轻松，自然也不是甜蜜无比、一片光明。尽管人们并不害怕灌木丛，但对许多危险的动物，尤其是蛇、大型猫科动物和大象，却也抱有很高的警觉。食物时不时也会短缺。虽然在食物分配上也会发生争议，但这极少会演变成身体上的暴力冲突。与塔萨代人和塞芒人一样，布须曼人对死去的人也会感到很痛苦，他们相信亡魂会以旋风的形式出现并给人造成伤害。尤其是亢人，与邻近群体相比，他们的恐惧是如此严重，以至于在埋葬后他们就会立刻舍弃坟墓。不论什么时候，只要经过坟墓，亢人都会冲着它吹撒沙（sasa，一种药草），以确保他们的自身安全。[16]但是，关于布须曼人，更为突出的并不是他们身上表现出的人类共同的弱点，而是他们在一种变化无常的恶劣自然环境中体现出的礼貌、温和、知足和本质上的无所畏惧。

了解过这四个狩猎采集者群体，我们可能想要问道：究竟是什么原因使得他们拥有如此罕见的温和、缺少争斗（不论是与自然争斗还是与人争斗）的特质？[17]一个原因是他们所处的自然环境，环境并不需要有多繁茂，但必须能

给人提供帮助和支持，可以为当地居民提供多种多样的食
物，尤其是可以食用的植物。至少与自然环境的特点同样重
要的是下面这些社会及文化特质：一种经济，在这种经济
中，人们不用把自己的意志强加到环境身上，而是利用现有
资源；一个小规模的社会群体，其必要条件不仅仅是合作，
更是要真心关注个体成员的福利；在一个地方定居扎根。姆
布蒂俾格米人在雨林中生活了这么久，从生物学上来说他们
早已适应了这里：他们的小体型就是一种适应性表现，他们
的肤色同样是这样，这使得他人在稍远的距离外就看不清他
们了。塔萨代人认为他们始终都是生活在棉兰老岛雨林中属
于他们的那一部分；尽管科学证据并不支持这一说法，但
毫无疑问，他们对自己的家园有着异乎寻常的依恋。塞芒人 43
是一个古老的澳大利亚人种，他们很有可能是马来亚最古老
的原住民。至于亢人，过去人们认为他们是沙漠边缘的新来
者，被放牛的班图人驱赶到那里。不过，近来的研究结果表
明，他们已经在卡拉哈迪沙漠的同一地区生活了约一万年。
人们已经在现代亢人搭建营地的水坑中发现了狩猎采集者的
手工艺品，其制作日期可以追溯到晚更新世。[18] 44

# 第五章　对自然的恐惧：伟大的猎手与拓荒的农民

昔日古老的生活方式一直延续到现在。在雨林中，就像在沙漠中一样，群体规模较小的人们熟知其所处环境，需求非常低，似乎过着一种心满意足的生活，不受痛苦的恐惧的影响。这些原始群体的习惯和生计是否可以告诉我们一些关于我们远祖怎样生活的事情呢？漫长的人类史前时期是否是一个几乎充满持续不断的抗争与焦虑的时期？或者，与之相反，它是一个和平的、人的需求可以得到充分满足的时期？由于缺少详细了解，这两种截然对立的猜测往往主导了我们的想法。哪种猜测更接近事实呢？想要回答这个问题，我们必须先把人类开始从事农业前的漫长时期与非常短暂的农业时期区分开；然后识别出人类从事农业前的两种经济之间的重要不同之处：一种经济以非专业化的狩猎和采集为基础，生活在一种极为多样化的生态环境中；另一种经济以专业化技能为基础，需要设置陷阱去猎杀脚步敏捷的、大型的野物。

无疑，在专业化狩猎出现之前，采集和捡拾就已存在了很长时间。如果我们探索遥远的过去，距今约二百万年前，我们可能会想象出下面这一场景：在非洲某一湖边或河岸旁，在某一热带稀树草原林地中，群体规模较小的原始人类可能已经在从丰饶的土地、湖（河）岸及浅水中获取生活资源。我们可以设想那时的社会是一个平等的社会，在这一社会中，男人和女人在不费力的任务上相互合作，比如采集植物、搜捕小动物、把重要食物（动物尸体或植物块茎）带回住地。我们也可以推断出，当时也存在“以孩子为中心”的家庭生活，因为对孩子的长期依赖已成为这些原始人的一个特质，这一特质将人与非人类的灵长类 45
区分开来。尽管现有考古学证据较少，却为这种安宁的家庭生活提供了有力的支持；从我们了解的原始人觅食的情况来看，原始人过着一种没有冲突、生存压力不大的生活是可能的。[1]

顺着进化链上溯到距今约五十万年前，我们会了解到原始人，专业文献中给他们起了一个高贵的名字——直立人。直立人最有名的代表就是中国北方的北京人。与更早时期的非洲原始人相比，他们使用的石器工具并无明显进步，但其狩猎技艺则更为娴熟。有相当多种类的动物都成为他们捕猎技能下的牺牲品，包括鹿、大象、犀牛、野牛、水牛、马、骆驼、野猪，甚至剑齿虎和山洞里的熊。考虑到他们的物质装备极少，他们的成功狩猎，必然一直都是建立在有效的团队合作这一基础之上的，这就提出一个可能性，即他们有意识地建立了维持社会关系的网络，并拥有清晰的语言。关于他们的人性，更进一步的证据是，与非洲原始人不同，北京人已能充分利用火。他们的壁炉就是他们的家，他们的习性基本上属于久坐不动。另一方面，按照现代标准来看，北京人的寿命比较短：40%的人不到十四岁就已死去，只有不足3%的人能活到六十岁。许多人都是因为受伤才年纪轻轻就过世。

尼安德特人生活在距今约五万年前，其脑容量可与我们相提并论。与北京人一样，尼安德特人也是捕捉大型猎物的熟练猎人；但他们使用的狩猎技术与先前相比极少有什么变化，基本上仍是木制的矛与陷坑两者相结合。不过，尼安德特人可以骄傲地宣称，他们取得了两项惊人的成就：

一是适应严寒气候，这要求他们具备制作皮制衣服和有着皮盖住处的技术；二是埋葬，这有助于证明人类对死后生命的独特信念。另一方面，尼安德特人可能一直都极少会有意去制作装饰品和具有象征意义的物件；有关他们的艺术创造的证据，例如在匈牙利发现的塔特碑，极为少见。[3]像北京人一样，尼安德特人也会吃同类的肉：在南斯拉夫的一处遗址中，有十几个人（包括男人、女人、年轻人、老年人在内）的骨头被打碎，人们当时的目的是为了获取他们的骨髓。

热带非洲的原始人在有着充裕资源的大自然中觅食，我们可以由此合理地认为，他们过着一种平和的、非专 46
业化的、没有自我意识的、没有压力的生活。那就是我们遥远的伊甸园——如果它确曾存在的话。然后，在漫长的旧石器（前农业）时代，人类的进程朝着一种与自然渐趋对立的关系发展。这一趋向最终在旧石器时代晚期的人们取得的巨大成就中达到顶峰，他们在欧洲和西南亚兴旺发达，处于距今约三万五千到一万二千年的冰河时代末。在那一时期，冰帽依然覆盖北欧大部分地区与阿尔卑斯群山。与人类进化中更早期的非洲景观相比，那时的景观荒凉暗淡，天气险恶多变。在这种苛刻的环境中，人类文明达到了前所未有的活力与复杂性。这也许是人类第一次无可争议地确立了自己的优势物种地位。他们猎捕大型危险动物（包括猛犸象、长毛犀牛、野牛和熊）的效率更是远超此前。实际上他们可能过分滥用了他们的力量，致使一些巨型动物在更新世晚期灭绝。但是他们留存下来的手工艺品，尤其是雕塑和岩洞壁画，至今仍让人赞赏不已。这里我们看到了一个悖论。伟大猎人的艺术品表明，那时的人们拥有闲暇时间，拥有想象力和自信的精神，拥有掌握技术的十足乐趣。不过这表明那时的人们心中也有焦虑。艺术内容让人毫不怀疑，那是由一群满怀希望与恐惧的人构思出来的，他们拥有追捕和诱捕的本领，但因需要依赖一些大型野兽来维持生存，而这些野兽的数目又比较有限，故其生活局势较为紧张。与生活环境和条件较好的畜牧者和渔民的食物不同，狩猎者的食物极少来自植物。可以依赖的食物范围太小，使得生活没有保障。猎物可能会迁徙或无法繁殖。对旧石器时代晚期的人来说，无论是动物还是人类的繁殖，可能都不应被视为理所应当。得到我们高度欣赏的他们的艺术，不仅满足了审美冲动，也为这一不确定的生活注入了神奇的力量。为了增进繁育，女性雕像的胸与臀都被怪诞地夸大。在幽深的石灰岩洞穴中，在不停颤动的火光中，我们可以想象艺术家-魔法师怎样用蚀刻法和油彩去安抚他们所杀动物的魂灵，为的是确保它们不断繁殖。[4]

我们只能猜测史前人类的情感与心绪。对于我们同代人的情感与心绪，我们可以抱有更多的信心。上一章我们 47
提到四个狩猎采集者群体，他们的非专业化生活方式使得他们的物质生活可能比较贫乏，但在另一方面却也能使他们免受严酷压力的折磨。作为对比，看一下生活在北极严寒地带的伟大猎人，即爱斯基摩人，会对我们的讨论很有帮助。

人们对爱斯基摩人的生活方式非常感兴趣，相关记载多见于教科书、畅销书及社科文献中。对这样一个民族，我们钦佩有加，因为他们已经使用专业化谋略适应了“世界边缘”的严酷环境。爱斯基摩人以其热情享受生活而闻名。按照彼得·弗洛伊肯（Peter Freuchen）的看法：“他们（爱斯基摩人）相信自己是世界上最快乐的人，生活在最美丽的国度。”[5]

尽管爱斯基摩人拥有更为专业化的经济、更高等的技术文化，但是他们和俾格米人及布须曼人有着共同的社会特质，这些特质合起来构成一种吸引人的群体生活画面。他们的社会从本质上来说也是平等的。理论上，男人是一家之主，他的话就是法律。但在实际生活中，女人承担着重要的经济职责；她有巨大的影响力，即使没有正式的权威，也绝对不是奴仆。爱斯基摩人的基本社会单位很小，以核心家庭为中心。在这方面，爱斯基摩人与其他狩猎群体有着相似的情况，必须适应猎物的迁移习惯和资源整体上的稀少状况。同样，与非专业化的狩猎采集者相似的是，爱斯基摩人颇爱自己的孩子。男人若是打骂孩子，就会失去他人的尊重。父亲一有空闲就会陪孩子玩耍。孩子对（大人）严厉管教和谆谆劝诱的恐惧，在农业群体中极为常见，但爱斯基摩人视其为一种极不正当的行为。

不过，爱斯基摩人和塞芒人或布须曼人之间也存在一些重要的不同之处——这些不同似乎可以解释北极世界中更大的恐惧。作为捕捉大型猎物的猎人，爱斯基摩人经常移居；为了寻找食物，他们要比马来亚的雨林居民或卡拉哈迪的沙漠居民移动得更远。其结果就是，他们对地方的依附感要比俾格米人或塔萨代人弱许多。爱斯基摩人缺少那种来自某一特定的、深深爱恋的、非常熟悉的生活地方的安全感。第二个重要差异是，不仅是雨林居民，就连卡拉哈迪沙漠的布须曼人，都可以从食用植物中获得他们的大部分食物，这些植物的种类多样性和易得性，使得干旱或缺少猎物产生的影响降到了最低。而爱斯基摩人则几乎完全依赖动物为食，那些动物在北极的水域和陆地上游荡， 48
几乎不可预测。因而与雨林居民甚或是卡拉哈迪的布须曼人相比，爱斯基摩人在有充足食物时更容易饱餐一顿，或是在食物缺乏时挨饿的时间也会更长；相比之下，雨林居民几乎总能找到一些可食用根茎。第三个不同之处是，爱斯基摩人掌控自然的能力要更强。熟练的狩猎技术使他们能在极其恶劣的自然环境中生存下来，然而与此同时，权力的行使看起来也在提醒爱斯基摩人：他们与自然相敌对。他们清醒地意识到，自己既要剥削动物，又要依赖动物，从而在他们心中产生了罪恶感与恐惧感。

尽管爱斯基摩人有时宣称自己是“地球上最快乐的人”，但他们实际上并非事事如意。依照客观证据及人们自己所说的，这些成功地在北极陆地上生存下来的居民，也有感到压力很大、无比焦虑和提心吊胆的时候。客观证据包括在生存维艰之际杀死或抛弃婴儿、孤儿和老人。生下双胞胎时，其中一个很可能会被杀死（多为女婴）。畸形儿童也会被杀死。杀婴通常都是一出生就置其于死地，有时也可能会延至四到六岁。[6]照料孤儿、寡妇和老人是家族责任，在没有亲戚的情况下，更大的群体会给予帮助。但若赶上食物紧缺，人们就会将其抛弃。孤儿会被锁入雪屋，老人（多为自己主动请求）会在所在群体远移时被就地抛弃。类似这样的极端行为，必然会影响到那些不情愿的“行凶者”的思想和情感。爱斯基摩人会讲述一些故事，在故事中，那些无依无靠的人悲惨地死去；他们也会讲述一些传奇，即被遗弃的人神奇般地获救。除此之外，爱斯基摩人对死人充满恐惧，哪怕死者是其生活中心爱的人。只有做完所有规定仪式和采取了所有预防措施，死人才不会向活人进行可怕的报复。[7]

爱斯基摩人是一个有着聪明才智且非常实际的群体，对他们生活中发生的自然事件，他们通常并不会用超自然因素来解释。不过，许多对他们至关重要的事件似乎远超他们的理解范围，因此他们只能认为那是超自然力量所为，以便维持一种世界是有秩序的而非混乱的感觉。为什么没有熊了？猎人可能会认为：“没有熊是因为没有冰，没有冰是因为有太多风，有太多风是因为我们惹怒了权威者。”控制爱斯基摩人世界的是人格化的自然力、人及非人的灵魂、精灵和诸神。这些力量中有些是邪恶的；但多数都与道德

无关，不过仍有可能对人造成伤害。究其因，这些力量全 49
是出于严厉[8]。一个来自伊格鲁利克（Iglulik）族群的爱斯基摩人奥阿（Aua），就用一长段文字讲述了他们生活中的恐惧：

> 我们害怕地球的天气精灵，我们必须想尽一切办法与其战斗，才能从陆地上和海里得到食物；我们害怕希拉（Sila）；我们害怕在冰冷的雪屋中忍饥挨饿；我们害怕伟大的女神塔卡纳卡普撒鲁克（Tákanakapsâluk），她统管着海兽；我们害怕疾病天天追着我们不放，我们害怕的并不是死亡，而是痛楚；我们害怕生活中的邪灵，那些空气中的邪灵、海洋中和土地上的邪灵，它们都去帮助邪恶的萨满，伤害我们的同胞。

但在奥阿看来，生活中最大的威胁是人的食物全由灵魂构成。关于罪恶和恐惧的表达，还有什么样的话语能比下面的表述更为透彻明白呢？

> 所有我们必须杀死和吃掉的东西，所有我们必须

打倒、杀掉、摧毁以便给我们制作衣服的生物，与我们一样都有它们自己的灵魂，灵魂不会因为身体不在了就被毁灭，所以灵魂必须得到安慰，以免它们因为我们夺去它们的身体而在我们身上进行报复。[9]

加拿大北极地区的爱斯基摩人除了信仰许多小神灵和灵魂之外，还信仰三位神灵：月神、空气神和海神。只有月神待人友好，充满善意：他是生育能力的维护者，造访不育的女人；他是善于打猎的猎人，非常愿意与人类共同分享猎物；他还会影响海神和海里的动物，这一点显然是因为爱斯基摩人注意到月亮对海水潮汐的影响；他会保护人们免遭意外；他会安抚即将自杀的人："来吧，靠近我！死毫无痛苦，不过是片刻眩晕，自杀对你并没有伤害。"[10]空气神则待人凶猛，厌憎人类，他盘旋在地球上空，用风、雾、雨、雪威逼人类。不过在爱斯基摩人眼里，最麻烦的还是海神，她住在海底，是海洋和陆地上所有动物的母亲和女主人。在奥阿的祷告中，她就是伟大的女神塔卡纳卡普撒鲁克。在北极海岸沿线的其他地方，她被称为努莉雅尤克（Nuliajuk）。关于海神的起源及其为何对人类如此苛刻，有许多不同的说法，但在这些不同的说法中也有一个

共同之处，那就是全都透出在极端艰难的生存压力下不得不面对的背叛、遗弃和冷酷无情。以下是其中一种说法： 50

> 很久很久以前，有一群人想要离开位于谢尔曼湾（Sherman Inlet）的清默托克（qingmertoq）聚落，他们扎好皮筏，将其绑在一起，打算横渡海域；他们人数众多，走得非常匆忙，想要尽快赶到新的狩猎区。皮筏上非常拥挤。这群人中有一个少女叫努莉雅尤克，她和其他少男少女一起跳上皮筏，但没人关心她。她也没有亲人，人们就抓住她把她扔到水里，她拼命抓住皮筏不让自己沉下去，船上的人残忍地砍断了她的手指。看哪！当她沉入水底，她的残肢在水中重又复活，像海豹一样绕着皮筏上下浮动。这就是海豹的起源。但努莉雅尤克沉入海底，变成海洋精灵，变成海洋动物的母亲，海豹就是她被切断的手指变成的；她也变成其他生物的女主人，包括被人类狩猎的地上野兽。[11]

狩猎有很大的风险，即使在姆布蒂俾格米人富饶的森林中，当人们把野猪和大象逼得无路可逃时，它们也会变得极为凶暴，对人产生很大的威胁。与姆布蒂俾格米人不同，爱斯基摩人是伟大的猎人，他们必须面对海里和陆上的动物，受伤的海象、鲸鱼或熊是极其危险的。爱斯基摩人并不惧怕动物，他们真正害怕的是在需要食物时却没有动物可捉，以及阻止动物出现的自然力量。无论是对爱斯基摩人还是对其他狩猎少数大型猎物的猎人来说，对这些动物是否会出现这一不确定性的恐惧超出对自身在打猎中遭遇危险的恐惧，毕竟后一种恐惧是技巧可以避开的。

与依赖自然条件的狩猎采集者不同，农民则设法为自己构建了一个属于自己的世界：在这个小世界里，人类喜爱的动植物在人的照看下茁壮生长，食物充足可靠，因为它们生长在小范围的、人为定义的空间里，人们再也不用为获取食物四处游荡。农业起源于一万两千多年前，肥沃而宁静的田园景象自古就是文明人的一大追求，但事实上，又有谁曾见过伊甸园呢？原始农耕者是否就生活在一个没有烦恼和恐惧的世界里呢？

一些学者认为，东南亚半岛与群岛进行了最早的农业尝试，那里的渔民一边继续依赖大自然无偿供应的大量食
51 物，一边开始种植、圈养某些动植物。由于可得食物的来

源多样，真正的食物匮乏这一问题自然也就不会出现。经过一段时间的发展，人们开始更多地依赖种植植物。可能是热带的根茎作物在一年中的不同时期都有收成。在这种情况下，食物难觅的极度紧张时期大为减少，尤其是在人们都还没有失去其作为狩猎采集者的技能的情况下。

在有着明显季节性区分的高纬度地区，耕种者倾向于抛弃根茎作物，而更喜欢谷物和豆类等种子植物。农业在某种程度上变得更加专业化。尽管这一变化意味着人们拥有更优良的技术能力和对自然有更多的控制，但它也使得耕种者更容易受到不利天气的影响。收成不是一年多次、交错开来的，而是仅在一年中比较关键的时刻出现，一旦收成不佳，人们就会受到饥饿的威胁。进步的代价就是焦虑。[12]

游耕（shifting cultivation）是一种先进的农业形式，它是指每隔几年时间便开垦新的耕地，至今它仍在为热带和亚热带地区超过一亿五千万人提供生计。通过观察人们现今的实践，我们可以深入了解早期农民是怎样看待和应对他们所处环境的信息。今天（可能过去也是一样），清除土地上的树木往往也是一种焦虑和压力。食物短缺，工作十分辛苦。火烧是清除一些植物的好办法，但若树木还没干透，烧不着又该怎么办？如果延期烧林，耕种者就有赶上第一场雨的可能。清理的努力将是徒劳的，食物短缺就会降临。随着农作物生长，耕种者几乎难得有闲，他们不仅要想办法除掉地里残余的树根，更要与“入侵”的杂草进行持久战。他们还必须保护农作物免遭反刍动物和鸟类的破坏。自然界看上去充满敌意，为了不让事情恶化，时刻保持警戒是必要的。皮埃尔·古鲁（Pierre Gourou）写道：

> 绿色的玉米会招来野生食草动物，但这些动物都可以被吓得远远的。赞比亚的本巴人（The Bembas）会布下木栅栏将其拦在外面。人们会大声喊叫或连续扔石子来驱赶猛冲下来啄食玉米穗的飞鸟。人们在作物上方拉起绳网，以便平台上的看护者制造动静吓走鸟雀……农人必须不时离开村庄，暂住在农地边，以便更有效地看护作物。通过这些方式，农作物得以保
> 52 全——除非被一群大象盯上。[13]

与狩猎采集者的经济相比，农业是人类取得的一个重大技术进步，尽管它并不能保证人们就此过上一种稳定的安逸生活。我们可以用俾格米人与尼格罗游耕者这两个群

体对刚果雨林做出的回应，对这一成功的悖论现象做一个生动说明。前面我们已经说过，俾格米人善于适应环境，对他们来说，与他们生活在一起不是一种持续的斗争，恐惧也不是一种负担。与俾格米人相比，尼格罗农民是雨林的后来者，他们在最近四百年间才迁入此地。他们作为优势者来到这里，用自身力量把环境改变到狩猎采集者做梦都想不到的地步。他们陶醉于他们的优势，将其邻居俾格米人当成仆人对待。可是，尽管拥有耕种的技术知识和力量，他们却必须付出比“他们的仆人”——狩猎采集者——多得多的辛劳才能维持生活。不论想要种植什么作物，他们都必须先要清出一片林地。这一任务又累人又费时，因为这里的树木直径通常都在四米甚至更长。一旦树木或多或少被清理出来，人们就必须不断整理地面，以免被快速生长的杂草占据。想要在热带雨林中维持一个人工建造的世界十分困难。俾格米人只需一个早上的时间就能搭起他们临时的营地，作为对比，耕种者则要花上数月时间来建造他们的村庄。等到房屋盖好，村庄又会引来森林深处极为罕见的成群的蚊蝇。由于缺少树冠保护，中午的气温往往高达32℃。地上覆盖着厚厚的灰尘，一到雨天就会变成泥泞。森林会在三年内卷土重来，遮蔽村庄，耕种者必须搬到一个新地方，重复他们的劳动周期。因而，与狩猎采集者不同，村民将森林视作他们最大的敌人，对其充满了不信任和恐惧。就像特恩布尔所说："他们认为森林中到处都有邪灵，他们的生活中充满魔法、巫术，他们对法道深信不疑。"[14]

自然充满活力，难以预测。想要了解自然的一个方法就是将其视作充满危险的幽灵，需要想办法取悦它。几乎无一例外，所有的村民世界都有幽灵出没，不论村民进行的是游耕，还是更具持久性的传统农业。幽灵的来源既可以是人，也可以是非人；村民并不会费心去弄清这两者之间的不同。通常来说，与人有关的幽灵游走在定居地，并趋向于是善意的，至少也是无害的，尽管情况并非总是如此。与自然有关的神灵则主要出现在四面的灌木丛中。村民害怕灌木丛，对灌木丛知之甚少。

世界各地的村民对其环境中无处不在的幽灵的态度颇
53 为相似，尽管在某些细节上也会存在一些重要差异。为了说明这一相似性，我们可以考虑两个相距甚远的群体，一个是门德人（Mende），一个是塔隆根人（Tarongans）。

门德人是塞拉利昂的一个农业群体。他们的热带森林和稀树草原的环境相当宜人，但是他们并不觉得自己特别安全：他们看到自己随时都有可能遇上干旱和洪水、闪电和狂风、毒蛇、威胁农作物的野猪、叼走小鸡并可能咬死人的豹子。自然的力量与幽灵是几乎无处不在的潜在危险。不过，他们的行动并非全然随意。门德人想出一套松散的等级结构来对此进行解释。等级顶端是至高无上的天神。他将雨水赠给他的“妻子”大地，除此之外，他对人类事物影响甚小。对门德人来说，更重要的是祖先的魂灵。他们站在天神一旁，在天神与人类之间进行调停。祖先的魂灵与多种多样的自然神灵之间并没有明显之别。有时，自然的神灵就是祖先，附身在山与树等自然物上。有些自然神灵与特定地方相连，在特定时间接受不同群体的正式供奉，就像对祖先的魂灵进行供奉一样。其余的自然神灵则与地方没有关系，他们是具有人类品味和激情的反复无常的个体，门德人必须借助人类的诡计与魔法来对抗他们这些个体。在与地方有关的神灵中，河神的威力最大。过去河神会命令人们献祭。若有人在驾着独木舟过河、游泳、钓鱼时不幸溺水而亡，责任都在河神。人们的恐惧主要集中在急流、漩涡和穿过岩石屏障的深沟渠上。[15]

塔隆根人是种植稻米的农民。他们是一个独立的小群体，生活在菲律宾吕宋岛西北角。他们生活的地方高低不平，其景色却非常宜人，由雄伟的山脉组成，这些山脉沿着遍布竹林的山脊和梯状的山谷向下延伸到海边。这里植被丰茂，许多野果、野菜和根茎都适合人们食用。与此形成鲜明对比的是，这里的动物极为稀少，除了无害的蜥蜴。蛇类也极为少见。事实上，树林中对人有危险的动物少之又少。这里的自然条件看起来相当好，可是塔隆根人的世界里却充满了烦恼。在黑暗的灌木丛、阴森的水洞、孤零
54 零的大树下、房舍的庭院内，甚至在屋里，幽灵都会以让
人不快的方式现身。祖先的魂灵会在人们居住的房屋中出没，虽然多数时候都是友善的，但在某些情况下也可能是危险的。当死者的魂灵接触到人时，此人会浑身发冷，并出现头痛和发烧的状况。

塔隆根人越是远离自己的住地，就越有可能遇见自然界的幽灵，这些幽灵往往有恶意，而非无害。这些幽灵有不少种类。对人威胁最小的是住在茂密树林中淘气的类人精灵。对人威胁较大的是住在远离人类居住的孤零零的大树上有恶意的“黑魔”。更有威力和威胁性的是住在大树和黑暗灌木林中的萨埃罗（sa’ero）。萨埃罗始终居心不良，它们会走很远的路把人从住处引诱出来并对其造成伤害。幸运的是，萨埃罗为数不多。超自然生物中最大的

一类，从而也是最可能遇上的超自然神灵有一个统一的名字叫“非人”。这些神灵会带来疾病、意外和死亡。入夜后它们往往无处不在，跟随着黑暗的脚步逼近人们居住的屋舍。基于这一原因，海德格夫妇（William & Corinne Hydegger）说：

> 一有可能，塔隆根人就会紧闭窗户待在屋中；必须外出时，若非多人结伴，他们必然会拎着灯贴墙而行。对塔隆根人来说，只有在满月夜，没有必要带灯的时候，他们才会安全地聚在庭院里煮花生、闲谈，或是用长长的硬木剑练习决斗。[16]

村民为什么会生活在这种幽灵出没的世界里呢？没错，门德人确实需要面对许多真正的危险，包括毒蛇和野猪。可是，塔隆根人生活在对他们有利的环境中，又有什么可怕的呢？疾病、意外和夭折确实会发生，但这些让人悲伤的事情是所有凡人都无从逃脱的命运，单是这些因素本身并无法解释邪恶幽灵的广泛存在。作为一个具有普遍性的答案，我们只能这样说：世界各地的村民，都从原初的荒野中创造出一种人格化的景观，深知他们只有付出辛劳的汗水并时时保持警觉，才能将他们的世界维持下去。村庄生活表面看起来非常平和，实则充满不确定性和压力，而且这一压力很可能会因要与自然对抗而加剧。在这种情况下，人类的想象力很快就为潜伏的恶灵提供了空间。

# 第六章　自然灾害与饥荒

虽说组织就是力量，但是征服自然环境的力量并未自然而然地给人带来安全感：通常，自给自足的农民并未比原始狩猎采集者有更多的安全感。同理，从村庄移居州县，从文化进入文明，也不一定导致恐惧的减少。真正改变的只是人们恐惧的特性与恐惧发生的次数。例如，村民称当地自然神灵对其纠缠不休，经常要供奉祭品以安抚神灵；作为对比，州县的居民和统治者则担心宇宙秩序突然崩溃，或是猛烈的自然灾害突然爆发，摧毁整个地区。

古代文明中有一个值得注意的事实，就是人们对宇宙始终缺乏信心。太阳的运动、四季的循环、社会自身的秩序，都不被视为理所当然。为什么古人（无论他们往哪里看）在看到城市、纪念碑、灌溉工程这些恰恰能够证明人们的成就和控制的成果时，总会感到如此脆弱？其中一个原因可能是饥荒威胁延续至今，对不捕捉也不种植自己食物的城市居民来说，这具有尤为巨大的毁灭性意义。运输系统太过原始，无法迅速提供救援，将饥饿的人集体疏散也极不可能。即使在乡下，依赖一两种主要农作物意味着，一旦没有收成，人们就会缺乏用来充饥的其他食物。此外，古代文明中的农民已经失去了在野外过上舒服日子的技能。下面我们就来看一下这方面的一些例子。

56 埃及人很有福气，拥有一种极为可靠的自然环境：太阳沿着可以预期的固定轨道划过天空，尼罗河拜撒哈拉以南的非洲的多源头之赐，定期泛滥。由此太阳和尼罗河成为古埃及两个至高无上的神灵。不过，可靠性也只是相对而言的。太阳给予万物生命，但其高温也能杀伤万物。它也会通过撤回亮光和给大地带来寒冷与黑暗以破坏（人类）生活。而且就像埃及人看到的那样，光与热并非永远都能得到保证，因为一到晚上，太阳在进行其“地下旅程”时必须跟“黑暗之蛇”①进行战斗。这一斗争在新年第一天的

① “黑暗之蛇”阿波菲斯（Apophis），在古埃及神话世界里，蛇有多种重要角色与功能：既是敌对者又是保护者，既是神祇又是恶魔，既能代表生命与再生，也可能是死亡与虚无。——译注

早上变得尤为激烈，人们必须用祭礼仪式为太阳补充能量，才能让太阳再次升起。至于生命的另一个伟大来源尼罗河，其可靠性也是相对的。虽然与美索不达米亚的两条河流（底格里斯河和幼发拉底河）和黄河相比更为可靠，但是尼罗河的水位确实有长期与短期的波动变化，而不论出现什么样的极端情况——水量过少或过多，都会给埃及带来灾难。

法老或州长对其子民所负的主要职责是，减轻或缓和自然灾祸对其子民造成的影响。他有责任去缓解饥荒。第十一王朝和第十二王朝期间上埃及第十六州奥里克斯的州长阿梅尼（Ameni）曾夸口说："当饥荒之年到来时，我犁耕奥里克斯州所有的田地，以保护土地上的子民存活下来。然后跟随着伟大的尼罗河，万物丰收，欣欣向荣，但我没收田地的一点税款。"[1]

宇宙秩序在美索不达米亚看起来要比在埃及更为松散。与尼罗河谷相比，大自然在底格里斯河和幼发拉底河流域着实有些反复无常。当然，这里也有规律的昼夜与季节交替；但是，难以预测的雷暴（美索不达米亚人称其为"可怕的闪光"）和洪水则会不时扰乱它们。

洪水滔滔兮无人可挡，

摇天动地兮人心惶惶。
骇人毛毯兮席卷四方，
繁华全毁兮藤蔓尽荒，
果实尽落兮良田光光。[2]

所有人都期盼生命永恒，但是苏美尔人的渴望中有一种自身特有的伤感，因为他们并不相信天堂和极乐世界的存在。实际上，就连尘世间的安全也被证明是难以获得的。东方学专家克拉默（S. N. Kramer）曾说过，恐惧给苏美尔人的生活涂上了一层浓重的悲观色彩。“从出生到死亡，他们会时不时地害怕其父母、老师、朋友和同胞、长官和统治者、外国敌人、自然的暴力、野生动物、邪恶的怪物和
57 魔鬼、疾病、死亡和被遗忘。”[3]

在远古人的心灵中，一个主要恐惧就是担心宇宙自身可能会突然崩塌。如果不用仪式和祭祀（包括人牲）来维持，就连自然的大循环周期也可能会失序。公元前一千年的巴比伦，每年春天都有十一天时间，所有人的心思都会被新年典礼吸引。美索不达米亚人经常怀疑宇宙可能陷入混乱，而国家命运依赖于神的判决，举行典礼的用意就在于打消他们的这些担心。若是没有这一精心而为、有着神

奇用处的仪式，也就没有什么别的东西能够解决这一无法避免的信仰危机，消除所有人内心深藏的严重的不确定感。[4]在节日典礼中的某个时刻，祭师会割下一只公羊的头，把公羊的血洒在神庙的墙上，然后把公羊的头和身子抛入河中。是否曾经有一个人——可能就是国王自身——作为替罪羊承担了过去一年的过失呢？巴比伦历史学家贝罗索斯（Berossus）写于公元前3世纪的著作表明，远古时代存在皇家祭祀典礼的可能性。现存的文献确实记载了国王被当众羞辱：他被扇耳光直到泪流满面。

古代中国人，尤其是商朝时的人（前1500—前1030年）相信，想要提高土地生产力，必须进行人祭。德国汉学家艾伯华（Wolfram Eberhard）写道："人们会有这样一种印象，许多［商朝］战争的目的并不是为了征服，而是想要获取俘虏。"这些俘虏会被杀掉祭神。用人牲来维持生产力这一习俗，远远超出高级仪式本身。在一些地区，人们会埋伏在水源旁，等候来自其他村庄的旅客，将他们用于祭祀。受害者的部分肉会被分给附近田地的主人，由他们埋葬。

尽管到了孔子生活的时代（公元前6世纪），所有为仪式而进行的谋杀（人祭）已被禁止，但在中原地区，直到

11世纪仍有关于这一做法的记载。中国南方有名的龙舟节，每年春天都会举行，历史上一度也曾用人祭来祈求丰收。[5]在西周（前1046—前771年）的封建朝廷，每到新年都会有除邪之舞，以都城四门的人祭为结束。甚至在孔子所
58 在的那个年代，当时的人们仍然认为，在举行新统治者的开国典礼上，为了消除旧统治者的阴魂，最好是杀人为祭，将其四肢扔到四门。发生旱灾时，人们会要求巫师在地里跳舞，直到筋疲力尽，然后他们会被人用火烧死。不过，到西汉（公元前202—公元8年）时，祭师和官员只是制作一些象征性的牺牲品，来维持季节正常变换。在适宜的时间，人们会把代表干旱之神的一男一女像抛入水中，或是做一个农家主人的塑像（人俑）并将其烧掉。[6]

人祭这一做法在墨西哥谷的阿兹特克文明中发展到顶峰。阿兹特克的都城特诺奇提特兰约有三十万人，每年都会有约一万五千人被用作人祭，其中绝大多数都为战俘。实际上，战争的一个主要目的就是确保有足够的牺牲品。这是一个富有活力的民族，一开始默默无闻，却在不到二百年间就建起了高度发达的城市文明与帝国。不过，在他们眼里，他们所生活的这个世界很不安全。阿兹特克人相信，在他们自己之前存在过其他时代，每个时代都在

灭绝人类的大灾难中结束。甚至在他们的全盛时期，他们也明白那是建立在另一个已经灭绝的高度发达的托尔特克（Toltec）文明的废墟之上的。就连自然界最可预测的节奏也无法缓和阿兹特克人的忧虑。太阳每天都会升起，但若没有人血作为食物，它还会在第二天升起吗？人的首要责任就是滋养“我们的大地母亲和太阳父亲”。逃避这一责任，既背叛了神，也背叛了人类。男人被带到金字塔顶部，被杀死以供奉太阳。女人被献给土地女神：她们装作不知道自己的命运，跳着欢快的舞蹈，直到被人砍下脑袋。孩子则被淹死来祭献雨神特拉洛克（Tlaloc）。[7]

古代的国家和帝国，像中国和阿兹特克，拥有建造纪念碑与城市的知识和组织，却仍对自然无能为力，听任自然摆布。华丽的人工制品并不能使人们相信他们生活的世界是可以预测的。星星，就像建造起来与天体坐标相一致的纪念碑一样，看上去永恒不变。然而，人们实在是太了解事情的真相了，一旦生计出现问题，这些永久存在的保证极少会有（甚至没有）一点意义。天地自然的行为是任性的。没人能准确预知天气情况，预言来年人们会丰收还是挨饿。在这种情况下，所谓安定不过是一种幻影，只有 59

混乱才是永恒的存在。可以毫不贸然地说，除了少数精英上层阶级，前现代社会中几乎每个成年人都知道，饥饿的威胁和真实发生是常有之事。农作物干旱枯萎、被洪水淹没、被害虫蚕食的情况时有发生。

面对这种情况，比较开明的统治者往往会提前建造粮仓，以免发生大灾荒，减轻人们的焦虑。《创世记》中有一个故事，预言了埃及将会有“七个荒年”，约瑟帮助法老建造粮仓，目的是让所有埃及人和外来人都不挨饿，因为“当时饥荒遍满天下”。在中国历史上，到汉朝时，人们已经认识到设置粮仓的必要性，西汉时能干的谋士贾谊（前200—前168年）就曾问道：“即不幸有方二三千里之旱，国胡以相恤？”[8]

古代墨西哥政府的主要工作之一就是在仓库中储存谷物，以防出现天灾。传统上阿兹特克皇帝被认为是“人民的父母”，负有让人民免于饥饿的责任。皇帝也都认真履行自己的职责，蒙特祖玛一世（Motecuhzoma I）向全体子民赠送衣物和粮食。面对洪水灾害，奥佐托（Auizott）送出二十万车玉米。中国的皇帝同样也是“民父”，在天地之间进行周旋：年成不好时，往往会通过减免税负和开仓赈济来显示其对百姓的关心。如果天灾持续不断，皇帝就要进行祭天仪式。1832年（道光十二年）和1878年（光绪四年）天灾缠绵不去，两位皇帝均下罪己诏并斋戒祈福，下面是1832年诰书中的部分内容：

> 今岁入夏以来，经月不雨，非常亢旱。臣虽忧惧难名，亦无补救。步祷三坛社稷，未荷殊恩。总缘臣愆尤日积，不戒于骄侈，即有败度败礼之行，或一念之差，有干天罚，或用人行政，逞己见而失正当，兹当垂慈示警。虽深自咎悔，已云无及。谨斋戒祈祷，步叩方泽。钦惟后土皇地祇，德配上天，功昭下土。 60
> 当兹旱既太甚之时，序逢小暑之后，万姓嗷嗷，百谷难望。君为轻，民何罪？呜呼！愧悚交加，莫知所措。敬祈后土皇地祇，赦臣已往，许以自新，立沛恩膏，以拯百姓。臣无任忧惕惭愧之至。①[9]

在前现代社会，各个地方的农业民族几乎都受到过食物不足和饥饿的威胁，其中尤其要数印度和中国的情况最为严重。自从公元2年起，这两个国家便都拥有大量人口：中国有近六千万人口，大都集中在黄河流域丰饶的谷地和

① 《大清皇帝成宗实录》卷之二百十四。——译注

平原；印度次大陆的人口则是中国的两倍。这两大世界人口密集区的农业生产都依赖于（如今也依赖于）季风降雨，季风降雨来得太晚或退得太早，就会有数十万乃至数百万农民面临饥荒的威胁。1770年，印度遭遇了一场最凄惨的灾难，连着两年农作物歉收，第三年更是全年没有下过一点雨，西孟加拉和比哈尔省有三千万人受灾，其中死于饥荒和疾病的人数至少有一千万。在奥里萨省和印度东部沿海地区，1865—1866年的干旱，加上1867年的暴雨，再加上政府欠思量的政策，约有一千万人死于疾病和粮食短缺。[10] 1867—1879年间，中国华北人口稠密地区滴雨未落，爆发饥荒，约有九百万到一千三百万人死亡。由干旱导致的饥荒还发生于1892—1894年、1900年、1902—1921年、1928年，每次受灾区都有五十万到三百万人死去。

干旱是对人类危害最大的自然灾害，但不是唯一的。紧随其后的是洪水，其次就是瘟疫和地震。1931年长江洪水泛滥，影响到一千二百万人。1935年，长江溢流，一千四百万人无家可归，实际死亡人数尚不清楚，但肯定低不了。湖北省的一个县有二十九万人，由于事发突然，毫无准备，死了二十二万人。1938—1946年间黄河泛
61 滥，至少夺去五十万人的性命。[11] 人口稠密的恒河三角

洲，仅仅高出海平面几尺，每到飓风季节极易被洪水淹没。每年都会有数千名孟加拉农民在这一地区极为常见的暴风中丧命。罕见的暴风雨则会淹没稻田，造成大范围的食物短缺和饥荒。据官方估计，1943年的孟加拉饥荒致使约一百五十万人死亡，然而实际数字极有可能是官方数字的两倍多。[12] 1970年11月，一场飓风袭击了东孟加拉，使得五十万人丧生。

光是引述一些重大灾害，而不提及那些频繁危害一个地方的小型干旱与洪灾，会让人缺少对苦难和恐惧的真实体验。大自然的善变并不需要一场大面积的饥荒，只要有一些小的却不可预测的饥荒一再发生，就足以在人群之间引发恐慌。不过，关于比较小的灾难事件，我们往往缺乏可靠的资料，这一点即使在有着很好的历史文献记载传统的中国也是这样。不过，何炳棣已经预测出清朝湖北省出现自然灾害的次数与频率。其中发生旱灾的有九十二个年份，发生水灾的有一百九十个年份。湖北省的记录表明，全省七十一个县，平均每年就有七个县发生过自然灾害；也就是说，湖北省十分之一地区每年都会发生不同类型的不幸事件。在中国其他地区，尤其是在北方和淮河流域，情况远比湖北省要惨重，因为那里的气候不像湖北省那么稳定，环境也没有湖北省那么多样。[13]

历史记录极少描述饥荒现场的凄凉和恐怖。目击灾难现场的官员的记述都是不带感情的正式公文风格，显然压抑了他们内心的真实感受，之所以会这样，可能是因为在他们努力帮助大批垂死者的同时，他们自己却有足够的食物。而那些幸存者则因缺少文字能力而无法记下他们亲身体验的极度苦难。不过，在这方面确实也有一些真切的记载。迦尔诃那（Kalhana）在《克什米尔国王编年史》①一书中描写了克什米尔917—918年间发生的旱灾。迦尔诃那写道：

> 在毗咀娑多（Vitasta，今杰纳布河）几乎看不到水的影子，河中满是经过长时间浸泡发胀的尸体。地上密布着凌乱的骨骸，就像一座巨大的墓地，着实让人恐惧。与此同时，国王的大臣和卫队，则通过高价
> 62 贩卖囤积的米粮大发横财。[14]

中国朝廷派出的一位勘灾成员，报告了1877年冬天山

①《克什米尔国王编年史》(*Rãjatarañgini*)，又译《王河》，1148年迦尔诃那用梵文诗体写成的早期印度编年史书，其中包括自古至写作当时为止的克什米尔的全部历史。——译注

西省的情况：

往来二三千里，目之所接，皆系鹄面鸠形；耳之所闻，无非男啼女哭……甚至枯骸塞途，绕车而过，残喘呼救，望地而僵。①[15]

中国华洋义赈会这样描述在快要饿死的人群中工作的感受：

到处都是荒芜和贫困，除了危险，看着无处不在的疮痍，呼吸着四下弥漫的疫气，让人震颤不已，内心深处既悲悯又厌恶。[16]

另一次持续时间较长的干旱发生在1941—1943年间，这次干旱摧毁了华北大部分地区，当时正值抗日战争时期。记者杰克·贝尔登（Jack Belden）生动地描写了旱灾现场：

在河南，通往太行山的路上很快就躺满了尸体。

① [美]何炳棣：《1368—1953中国人口研究》，葛剑雄译，上海古籍出版社1989年版，第228页。——译注

1942年春，所有的树芽都被摘得精光。所有的树皮都被剥个精光，远远望去，树干呈现出一种怪异的白色，就像人脱光衣服一样。一些地方的人们会吃蚕沙；其他地方的人们则吃奇怪的白土……女人们互相交换孩子，说："你吃我的，我吃你的。"[17]

1962年，一位延安村民回忆起1928—1929年间发生的那场饥荒，那时他还是个小孩子。

我们到处去要饭。我们什么吃的都没有。父亲去外面捡木柴、讨饭吃，却什么也没弄到。他倒在路边时，身上还带着榆钱和木柴。我们等了他一个晚上，直到天都亮了他都没回来，我的母亲说："我们去看看到底怎么回事。"然后母亲、叔父和我沿着往邵川方向的路走去。我第一个发现了他，他趴在地上，已经死了。榆钱和木柴散落在他身旁。没人去碰任何一样东西。榆钱
63 是给我们吃的。他没有病，完全是给饿死的。[18]

政府有权力与组织来收税和征兵去打仗，为什么却无力对抗或（至少）减轻大自然给人们造成的伤害呢？一些

统治者缺少这样做的意愿；实际上，迦尔诃那关于克什米尔饥荒（917—918年及1099—1100年）的记述表明，国王和大臣们无耻地公然利用自然灾害来为自己牟取利益。一些政府即便有行动的意愿，也缺乏必要的组织。17世纪早期，印度莫卧儿帝国恰是鼎盛时期，却仍然无力解决其所面临的主要自然灾难，比如1632年古吉拉特邦的饥荒。[19]与中国皇帝不一样，印度国王并不觉得为国内受灾的地方提供义仓是自己的责任。地方粮仓仅能短暂缓解饥民状况。当旱灾持续发生时，必须从别处运来食物。这一解决办法听起来极其简单，但要想在现实生活中真正做到并不容易。受灾最严重的地区之所以出现高死亡率，主要原因就是那里的通信联系处在原始状态。人们早就对这一事实达成共识。在食物短缺和遭遇饥荒时，内陆城市显得尤为脆弱。就像4世纪神学家圣额我略·纳齐安（Gregory Nazianzen）所指出的：

这座城［小亚细亚中部的凯撒利亚］长期受苦，却无法得到任何的帮助，没有解决灾害的办法。海滨城市比较容易度过这种困难时期，因为人们可以通过海运得到短缺的物品。但是我们居住的地方远离大

> 海……既无法运出我们所拥有的，也无法运入我们所缺乏的。[20]

历史上，中国内陆人口稠密的省份在遇到旱灾时，由于无法及时得到外援，常会有上百万人死去。在1876—1879年间的饥荒中，等到发生饥荒的消息传到首都和港口，时间已经过去了几个月。在政府做出具体努力（运送粮食）之前，已有大批灾民死去。在悲惨的情况广为人知后，想要在狭窄的泥路上尽快把粮食送到灾民手中，已被证明几乎是不可能的。一份官方报告中生动地描述了饥荒导致的恐怖状况：

> 1877年冬至1878年春，在通往山西的路上到处是最可怕的混乱。亡命之徒、乞丐和小偷到处都是。在这群山之间，官员无力发布任何一类命令。道路已完全毁坏，在新路筑成之前僵局将持续存在。驼、牛、
> 64 骡、驴在最野蛮的混乱中疾驰……夜间更无法通行，沿途到处是人畜尸骨，任何人只要倒下喘息或病死，就会很快被狼、狗和狐狸吃尽。坏掉的马车、散落的米袋、濒死的人和动物，经常会阻断道路，以至于经

常要连着几天时间挡住一头的车队进来，才能让另一头的车队过去。①[21]

干旱和水灾、饥饿和死亡，在中国和印度是极为常见的可怕故事。相比之下，欧洲就是一个较受偏爱的大陆，那里的自然环境比较温和。气候虽然也会有起伏，但是变化较小，与东方的河流相比，欧洲的河流小而温顺。即便这样，在进入现代社会之前，自然引发的饥荒也在欧洲历史中占有很大篇幅。11世纪的前几十年就曾有大面积的严重饥荒袭击欧洲大陆。12世纪，新开辟的可耕地缓和了不断增长的人口带来的压力，但仍有一些地方因为收获不稳定而出现食物短缺，每过上一段时间就会有成群的饥民包围修道院与城门。事实上，即使在太平岁月，几年好日子过后也会遇上歉收年份；即使风调雨顺、五谷丰登，在新的收获季节来临之前，仍有许多人必须靠着仅够糊口的食物过活。

公元1300年后出现了一段灾难性的食物短缺时期。气候状况急剧恶化：北冰洋上的浮冰南移，挪威到格陵兰岛

① [美]何炳棣：《1368—1953中国人口研究》，葛剑雄译，上海古籍出版社1989年版，第229页。——译注

的海运路线不得不被更改。连绵不断的雨季更是加重了长期歉收给人们带来的苦难，1309年，德国南部和西部爆发了一场小麦供应危机，并很快波及西欧其他地区。在情况最为糟糕的1315—1317年，从东边的爱尔兰到西边的匈牙利都有谷物歉收的报道。1316年五到十月间，佛兰德斯的伊普尔（Ypres，比利时西部，靠近法国里尔）约有两千八百人死去，约占当地人口的十分之一，死者用公费来埋葬。整个村庄（尤其是德国的）被废弃，其中许多村庄再也没有被重建了。[22]对中世纪欧洲晚期的城镇来说，相当严重的饥荒是一种不断发生的威胁。据图卢兹档案记载，1334年到15世纪中期，当地发生过七次饥荒。食物供应问题成为意大利、朗格多克和德国所有地方政府都要承受的一个持久而严重的重担。[23]

65 我们可能会猜想，中世纪人在他们的村庄、城镇和封闭的庄园中都是落后的，缺少有组织、有技术的方法去对抗自然环境给其造成的威胁。不过，当我们来看17世纪的法国时，我们发现，即使在英明国王的统治下，情况也没有好转多少。大自然仍然具有无上的权力。法国的经济极其依赖谷类作物，这些作物对气候异常敏感，尤其是凉爽的夏季和过多的雨水，这两种天气在整个17世纪一反常态地经常出现。当一个地区的作物歉收时，糟糕的运输系统使得人们无法快速进行救援。另一方面，饥荒的谣言可能（并确实）会快速传播，结果就是市场上谷价飞涨。不时有人被饿死，并不是因为没有食物，而是因为粮食价格高到一般人买不起。

食物短缺、饥荒、相对较好的时期，以令人沮丧的规律交替出现。坏天气和歉收导致1661—1662年间出现了大范围的饥荒。来自农村的乞丐成群结队地涌入城门和慈善机构讨要食物。首都市民自发组成国民卫队将其赶回。1663年出现的一阵好天气带来了好收成，那一年也成为随后相对繁荣的十年的开始。不过从1674年起，时局再次“失控”了。夏季多雨使得当年许多地方收成大减，随后三年的收成则更糟。1681年农作物产量匮乏，一些地区在1684年更是遭受大灾，食物价格飞速上涨。1679—1684年，整个法国的死亡人数不断增加。1684—1689年的情况再次好转。惊人的好收成使得谷价下降，民众拥有充足的食物。然后到来的是1693—1694年大饥荒，这是一系列寒冷潮湿年份带来的高潮。多数法国人及其他国家的许多人都受到饥饿的威胁、折磨，或是死于饥荒。1693年4月，博韦主教区一位小官员观察到：

无数穷人都饿得虚弱不堪，因为没有吃的而死去，大街小巷、城镇乡下都缺少面包，因为他们找不到工作或没有职业。为了哪怕多活一天，他们情愿去吃扔在垃圾堆里的死猫和剥了皮的动物……也有人把春天
66 种下的豆子和谷物种子挖出来给吃掉了。[24]

饥饿在英国的都铎王朝和斯图亚特王朝是不是一个严重问题呢？彼得·拉斯莱特（Peter Laslett）认为，至少1645年英格兰西南部德文郡的科利顿出现的极高死亡率，很可能就是由当地的饥荒造成的。在科利顿往西五十英里的哈特兰（Hartland），村民拥有的粮食可以满足他们自己的需要，却没有余粮去帮助他们受灾的邻居。[25]安德鲁·阿普尔比（Andrew Appleby）认为，西北部坎伯兰和威斯特摩兰的高死亡率是由饥荒，而非先前一直认为的流行病引起的。1587—1588年、1597年、1623年，英格兰北部的人们死于没有食物。这一悲惨结果的起因是夏季潮湿多雨，随之而来的就是收成减少，粮价超出穷人的承受能力，进而导致饥荒。在好年成到来之前，这一情形往往会延续多年。

1597年，一位纽卡斯尔的市民写道：“因为没有

吃的，街上和地里到处都是快要饿死的人。”纽卡斯尔的企业记录证实了这种痛苦：1597年九月和十月，二十五名“饿死街头的穷人”由城镇出钱下葬。这是一幅不折不扣的悲惨景象——不过，由于可以进口国外谷物，纽卡斯尔的情况要比北部其他地方的情形好很多。达拉谟教区长在写给罗伯特·塞西尔（Robert Cecil）的信中说，若不是及时运来这些谷物，怕是会有成千上万人饿死。[26]

在17世纪，不仅是农场劳工、小农和贫苦大众的生活没有保障，就是经济上极为富有的人也是一样。尽管我们缺少实证数据来支持这一判断，但是凭借艾伦·麦克法兰（Alan Macfarlane）所做的关于一位英国教士的个案研究，足以有力地给人们留下一种当时生活不稳定的印象。拉尔夫·约瑟林（Ralph Josselin）每年的收入有三个主要来源：一是担任埃塞克斯郡厄尔斯·科尔恩（Earls Colne）教区牧师，二是耕地和地租收益，三是教书所得。约瑟林记了四十多年日记，把这期间的事实和观察都详尽地记了下来。这位牧师和一家之主所烦恼与关心的是什么呢？很大篇幅都是宗教沉思，但也有几乎同样大的篇幅记载的是天气和收成。多数页面上都有当日天气状况，几十篇记有雨量、温度和风的强度。约瑟林多次提到干旱，但其最大的恐惧无疑是多雨和水灾。下面是其1648年日记中一段典型的记
67 述："这周天气非常潮湿，让人不能不担心这一季的玉米和休耕地，适合播种的土地少之又少；有人说在草地上的牛被染了色，它们的肠道被沙砾和泥土侵蚀了。"天气直接影响到约瑟林的食物供应、他能储蓄的金钱、给孩子花的钱，以及必需的燃料花费。但不管怎么说，即使在最糟的17世纪40年代后期，约瑟林和他的家人也没有落到挨饿的地步，而他的住处所在街道上的穷人就难逃那种命运了。[27]

进入18世纪，西欧的生活明显变得更加安全，类似17世纪法国农村一再发生的灾荒和饥饿极少出现。由于天气条件更好、王室管理更有效、国家物资分配更高效，地方灾害被一些更强的东西取代——在相当绝望的意义上——一种普遍的慢性痛苦的模式。严重饥荒的消失使得法国的穷人增多了。不再有忍饥挨饿的人，营养不足的人却在迅速增加。具有讽刺意味的是，一方面是人们的生活条件大为改善，另一方面却是出现了比过去更多的穷人，饥饿从未从他们的世界完全消失。饥饿给人造成的威胁甚至比过去还要严重，因为一旦收成不好，地方上和城里的商人

就会把价钱提到一般人承受不起的地步。人们似乎生活在一种没完没了的焦虑中，任何一家只要生产的东西无法自给自足，就会担心一旦食物短缺，能否有足够的钱去购买足够养活一家人的食物。表面上人们显得平静而愉快，但在其内心深处潜藏着难以言喻的恐惧。奥尔文·赫夫顿（Olwen Hufton）写道："社区和个人同样生活在紧张状态中。"拥有一些东西的人非常担心自己有朝一日落到一无所有的地步。"在食物缺乏的日子里……人们的恐惧倍增，其他恐惧也在增加，尤其害怕精于算计的外人为了把谷物从小社区移走而抬高粮价，害怕乡村取代小城镇，害怕小城镇取代大城镇，每个人都怀疑有人正在享受更低的价格，过着更好的生活。"[28]

显然，自然灾害对不同社会阶层产生的影响并不一样。那些在土地上做苦工的人和穷人通常受难最多。死亡率的
统计数据、当代报告和政府文件使我们得以看到饥荒的恐 68
怖，但是在每次重大灾难中遇难的成千上万甚至数百万人（就像在印度发生的那样），却没有留下任何关于他们的恐惧、苦闷和痛苦的记录。事实上，没人听得到遇难者的声音：哭声虽然震天，却迅即化为云烟。如果看到一份古代

文本中记述下一个民族的恐惧，我们会认为那是偶然。例如，通过这样一份文本，我们可以想象苏美尔人看到滔滔洪水“摇天动地”，“骇人毛毯兮席卷四方”。在哀叹上帝的冷漠时，约伯也表达了人的痛苦与困惑：“若忽然遭杀害之祸，他必戏笑无辜的人遇难。”（《约伯记》9：23）《道德经》里也说：“天地不仁，以万物为刍狗。”[29]这也是一种民间智慧，记述在一部中国的古代经典中。

自然界的运行和情绪变化多端，难以预测。从古代到现代初期，这种变化无常一直都是人们恐惧的来源。洪水、地震和蝗虫的出现，都极少或者没有一点警示。人们对它们的回应只有惊慌——一种因已知世界突然消失而产生的让人不适的感受。与上面几种情况形成对比的是，干旱的出现则是循序渐进的。太阳日复一日地炙烤大地，人们变得越来越焦虑，开始寻找降雨的征兆。下面这段关于季风来临前印度旁遮普省干热状况的记述，或许可以帮助我们了解当地农民期盼潮湿季风的心情：

> 人和牲畜都变得衰弱，直喘粗气，就连室内温度日夜都在52℃至63℃。几乎所有的绿色植物都枯死了，草根都被烤焦了，灌木和树木都濒临死亡，地面

> 龟裂，放眼望去，一片荒芜，了无生机。终于熬到六月，热风渐止，一丝风都没有了，这时才真是热得让人害怕，草帘子一点都不管用，万物都在渴盼雨水快快到来，但在南风和东风到来之前连一滴水都落不下来。[30]

但要是持续无风，东南风也不来，那该怎么办呢？在印度河上游和恒河谷流域建起现代灌溉网络之前，对几十万农民来说，这是一个生死攸关、每年都会折磨他们的问题。

人类无法一直生活在焦虑的状态下。他们需要拥有一
种控制感，哪怕这种控制感不过是一种幻觉。粮仓、水井 69
和河堤在过去为人们提供了一种保障措施，但也仅仅是一种措施而已，并没有什么东西能让人们避开重大灾难。在现代科技让人们觉得自己能控制自然之前，他们并不能单纯依赖自己的手工制品，而是必须加上神秘的仪式和典礼才行。以阿兹特克人为例，他们的仪式要花费如此多的心思，付出如此多有组织的努力，以至于我们可能想要知道：他们为什么不把自己的资源和力量用到比较实用的目的上去呢？比如建造粮仓，改进治水方法。阿兹特克人认为宇

宙自身都会受到威胁，太阳可能不会再升起。人类的任何努力都无法支撑宇宙，只有人血可以给予太阳力量，让其继续正常运行。我们可能会觉得人类的血祭是恐怖的，但对阿兹特克人来说，这是一种缓解其恐惧和忧虑的方法，甚至就连受害人所感受到的恐惧，可能都没有我们现在想象的那般强烈，因为有着崇高用意的祭礼会使一个人的死不仅显得适宜和高贵，而且是与众不同和无私的。

自然灾害被视为人类违背了自然的和谐本性的结果，可以通过人类的祭礼得到恢复。祭礼与科学程序或有效的实践行动具有一些共性，即都要遵循明确的、可预期的规则行事。在人无法把握局面的情况下，一套仪礼本身就可起到稳定人心的作用；当个体与集体都相信这套仪礼传达了超自然力量时，这一安定人心的作用就会极大地增强。为促进生产或防止灾祸而设的人祭，始终都是仪式的一部分。随着时间的推移，首先是用动物祭品代替了人，然后是草制的动物代替活的动物。只有仪式一直延续下来。民族志中记载了很多种仪式，这些仪式有的已不复存在，有的至今仍存在于世界上的不同地区。美国西南部的印第安人仍在跳“雨舞”。在乡下的教堂，人们仍在站着或跪下祈祷及时雨和好收成。

仪式是一种公共行为，相信世界会有序运行。当生活和生计可能因自然原因或人为原因而显得不确定时，另一种更为个性化的回应也是可能的，即赌博。沉迷赌博是否算得上是一种对无常人生的回应呢？我们不知道。不过，一些学者认为，在艾伯塔①、堪萨斯和新墨西哥等半湿润半干燥地区，农民养成了一种赌博的心态来应对极为多变的降雨，保护他们的财产。对于干旱少雨，农民总是抱着悲观态 70
度，但对自己的运气也有充足的信心。他们说“命中是我们好运，命不中就是我们运气不好”，或“我们正在用我们的劳动、种子、燃料下赌注，看我们能否有所成就”。在新墨西哥，西班牙裔美国农民似乎更认命。他们相信绝对的机会，相信无法被人夺走的机遇，即该怎样就会怎样。[31]这是一种宿命论。所谓宿命论就是人将自然世界视作“不可改变的、专断的、有权力的”，人若与其对抗经常会以失败告终。对疲倦和受惊吓的人来说，宿命论确实可以为其提供平和的安慰。

另一方面，在出现食物短缺和非灾难性饥荒时，恐惧驱使下的暴力是人做出的一种极为常见的回应。由于无法

① 艾伯塔（Alberta，俗称AB省），加拿大草原诸省中最西部的一个省份，以野牛和石油产品而闻名。——译注

将愤怒合乎情理地发泄到自然身上，人们就将愤怒转向其他人，例如残暴的或不负责任的官员、发灾难财的商人、争抢食物的其他受害者。例如，中国唐朝（618—907年）记录在册的三十九次小型农民暴动中，自然灾害在其中的二十二次中都扮演了一个重要角色。（小型农民暴动是指农民在没有得到政治军事领袖或意识形态的支持下自发进行的起义。）完成于1084年的《资治通鉴》中记载了这样两个事件：

> 武德三年（620年）十一月，幽州大饥，高开道许以粟赈之。李艺遣老弱诣开道就食，开道皆厚遇之。艺喜，发民三千人，车数百乘，驴马千余匹，往受粟。开道悉留之，告绝于艺，复称燕王。①

> 元和六年（811年）九月，黔州大水坏城郭，观察使窦群发溪洞蛮以治之。督役太急，于是，辰、溆二州蛮反，群讨之，不能定。②

---

①［宋］司马光：《资治通鉴》，卷一八九。——译注
②［宋］司马光：《资治通鉴》，卷二三八。——译注

自然灾害会带来困难，但若政府是公正的和有爱心的，就不一定会发生暴动。中国农民心里很清楚，有比反抗天命更好的选择。不过，当自然灾害由于腐败和不负责任的政府而成为人们身上额外的重担时，人们的愤怒和沮丧很快就会燃起暴动的火苗。[32]其结果就是出现一个动荡不定的世界：所有已知的和谐，包括自然和谐、社会和谐（包含政府管理层面与人际关系层面在内）与身心和谐，都处在解体的危险中。 71

愤怒和惊慌是生活的信号。然而，随着饥荒四下蔓延，这些感受最终变成冰冷的绝望。濒死的男人、女人和小孩只剩下哭泣的力气，这种景观很可能会让路人感到极度恐惧，但是受害者自己的真实感受到底是什么样的，史书却避而不谈。 72

# 第七章　中世纪的恐惧

看上去无所不能和难以预测的外在自然，是史前时代、古代文明、部落社会及传统社会中让人类产生不安全感和恐惧的主要原因之一。另一个原因则是人性——人性的变化无常，人性中潜藏着的暴力和残忍倾向。在日常生活中随处都可看到成年人想要驯化孩子天性的严厉做法。在后面的章节中，我们将会考察人类个体和团体对邪恶与混乱的恐惧（进而逐一探讨那些从外部和内部威胁人类的力量）。不过，我们也有必要去探讨一下，在某个特定文化中，所有这些力量是怎样相互匹配甚至相互融合到一起的。为此我们先来探讨中世纪的欧洲。选择欧洲有一个好理由，就是它在产生现代的信念和态度中扮演着重要的历史角色。

我们自己的心态，连同其神秘的越轨和激情，自然有其过去的根源。那么，过去普遍存在的迷信恐惧又是什么样的呢？

我们今天已经很难真切地去理解或体会中世纪欧洲人没有安全感的程度。18和19世纪的中世主义（medievalism，我们现在仍未完全摆脱）倾向于将这个已经过去的时代浪漫化（从中可以发现丰富的色彩、一系列的情感、一种想象的境界），但是随着现代工业生活的出现，所有这些都退到幕后。但如果说中世纪的人们会尽情享受他们的教堂和节日庆典上的色彩与美，那么他们也会在其日常生活中看到单调乏味和污秽；如果说他们知道狂喜并曾瞥见天堂，那么他们更熟悉的却是劳苦和危险、忧愁和恐惧。

中世纪之所以会有这样的情感基调，自有其客观原因。73
早死、传染病和暴力，它们赋予生活一种既刺激又压抑的特质。现代史学家从历史视角去看，可能会将1250年视作中世纪文化的发展顶峰；他们注意到，当时人在艺术、科技与政府制度上取得了长足进步，尤其是从1100年起。但对中世纪人来说，更加显而易见的是月复一月、年复一年发生的事件，包括内乱和宗教冲突、战争、传染病和饥荒。糟糕的身体状况、劣质食物、不良的饮食习惯，无疑更易使人产生幻觉、做噩梦、看到幻象。富人吃得过多，穷人营养不良，这显然与一种均衡的生活观相抵触。[1]

超自然与中世纪人有着密不可分的关系。天使与魔鬼在人们的生活中共同占有一席之地。之所以会出现如此强烈的超自然感觉，一个重要原因就是它在解决社会冲突方面起着重要作用。人类学家彼得·布朗（Peter Brown）指出，12世纪前的主要社会单位是扩大的亲属团体，人们的安全感取决于亲属关系并依赖于紧密的小群体。国家的强制力量是如此之弱，以至于人们只有诉诸超越现世的权威，才有和平解决冲突的机会，而且也只有这样的权威才会得到相互斗争团体的共同认可。在严酷的审判中，被告若是沉入圣水中就会被判无罪。严酷审判自身的戏剧性，使其变成一种达成共识的工具——可以消解具有毁灭性的潜在冲突。与此同时，它也吸引人去关注超自然的真实性。也就是说，社会需要奇迹，并会采取措施将其突显出来。[2]

相信天使、魔鬼与灵魂，是人类固有的一种心理。古往今来，不论哪里的人们都会有一种超自然的感知，不论它有多么微弱和少见。许多人都相信灵媒，并会相应地按其所说去安排他们生活中最重要的事情，当然，这一情形在不同的文化中有着不同的呈现，并已随着科学世界观占据主导地位而有所减弱。如今，相信鬼魂及超自然神灵并与之沟通的人会被文明社会边缘化。而在中世纪早期，这种人则处于社会的中心。圣哲罗姆（并非一个无知的农民）就曾宣称：“比起众多的超自然现象及神灵，凡人大众什么 74
都不是。”——二百年后这一观点又得到塞维尔主教爱西多尔（Isidore）的强调。[3]对中世纪人来说，世界之所以不安定，就是因为精灵中有太多恶魔。天国中的天使至少有十分之一到三分之一都站在撒旦一边。出于这一原因，人类才会受到群魔的折磨。[4]如今困扰我们的是地球上的人满为患。而对中世纪人来说，不是人，而是好的精灵和坏的精灵占据了地球的空间。

进入12世纪，有迹象表明人们不再把虚假的空想世界当真。在神学领域，神学家越来越担心人们把超自然事件与超自然秩序区分开，前者是引人注目的和奇迹般的，后者则不需要用奇迹来帮忙。在艺术领域，巨大的带有象征意义的动物式设计，开始让位于自然主义的雕刻师，他们在教堂正面刻画关于动植物和人类生活的景观。滴水兽、吐火怪和其他一些传说中的异兽并排，配以做工精细的橡树叶和山楂枝叶，可谓惟妙惟肖，搭配得恰到好处。[5]不过，长期形成的观念并不会在一夜之间就消失得无影无踪。

就连那些复杂的中世纪思想也仍与我们的思想存在显著差异。我们只需考虑一下人们赋予“形体”（corporeality）、“生命”（life）、“视力”（sight）这些词多么不同的意义，就可明了这一点。

在现代人看来，“形体”是真实的，实际呈现出的东西要比想象的东西具有较高的本体论地位。而在中世纪神学家看来，形体并非存在的标准，而是创造量尺上的劣等品，它们远离上帝，无法与其沟通。无形的“圣体”远比有形的人体“真实”。

在现代人眼里，“生命”可以定义为有感知力和繁殖力。而在中世纪的思想中，生命是存在的本质特征，不仅石头、水和火有生命，树和天使一样有生命。因而，所有的创造物都是活的。甚至就连哥白尼都有少许这种信念。当他描述太阳“占据一切事物中央的王座”，从那里“把光同时散射到每样事物上”时，他就赋予了太阳“圣体”的本性，能够看到一切，从而有能力引领宇宙运行。中世纪人有一种倾向，认为人造的物体都有生命；他们给船、剑、钟进行洗礼，就像这些事物都有独特的力量和个性一样。教堂的钟声可以吓跑魔鬼，平息暴风雨，避开电击。马姆斯伯里的威廉（William of Malmesbury）写道：格拉斯顿伯里的教堂是如此神奇，以至于“不论谁在其附近建造房屋，只要被教堂的阴影碰到，立马就会变成一片废墟”[6]。

最后，最基本也是最主要的人类视觉天赋，这在过去与在今天一样有价值，但其原因有所不同。我们认为“视力”是宝贵的，是因为它能使我们在世界上更有信心地生活和行动。而在中世纪学者看来，“视力”的求生功能远比不上其哲学洞察力。“视力”是理解的工具：有了它，人才能看透表面现实，洞悉终极意义。对中世纪学者来说，没有什么东西会是其表面看上去的样子。颜色具有符号象征价值，社会等级与宗教含意相连，自然则会显露神灵。[7]

复杂的中世纪思想鼓励人们接受超越人类感官世界的现实。在这一层面下，迷信盛行：人的天性就是喜欢为那些看起来不可思议的事情找寻理由。不过，没学问的人与有学问的学者在理解力上的差异几乎是微乎其微的。在有暴风雨的日子，人们看到军队从天上疾驰而过的幻影。平常人会说那是“死者的军队”。有学问的人则会认为那是“骗人的魔鬼的军队”，他们较少会去否认这些幻觉，而更多会去为其找寻一个半正统的解释。

至高无上和全能的造物主上帝得到中世纪人的认可。但在许多没有文字的社会中，人们认为上帝生活在天上，对人非常冷漠。人类在地球上忍受着各种不幸，与其说这是想要让他们向上帝的意志妥协，不如将其解释为无数个小的势力（有好有坏）持久斗争的结果。赫尔莫尔德（Helmold）神父写道："谁不知道折磨人类的战争、暴风雨、瘟疫和所有的疾病，都是通过魔鬼这个代理人而发生的呢？"[8]我们已经指出，在中世纪晚期的教堂中，栩栩如生的自然绘画与奇怪的动物并排而立。一个更加鲜明的矛盾之处是：一侧是三位一体的上帝，另一侧则是面目狰狞的鬼脸，这是人们想象的魔鬼的奇妙呈现。现代的一位中世纪研究专家写道："正式的崇拜气氛并不是神的胜利，而是光明和黑暗之间不稳定的停战。在这里，被施了魔法的世界的黑暗面——对未知而强大的无形存在的恐惧——与邪恶的神学融合在一起。它们都强调了中古时期那巨大
76 的悲剧感。"[9]昼与夜、冬与夏的对比，强化了宇宙二元性的感觉。看起来，耶和华只是春夏之神，冬天（对城堡里的人来说也是一段难熬的时间）则属于撒旦，寒冷地区和恶劣天气尤其是他的地盘。就像我们在《耶利米书》（1：14）中，在圣奥古斯丁的文字中，在乔叟的《修道士的故事》[10]中所看到的那样，魔鬼住在北方。

生活中存在的不确定性，迫使中世纪人尽力去抓住

每一个许诺可以预言未来的征兆，并提出下面这样的问题：农作物能挺过霜冻吗？会有战争、饥荒和瘟疫吗？人们仰望苍天寻求预兆（尤其是恶兆）。那时候，明亮的夜空还没有被现今城市的灯光映衬得一片暗淡。哲学家和学者自然都会带着惊异满足地对着明朗的夜空陷入沉思。但也因为天空明朗，天上一有异象，比如日食、月食、彗星、不常见的北极光，都被人们视为灾难的预兆。毕德尊者（Venerable Bede）在其书中描述了729年发生的“一起恐怖事件”，当时有两颗彗星出现在太阳旁边：“其中一个在日出前的东方升起，另一个则在傍晚的西方落下，就像是在预报东方和西方将有灾祸发生一样……它们出现在一月，一连两周几乎天天都是这样。在此期间，可怕的萨拉森人之祸使得高卢血流成河。”[11]将天体动物化是当时的风俗。毕德所描述的彗星是“着火的长发在燃烧”。793年，达拉谟的塞米昂（Symeon of Durham）看见“惊人的东西”、“吓人的闪电”和在天上飞来飞去的“龙”。664年，日食使得埃塞克斯居民抛弃基督教教堂，重建早已成为废墟的异教徒寺庙。与此相反，中世纪晚期出现的相似征兆则强化了出现征兆之地的人们的信仰。帕尔马的沙林贝恩兄弟（Brother Salimbene of Parma）报告说：

> 1239年有日食发生，天光骤暗，让人恐惧，星星也都出现了。看上去就像黑夜降临，所有人都恐慌不已，像失去理智一样四下乱跑，充满悲伤，浑身颤抖。许多人似乎不堪恐惧的煎熬，跑到教堂做告解，进行忏悔，以求内心安宁。[12]

77 “审判日”①是当时人们普遍怀有的另一个恐惧。它到底会在何时到来呢？即使在我们现今这个时代，边缘宗教群体仍然对其坚信不疑，并以其为核心来安排自己的生活。不过，在当今西方文化中，对核灾难或世界人口灾难的恐惧，可能要更接近于中世纪人对审判日的恐惧。几位伊利诺伊的科学家甚至精确地计算出了世界末日到来的时间：2026年11月23日，星期一。[13]

毫无疑问，世界末日狂热在中世纪欧洲更为流行。当公元1000年离人们越来越近时，虔信的灵魂为天国的临近做着准备。每个邪恶的王都可能是反基督者，每次灾难都预告了末日来临的时间。神职人员在讲坛上向人们发出警告。可是为什么欧洲大众并没有在公元1000年到来前夕变得歇斯底里呢？有可能是中世纪人不习惯将宇宙视作整体

① 世界末日到来那天，死人都会死而复生，接受上帝审判。——译注

来思考，而只是模模糊糊地感到有一个让人恐惧的日子正在向其逼近。他们可能无法用精确的时间刻度来确认那个日子。

虽然并非所有欧洲人都会因第一个千年结束而害怕得发抖，但实际发生的事情也够糟糕的：阵阵恐惧从一个地方传到另一个地方，刚在一处平息，紧接着就在另一处涌起。马克·布洛赫（Marc Bloch）描述了这一现象：

> 有时，单纯是一个幻象，或者是像1009年发生的毁坏圣墓那样的历史灾难，或者仅仅一场暴风雨，就会在人群中引发恐慌。另一些时候，恐慌则是由精研礼拜仪式的权威的推算造成的，从受过教育的圈子扩散到普通大众那里。弗勒里的阿博特院长（Abbot of Fleury，988—1004）在1000年到来前不久写道："几乎满世界都在谣传，说世界末日将会在天使报喜节与耶稣受难日重合的那天来临。"[14]

天体延伸至月亮运行的轨道之上，其下面的空气（无异于地球）则为罪所玷污。中世纪人看到，星星在月亮轨道之上宁静有序地运行着，在那之下则有空气、暴风、雷电的混乱动荡。中世纪人认为，坏天气与魔鬼和女巫有关系。《以弗所书》（2：2）中使徒保罗指出，“空中掌权者的首领”可能进一步促进了这个联想。乔叟则认为撒旦的家就在北方，而北方也就是有着坏天气的地方。弥尔顿则在《复乐园》中让撒旦宣称空气是“我们过去的战利品”[15]。在
78 中世纪，下面这种看法极为正常：魔鬼会带来风暴，掀翻僧院回廊的屋顶，或是从空中放火击中尖塔，烧毁地上的教堂。1486年出版的《女巫之槌》（*Malleus Maleficarum*），解释了将坏天使分配到领域的正当性。

> 从本质上来说，[天使]居住在天的最高层，一旦犯罪就会被贬入最底层的地狱，但是因为他们负有处罚坏人和试探好人的义务，他们的位置就在空中的云里。不让他们和我们一起居住在地上，是怕他们折磨我们过头，但在空中和火球周围，他们仍能将主动及被动的力量集合起来，在得到上帝允许的时候从天堂带来火和闪电。[16]

《女巫之槌》的作者海因里希·克拉默（Heinrich Kramer）和詹姆斯·斯普伦格（James Sprenger）是两位宗

教法庭的法官，他们得到英诺森八世的提携和支持。在这本书中，他们收集了很多案例，讲述女巫怎样引起气象混乱。两位法官提出了对付雹暴的问题，他们将其中一些方法判为迷信，有的则不是。在现代人看来，他们把逻辑和信仰混为一谈的思考方式，就像最难理解的原始部落的思考方式一样让人奇怪。那么处理雹暴和暴风雨的恰当方法是什么呢？

> 将三粒冰雹抛入火中，向最神圣的三位一体许愿并向主祈祷……［然后］向世界的四个方向（东南西北）画十字……暴风雨若是巫术所致，就会马上停下。这一点千真万确，毋庸置疑。若是将冰雹抛入火中而没有向神祈愿，则会被认为是迷信。[17]

山上的气候变化无常。因而，过去人们认为那里是女巫、魔鬼和恶龙的藏身之地，这一点也不让人惊讶。在欧洲，生活在平原上的人认为山地是可怕的恶魔出没之地，这一想法被以下两个原因强化。首先是生活在平原上的人与生活在山地中的人在社会组织上存在差异，前者融入主流的封建文化，后者则生活在庄园文化外。其次，两个异教群体，即朗格多克的阿尔比异端（Albigensians）与阿尔卑斯山的韦尔多教派①，在遭迫害时退回深山。对女巫的狂热在阿尔卑斯山和比利牛斯山广为流行。在1490年之前，
79 它已在当地盛行了二百年，这也就是说，在此之前完整的巫教教义早已定型并开始影响人口较为稠密的平原地区。因而，只要有女巫，就有给女巫下命令的魔鬼；尽管有时巫术也会从山地侵入富有的低地，但是特别适合其发展的地方还是要数暴风雨密布的山峰。[18]

阿尔卑斯山是欧洲最伟大的高山堡垒。人们一直将汉尼拔英雄般地跨越阿尔卑斯山视作对自然的一种征服。但是这一壮举无法在欧洲人的脑海中留下深刻的印象，因为直到16世纪很晚的时候阿尔卑斯山仍是恐怖地带，若非万不得已，绝对不会有人从那里通过。除了山地自然设置的屏障外，一些远古流传下来的迷信也会让探索和喜欢阿尔卑斯山的人失去信心。例如，一般人往往都抱有一种奇怪的想法，认为彼拉多的鬼魂会在那里引起可怕的暴风雨。故事是这样的：彼拉多的身体被抛入靠近卢塞恩的皮拉图斯山附近的湖中。在变成厉鬼后，他同意安静地待在湖底，但在耶稣受难日和过路人往湖中扔东西时除外。为了避免

① 亦称“里昂穷人派”。——译注

激怒彼拉多的鬼魂，卢塞恩政府禁止人们靠近山林中的湖泊。直到1585年卢塞恩的约翰·穆勒（Johann Muller）故意把石头扔入湖中却没有任何气象灾难发生，才没人再去相信这个故事。直到这件事情发生之前，极少有徒步旅行者出于自身乐趣翻越阿尔卑斯山。不过直到此后很晚时间仍然流传着许多令人担惊受怕的传言，甚至“认为山中有怪物”这一信念也残存下来。例如，苏黎世伟大的阿尔卑斯山探险家余赫泽（Johann Jacob Scheuchzer）在1702—1711年间多次翻山越岭，像一位科学家一样研究山上的植物和矿物。但在另一方面，他也弄出了一份合乎逻辑的“瑞士龙”目录。最好的龙住在格里森，最大、最稀有的龙散布瑞士各州。就像他所写的：“这里有这么多的山，这么好的山洞，要是找不到龙那才叫真正的怪事呢。”[19]

山地的性情比较任性，难以控制，超出人类的活动领域，在某种意义上甚至可以说超出了上帝的管辖。野生动物和黑暗的森林也是这样。“荒野”（wilderness）一词的词根对我们不无启发意义：形容词“野”（wild）来自“不听使唤”（willed），déor是古英语中的“动物”。因而，荒野就是野生动物主导的领域，人类难以控制。北欧的野生动物生活在森林中。作为一种场景或环境，“荒野”是森林

80 环境，事实上“荒野”这个词可能还有另一个词源，weald或woeld，古英语中就是指“森林”。[20] 耕地是人们熟悉的和人性化的世界。相反，耕地周围的森林看上去非常陌生，是一个可能藏有危险陌生人的地方。[注意，“森林”（forest）和“外国人”（foreigner）有相同的词源foranus，意思是“位于外面”。] 森林像迷宫，穿行其中的旅客是在冒险。从字面上来说，路过的人可能会迷路，但“迷失”一词也有“道德丧失”和“行为混乱”之意。森林里聚满了“野兽、强盗、女巫和魔鬼”等不法之徒。

森林给人留下的负面印象，不仅年代久远，而且经久不衰。最后它们还从欧洲延伸到了新世界，直到1707年，科顿·马瑟（Cotton Mather）还在书中写到新英格兰森林里的“龙”“成群的魔鬼”以及“发怒的飞蛇”。[21] 另一方面，我们知道，到中世纪晚期，地主和农民都开始看重附近的森林并对其加以充分利用：地主喜欢去森林里打猎，带回鲜肉；农民则受益于森林中的野果，他们可以采摘这些野果，供人和猪食用。事实上，中世纪欧洲人对待森林的态度可谓又爱又怕。13世纪英国圣方济修会道士安格里卡斯（Bartholomaeus Anglicus）编撰的百科全书中，对这一矛盾心态的某些方面有形象的描述：

> 森林是蛮荒之地，人烟稀少，许多树木都不结果，结果者甚少。林中多野兽、野鸟，并有香草、草叶和牧草，有时还能找到所谓草药……树林是设置陷阱和狩猎的好地方。野生动物被猎杀……那里也是藏匿和潜伏的好地方，小偷经常躲入森林，等候和欺骗过往的人，欺负他们，抢劫他们，有时则是杀害他们。[22]

森林之所以会唤起人们心中的恐惧，部分是因为有野兽生活其中，它们在整个中世纪都对附近的居民构成威胁。在史诗《贝奥武甫》中，格兰代尔（Grendel）的故乡被描述成一个“狼谷”。约写于820年的圣斯图姆（Saint Sturm）传记中提供了关于那个时代德国乡村郊野的生动画像。圣斯图姆独自生活在梅因茨附近的一个地方，“在幽暗的森林中，双眼所及只有野兽、飞鸟、巨树和林间空地”[23]。到中世纪晚期，野兽对旅行者的威胁已大为减弱，但对农民以及饥荒时期的城市居民来说是一种恐惧。萨利姆贝尼兄 81
弟（Brother Salimbene）观察到，1233年，在（意大利北部）伦巴第平原，“整个一月的雪霜是如此之大，以至于葡萄和所有会结果实的树木都被冻伤。狼群在夜里进入城市，但到白天多数都被捉住并吊在街上”。在另一段中记录，萨利姆贝尼兄弟描述了教皇派和国王派之间的长期战争给人们带来的痛苦：

> 罪恶在地球上急速繁殖；野兽和野鸟繁殖得难以计数……［村中无羊可吃］狼群聚在护城河边，因为过度饥饿而绝望地咆哮；它们会在夜晚爬入城市，吃掉睡在门廊下或马车中的男人、女人和小孩。不仅如此，有时它们还会闯入院墙，勒死摇篮中的婴儿。[24]

野生动物给人造成的危害，一直持续到现代。1420年，狼群越过堡垒的缺口和无人看守的城门进入巴黎。1438年9月，狼群再次出现，并在蒙马特与圣安东尼之间的城外袭击人们。[25] 1493年，佛兰德斯人不堪野生动物之扰，请求哈布斯堡君主马克西米利安一世想办法解决这一问题。更早的时候，佛兰德斯发生的内乱和革命，致使狼和野猪大量繁殖，以至于农民害怕得不敢去犁地——这些野兽甚至在大白天公然吃掉母牛、小牛和羊。1573年，伊普尔周围狼群造成的破坏是如此之大，以至于需要提高关税。1765年，狼群在法国热沃当地区造成的破坏严重到人们以为这是超自然的怪物所为。在法国一些地区，野兽对人的威胁一直持续到法国大革命时代——这在很大程度上应该感谢贵族，是他们精湛的打猎技术使得平民百姓免受野兽攻击。[26]

善待野生动物在中世纪极为罕见。我们可能会想到爱尔兰的圣徒们，他们以对在其长途旅行中碰到的不论什么动物都抱有恻隐之心而引人注目。当然，我们不会忘记的还有圣弗朗西斯对自然所抱有的不同寻常的爱——甚至对方济各会修士来说都有些不同寻常，因为到1260年，在纳博讷（Narbonne）举行的修士大会上制定的章程中已禁止饲养动物，除了有助于清除修道院脏物的猫与某些鸟类。[27] 82

把邪恶属性强加到动物身上是一种极为自然的做法。魔鬼就常被人们描述成有爪子、鸟喙和尾巴。时至今日，我们仍会把那些为人或做事残暴的人称为“禽兽”。中世纪人相信蛇和狼甚至就连无害的动物都是戴着假面具的魔鬼。英格兰的圣古斯拉克（Saint Guthlac）在前往克罗伊兰时，经常能听到魔鬼在黑暗中发出“如麻鸭般痛苦的急叫声”。有时他还会听到它们用他以前在西部生活时学过的凯尔特人方言进行交谈。年轻的圣徒埃德蒙·里奇（Saint Edmund Rich）日落时看到一群乌鸦飞过，他立马将其视作一群来到阿宾顿的魔鬼，去抓那些放高利贷的人。一个极其残忍的故事则发生在圣多米尼克（Saint Dominic）身上。他在研究时，一只麻雀飞过，光焰颤动，扰乱了他的研究。他立马认为那是魔鬼在捣乱，他抓住它，拔掉它的毛，当它发出痛苦的尖叫时，圣徒却在为自己战胜了黑暗力量而欢呼雀跃。[28]

中世纪思想无法断定人与动物之间的界限。动物是否属于一种比较低等的分类，或者它们是否也拥有某些人类的力量和感性呢？显然，鸟没有灵魂可言，但是灵魂可以化身为鸟。动物可能会因不虔诚而受到惩罚，比如飞入圣杯而死的苍蝇。但它们也可以向圣徒求救，比如，一只鸟被鹰抓住，它向坎特伯雷的圣托马斯（Saint Thomas of Canterbury）求救，结果奇迹般地获救了。[29]

这些稀奇古怪的故事并非只是传教士编造出来的，或是狂热的文学想象。因为动物和昆虫确实会对农作物和人的生计构成威胁，中世纪人认为，将其贴上罪犯和魔鬼的标签并没有什么奇怪的。犯罪的狼和毛虫在法庭接受审判，被判刑和处决。最早有案可查的动物审判之一发生在824年，一群鼹鼠在奥斯塔被起诉；距今最近的案件之一则发生在1906年，一只狗在瑞士被判死刑。[30]动物起诉在16世纪达到高峰，那时也有越来越多的女巫被烧死。最坏的罪犯无疑是被魔鬼附身的，只有教会的诅咒才能将其降伏。一位著名法律学者在1531年论道：

> 我们知道，“开除教籍”事实上是有效的。我们知 83
> 道，（对动物）这样做会毁掉湖里的鳗鱼，或是教堂的麻雀。因而，考虑到毛虫和其他害虫可能会嘲笑市民法庭的判决，让我们使用圣典这一武器吧；让我们用“诅咒之痛”去打击它们吧，它们会对此产生巨大的恐惧，因为生物必须服从创造它们的上帝。[31]

我们现在所拥有的分类是明确的，而中世纪人经常将其混在一起，例如暴风雨、动物、人类和魔鬼，各有其字面意义及喻意。现代人习惯说“这是真实的，那只是幻想”，但在中世纪人看来这种说法并不成立；或者退一步说，就算成立，至少其区分方式也会有所不同。对我们来说，梦只有在想象中才会发生，我们会尽力给孩子这样一种印象，即他们梦到的鬼只是他们昏睡时的大脑投射的幻影。然而在部落民族中，梦中发生的事情都被视作真实发生的事。中世纪的欧洲人可能会持有相同的看法。欧内斯特·琼斯（Ernest Jones）观察到，基督教会和世俗社会很早就在周期性地强化这样一种观念：梦到魔鬼、狼人、女巫等，代表它们真的出现过。16世纪的教会极为关注做梦者对他们所梦东西的态度，留意做梦者是否屈服于梦魇，以此来评估其是否有罪。[32]

就像梦和噩梦并非只是幻想一样，幻象也会产生关于天堂和地狱的真实知识。在许多不同的情况下都会出现幻象。通常人必须进入一种恍惚状态。在许多原始文化中，萨满的一个主要功能就是进入一种恍惚状态，走访天地两界，然后带回地理环境知识和医治病人的方法。从中世纪教会的观点来看，《圣经》的一个缺点就是缺少关于天堂和地狱的具体描绘。教会的神父通过圣灵感应去支持他们的教义以弥补这一缺陷。大贵格利（Gregory the Great）利用类似这样的幻象来建立他的灵魂净化教义。经过他和其他神父的努力，来世生活的生动意象进入历史学家的作品中，比如英国的毕德尊者。说教、注解、教会史在中世纪盛极一时——恐怖的地狱世界在人们的想象中变得活灵活现。广受欢迎的传道者在民众之间推广这种幻象，从而燃起了那个时代的想象力。[33]

84 基督教关于地狱的幻象，利用了来自犹太教的资源及佛教和琐罗亚斯德教的信仰。其中有四个方面不断被提及。

灵魂在被撕碎至无法辨认的地步后重又恢复原样，以便再受一次苦难的折磨。地狱里冰火交加，酷刑在极端的冷热中交替。地狱里到处都是汗秽和恶臭。最后，地狱里随处都是可怕的魔鬼。

1149年，爱尔兰一个富有的地主滕达尔（Tundale）在向佃农收租时陷入恍惚状态。他所看到的幻象成为中世纪晚期最有影响的幻象之一。滕达尔看到：

> ［一个］黑暗的谷地，充满恶臭，地上遍布火红的煤块，煤块上面有一块铁烧得通红。杀人凶手被放在上面，像石蜡一样熔化。在这种状态下，他们会流过铁砧，之后重新恢复原形，但这只是为了再次忍受相似的苦痛。雄伟的高山，一边是烟和火，一边则是严冰、寒霜、冷雪、恶风。偷东西和抢东西的人被轮番从一边抛入另一边。冰冻之湖中央有一个长着黑色翅膀的怪兽。它的嘴里都是火。犯有宗教信仰罪的人的灵魂都会被猛摔猛打，眼看快要被高温烧化，立马又被投入冷湖。[34]

滕达尔在他的幻象旅程中体验了所有的危险。最终他摆脱地狱，穿过森林和遍布明艳花朵的平原进入天堂。滕达尔的幻象，就其内容而言，使人想到了但丁的《神曲》。它也与那些描写“英雄在到达国王的城堡之前必须先穿过充满危险的黑暗森林”的童话故事有某些雷同之处。奇想文学热衷于描写地狱的恐怖，对天堂往往着墨甚少。童话往往会把危险讲得活灵活现，对后来的快乐生活则语焉不详。那种至善至美和超越人世悲苦与地狱痛楚的境界，只有天才诗人才能唤起。

由于中世纪人的生活比较贴近大自然，我们往往认为他们有着许多我们已经失去的强烈的欢喜和情感。我们也可能会想象他们生活在一个宁静而平和的世界里，日复一日，年复一年，极少有什么变动（不像我们现今这样）。对
85 于生活在中世纪家庭中的父亲来说，世界并不是这样，至少在有些时候变动与无常才是生活的主要特征：他们若没有经历战争或传染病，就要面对恶劣的天气、歉收、工作场所和家庭发生的意外。获得救助本身并无保证。在12世纪一次穿越地狱的幻象之旅中，苦恼的灵魂抱怨道：虽然人人有罪，但上帝并不考虑他们的善行，只选择其中少数加以拯救。

然而，我们知道，人类有着很强的适应能力。生活固然艰难，但中世纪人并不是生活在持续不断的恐惧与战栗中。例如，在史蒂芬（William Fitz Stephen）对12世纪伦敦的描述中，我们可以看到一群生机勃勃的人在玩耍：

> 北边城外的沼泽封冻后，许多年轻人都会跑去玩耍。有人奔跑，有人滑行，双腿分开。还有人如石碑般端坐不动，被一群人飞拖向前。[35]

漫长的严冬之后就是明媚的春天。战争和流行病之间
有一段少有的和平与满足的时光，并因其短暂而显得更加 86
可贵。

# 第八章　对疾病的恐惧

环顾四周，生命的迹象随处可见，但若我们看得更多，我们同样可以看到到处都是衰败和疾病的迹象：干枯的树叶、腐朽的树干；受伤的、生病的、垂死的、死去的动物。然而，尽管常说人是自然的一部分，故要顺应自然法则，但在我们生活的这个世界上，没有人会将疾病与死亡视作非常自然的事情，无须特别关注或详加解释。昼夜相继，冬夏交替，人们认为这些大的自然节律理所应当，却从不认为疾病与健康的交替也是这样，更不会将不可避免的死亡也看成不可避免的目标。

我们倾向于喜欢生命，尤其是在我们的身体健康的情况下。身体健康是我们的秩序感与整体性的基础。当我们生病时，整个世界看上去也像病了一样。当我们合眼而去时，整个世界也会随之被忘却。身体是一个与我们有着最密切关系的宇宙，它是一个完整的系统，其和谐一致与其说是心灵认知的，不如说是心灵感受到的。一旦身体受到威胁，我们的整个身心都会进行反抗。为什么痛苦会一直延续下去？为什么我会觉得恶心反胃？在医学发展到可以精确地解释它们之前，关于这些问题的答案极少会限定在具体的客观原因上。问题不过是肚子疼，但要说清肚子疼的原因，可能会要求治疗者在人类社会、精神世界及星座中找寻扰动因子。我们将会看到：对疾病的恐惧与对其他许多现象的恐惧有着密切的联系，这些现象包括自身的缺陷、不洁或中邪的东西、邪恶的人、恶魔和一个运转失常的宇宙。

疾病迫使人们将其注意力投向世界有敌意的一面。我
们可以做些什么来消除疾病呢？人类从自然界寻找答案， 87
研究其性质与过程，希望能够找出可以治愈疾病的办法。除了少数像塔萨代人那样的原始群体，多数人类社会都已从自然物质中获得了一些具有药用价值的知识。他们也经常表现出对人的身体状况怎样受到心理状况的影响知之甚深。比如中华文明就为其复杂精妙的中医学传统而自豪，

中医学知识可以补充西方医学的不足。

因而，我们可以讲述一个激励人心的故事，讲讲人类在这方面所做的努力。但在现代社会与卫生事业兴起之前，成功战胜疾病的范围是如此有限，获救的人又是如此之少，以至于对缓解人们普遍的无助感几乎毫无作用。没人知道许多疾病到底是怎样发生的又该怎样治愈。同样是血管膨胀，为什么一个人倒下了，另一个人却一点事也没有？各种传染病来得异常突然，给人带来的痛苦让人难以理解，对此人们极少有什么控制办法。是什么样的邪恶空气使得整个村庄的人突然都发起高烧？是人们触犯了什么禁忌，还是神在发怒？彗星或不寻常的星星出现，在向人们预示什么？显然，我们在研究不同文化对疾病的恐惧时也必须清醒地意识到，折磨人类的焦虑的范围要大得多。

由于引发疾病的原因往往比较复杂，世界上不同地方的没有文字的民族对于几乎每种疾病的发病原因都各有各的看法，并不让人吃惊。不过，我们可以把比较原始的观点归入两个较为宽泛的分类中。一是外因所致，人之所以得病，是因受到其所在环境中邪恶的物体或精灵的侵袭。二是内因所致，人之所以得病，是因打破戒律触犯了神灵。想要保持快乐和健康，人必须防范来自外部的威胁，在有些文化中，同时还必须确定，自己是否在有意无意间成了真正的病因所在。[1]

在原始的思想中，有害的入侵物可以分为三类：一是外来的客体。例如骨头、毛发、小圆石、碎木片，甚或是小动物如蠕虫、昆虫等。这些物体（显然与身体无关）会引发疾病。但也并非所有抱有这种观念的民族都坚信骨头或碎木片本身就是致病原；相反，他们更常认为，包含精神本质的物体才是失调的真正捣乱者。原始人的想法似乎 88
是将引发疾病的物体视作有形的精神。除掉它们，就可有效地治好疾病。

二是邪灵、幽灵或魔鬼。精灵的侵入并非总是坏事。人可能会被神灵附身，举止失常，恍恍惚惚，语无伦次。被神灵附体的人并不是通常意义上的病人，他们会受到他人的尊重而非怜悯。但这种人身上有一种危险，那就是他们保不定就会精神失常——与神同醉。另一方面，被魔鬼附体的人就是得了病，驱魔也可以治好他们。

三是法道和巫术。恶人拥有超自然魔力，会念咒施法，让人得病或死去。旧世界里也有古老的和广泛存在的对毒眼的信仰。至于毒眼怎样起作用则几乎没有任何准确的描述。看起来，单是眼神本身就有伤害他人的力量。[2]中世纪欧洲医学界一度认为，眼睛甚至能传播致命的瘟疫。

人也可能会因失去灵魂而得病。幽灵和巫师能把人的灵魂摘掉；或是灵魂离开沉睡的身体到处漫游，可能会碰到一些意外而无法返回。在这样的情况下，补救办法就是赶紧将灵魂找回，让其重回身体。最后，触犯禁忌也会致病。就算是无意间的触犯也会触怒神灵，神灵会让疾病作为惩罚降临人间。这一解释认为，有一个复杂的宗教信仰体系，与社会习俗密切地联系在一起。古代近东、波利尼西亚、新世界中更为先进的文化中心，是禁忌观念的核心所在地。与疾病由外物侵入或巫术引起这一观念相比，触犯禁忌会引起疾病很可能是一种更为晚近的观念。[3]

像中国这样广大而复杂的社会又是怎样来应对疾病的呢？在实践中，中国通过积累起丰富的中药资源，成功地解决了这一问题，这些中药在其数百年的使用过程中经受住了考验。这些药物至今仍在造福人们，并赢得了现代科学的尊重。不过，多数中医知识都源自深受道教、佛教、儒教等伟大宗教和哲学传统影响的概念。如果我们的任务
89 是研究或概述中医学，那么追溯其实践和理论相互交织的发展历程无疑是一个好办法。但我们这里的目的是描述中

国人对疾病的恐惧，以及中国人怎样应对其生命中的不确定因素。为了做到这一点，我们最好还是先来看看精英阶层和平民阶层对疾病发生的原因各自都有什么样的看法。

对士大夫来说，疾病表明，在受感染的有机体和宇宙力量之间出现了不平衡；只要恢复平衡，疾病就可治愈。在他们看来，疾病与其他自然或人为的灾难，例如洪水、干旱、战争、动乱等，并没什么两样，所有这些都背离了宇宙的和谐。而在常人看来，疾病的起因则要更为具体化和个人化，比如某些言行亵渎了祖先、妖魔鬼怪或狐妖；可以采用赎罪或法术来战胜邪恶。不过，受过教育的人对个人不幸所做的解释，与没受过教育的人所做的解释之间存在的最大不同，就在于语言抽象化的程度。因而，学者谈论的是阴阳两极化的宇宙原则，农民则用好的精灵（善、神、阳）和坏的精灵（恶、鬼、阴）之间的斗争，来理解个人的、社会的和大自然的失序。[4]

最重要的中医典籍是《黄帝内经》。该书成形于前450—前350年间，与《希波克拉底文集》处在同一时代。书的连贯性建立在阴阳五行基础之上，这一复杂的体系与中国的世界观相一致。总的来说，具有实用性的建议较少。原书作者更为关注的是如何指导病人归于“道”。为什么古时候的人可以活到百岁仍然健康？答案是：他们明了何为“道”，循阴阳而行，用占卜术来过着和谐的生活。人的身体包含阴阳两大区域，它们同样与宇宙和谐的两极化原则相一致。阳是南方的暖风，会让人发烧和发炎。另一方面，湿度过剩的阴则与北方的寒冷相对应。地理位置会影响到疾病的性质。“东方之域……其民食鱼而嗜咸……鱼者使人热中，盐者胜血……其病皆为痈疡，其治宜砭石。”人
90 必须顺四时而适寒暑。“春气之应……逆之则伤肝。夏气之应……逆之则伤心。秋气之应……逆之则伤肺。”

中国的哲学和宗教思想重在强调人与自然之间的和谐关系。同样依赖这一思想体系的医书则不同于纯文学和哲学著作那种仅仅是简略概述阴阳和合之理的做法。不顺应自然法则就意味着要接受发烧这一惩罚。宇宙力量被描述为伟大的神力（不一定是仁慈的），人类在其面前会感到无比脆弱。至于到底有多脆弱，可以从中国人对风的态度中明确地看出：只有保持安静（就像大自然那样）和谦虚，人才会感到自己是安全的。《黄帝内经》说：“风为百病之长。”皮肤保护人免于风邪，但皮肤有毛孔而可以被穿透。“体乏而汗，风邪易侵，皮肤起疹……清静则肉腠闭拒，虽有大风苛毒，弗之能害。”[5]

与精英阶层的猜测不同，普通民众的猜测是具体而夸张的。他们喜欢的解释模式是“事件”，而不是抽象的宇宙原则。农民不会将阴阳（如果他们使用这些术语的话）理解成是相互对立的宇宙实体，而是将其视作一种永远都在相互争斗的力量，具体表现为日夜、冷暖、冬夏的往复交替。在普通人更常见的想法中，神代表阳，鬼代表阴。人们可以通过烧纸钱、供奉祭品来满足邪恶的幽灵，或是与其进行对抗。农民在影响他们生活的多重力量前感到如此无助，以至于他们只能尽力讨好而不是奋起对抗。他们希望能与神鬼同时交好，因为神也有可能因为无辜的行为而被冒犯，从而降祸于人，包括让人生病。实际上，农民经常难以区别神和鬼，有时他们甚至会把宇宙五行人格化为疾病的幽灵。

荷兰汉学家高延（De Groot）注意到，19世纪的中国社会中出现了许多供文盲和半文盲使用的廉价医疗手册，
里面介绍了疾病的特性和治疗方法。福建印刷的一个版本 91
中就介绍了三十个处方，每一个都对应一个月中的一天。其中一则具有代表性的处方写道：若是有人在写药方的日子出现发烧兼有头痛症状，就可断定是得罪了某个特定的鬼魂；鬼魂既可能直接让人得病，也可能会派幽灵来替

它完成任务。处方中提到的不仅有妖魔鬼怪，还有“土地神”“游魂”和“冤魂”，以及木、金、火、水诸神。换句话说，除了自然界中的异常元素外，其最基本的构成（“五行”）都可能会变得恶毒。[6]

尽管阻止不幸发生的常见方法是安抚受到冒犯的幽灵，但是人们有时也会进行反抗。关于如何应对动物变成的恶魔，人们有着极为丰富的知识，这些恶魔会带来各种各样的紊乱和失调，包括心智失常或精神错乱。在动物变成的恶魔中，人们认为狐妖最为活跃也最有恶意；而也正因如此，人们常会在古墓和护城河中发现狐狸并杀死它们。并非所有鬼怪都有化身。人们用爆竹、噪声、亮光和火把来驱逐无实体的幽灵。在中国南方的炎夏之季，当霍乱或其他传染病暴发时，人们会从日落直到午夜一直燃放爆竹。军人则会不断吹号驱赶带来瘟疫的魔鬼；人们举着火炬和灯笼组成长队，在街道上迂回而进，为的都是同一个目的。[7]

西方有关疾病的起因和治疗方法的观念，有一个逐渐演变的漫长历史。一些远古观念融入现代医学成为其中一部分，其他的则作为民间信仰保留了下来。后者中有两种观点表现出惊人的持久性：一种是疾病总是与世间的精灵力量联系在一起，另一种是疾病的终极来源是星象。

把疾病与精灵和魔鬼联系在一起有多种形式。牛津大学希腊文教授多兹（E. R. Dodds）强调，古希腊古典时期的人们就被压抑的邪恶感纠缠，诗人可能会将此看成天神宙斯的意志，通过严厉无情的道德律而展现，但在农民看来，这不过表明鬼在宇宙中无所不在。[8] 鬼可能是一个
“英雄”。在希腊民间传说中，“英雄”是一个特殊的祖先阶 92
级，其权威超出有着直系亲属关系的祖先。一般他们都愿意帮人忙，但是除非得到供奉，否则他们就会给人们带来各种伤害，包括疾病。[9] 把身体上的病痛归罪于恶灵，当然是常有的事。我们已经看到，中世纪人的世界充满撒旦的爪牙，它们的存在有助于我们解释前现代人所得的许多疾病。“魔鬼可能是人发烧的直接原因”这一看法，是由科顿·马瑟（Cotton Mather）在1693年提出的，他在书中写道：“魔鬼放出带有砒霜的毒烟，变成恐怖的毒箭，它轻而易举地将有害的毒气射入人的肠胃，而这马上就会在人体内燃起死亡之火。”[10]

在疾病流行的地方，病看上去如此难以治好，以至于疾病自身有时也会被神化成一种必须加以安抚的超自然力

量。包括希腊人在内的古代民族，在提到饥荒和瘟疫时都称其为“神”；一些现代雅典人仍然相信，宁芙山（Hill of The Nymphs）上的一个裂缝中住着三个魔鬼：霍乱、天花和瘟疫。[11]在古罗马，疟疾是如此猖獗和致命，以至于人们建起许多神庙敬奉女神费布瑞斯（Febris）。人们在帕拉丁山礼拜她，希望她能管住间日疟、三日疟。一位现代学者将“伟大的、强有力的、神圣的”发烧女神，描述成一个“大腹便便、血管暴起的秃头老女人”[12]。

每当疾病（比如流行病）突然暴发，就像是神或公正的上帝在发怒，惩罚人们的越轨行为。实际上，将疾病跟罪与罚联系到一起，原是希伯来-基督信仰的一个鲜明特点。埃及十瘟疫是众所周知的《圣经》中的例子。《出埃及记》(9：3）中，上帝吩咐摩西去警告法老：“耶和华的手必会放在你的田地上，必会放在马、驴、骆驼、牛群、羊群上，必有重重的瘟疫。”此后数节，上帝将其惩罚扩展到人类身上，说：“在埃及全地的人身上和牲畜身上全要长肿疮。”[《出埃及记》(9：9)] 到了中世纪，罪与疾病之间的这一连带关系不仅被人们广为接受，而且还有精确的规定，许多作者都把人容易犯的七大罪与特定的疾病联系在一起。越轨会让身体遭殃，但诱人犯罪的是魔鬼，而最终居然是上帝允许魔鬼这样去做。因而，戏剧性的不幸是上帝公正的愤怒的标记，人只有悔改才能平息上帝的怒火。

举行公开祈祷以减轻灾祸的做法，一直延续到现代。93
为了消除1832年的霍乱大流行，英国政府宣布全国禁食一天进行反省，在这一天，所有人都要认识到自己的罪过并恳求上帝解除惩罚。[13]美国对19世纪30年代霍乱传染病的回应参考了典型的道德主义。虔敬者指出，基督徒最少的国家受到的痛苦最严重。霍乱并不是要折磨人类，而是为了惩罚那些不思悔改的罪人。它主要是为了惩罚肮脏的习惯和放纵的罪过。1832年7月18日，一位观察者写道："疾病现在开始变本加厉，在那些罪恶与污染之地日益猖獗……但总的来看，那些有正经营生的人的健康和安全状况甚好。"[14]6月26日纽约首次报告了霍乱疫情。6月29日，大批民众在城中集会祈祷和绝食。虔诚的市民请求杰克逊总统宣布全国禁食一天。他们认为，英国可以用全国祈祷来减轻灾难，而法国流行病严重则归因于其无神论思想。杰克逊总统以宪法为由拒绝这样做。1849年，霍乱再次在美国暴发，这次泰勒总统毫不犹豫地建议全国人民祈祷、禁食和反省一日。[15]

第二种至今仍与我们相伴的民间信念是，我们的命运和疾病的终极来源与星象有关。从古巴比伦时代到当今时代，占星术一直都在对人类的想象力产生着强有力的影响。地球上最微不足道的不幸事件，也可以从遥远的天际找到其发生的终极原因。这一信念既以“所有事物相互联系”这一观念为基础，也以“人生短暂的命运与宇宙中发生的重大现象有关联”这一可悲的假设为基础。希波克拉底的一位古希腊追随者在记下病人的病历时，可能注意到了天气状况和星辰变化。[16]他可能会看到，疾病从头部往下扩散的时间与病人受伤的时间相关，而那个时候正好昴星团开始形成。亚里士多德认为月相会影响疾病的发展过程。16世纪和17世纪早期的医师教导说，病人在月圆之时尤其要注意有发病的危险。按照培根的说法：“月亮是寒冷的、潮湿的和有刺激性的。”[17]

天空中出现非同寻常的景象，往往表明地球上将会有
94 灾难发生。1348年大瘟疫时期，欧洲许多地方都报告天上出现了很多异常的流星。人们焦虑不安地注视着它们。其他异常天象包括火柱，1348年12月21日日出前，它在阿维农教皇宫殿上空停留了约一个小时；还有同年8月火球出现在日落时分的巴黎。[18]1665年瘟疫肆虐伦敦时，天上和空气中都出现过预兆。1664年12月，伦敦市民看到一颗光

芒四射的新出现的彗星，全城人都在议论这到底意味着什么。彗星约一两周后消失，一封来自维也纳的信中描述道，天上出现了一颗明亮的彗星，“样子像‘棺材’，在人们心中引起极大的焦虑”。随后欧洲其他地方也相继传来报道，空中有可怕的东西并能听到奇怪的噪声，就像大炮和步枪射击的声音。[19]

1793年8月，费城出现黄热病，这是美国城市当时遇到的前所未有的最严重的灾祸之一。那年早些时间发生的各种罕见事情一直闹得人心惶惶：7月，晴天霹雳把一棵珍贵的老橡树劈成十一块；突然降临的雹暴摧毁了谷粒和亚麻地，打碎了数千扇窗户，而离这里不到三英里的地方却干燥无雨，晴朗无风。[20] 1831—1832年冬天，看到天空出现各种征兆，人们知道霍乱正在威胁美国。一位华盛顿人说：“太阳升起和降落时都是血红色……可以清楚地看到太阳里有两个黑点。”[21]

过去人们相信瘟疫都是由有毒的空气引发的。但是，是什么使得空气变得有毒的呢？1348年，巴黎大学医术高明的医生们急切地将普遍原因与特定原因联系到一起，即星相与空气。他们想要从天上找到事情发生的原因，而不是寻找凶兆。木星和火星同时出现预示着会有疾病发生，就像巴黎大学的医生解释的那样，因为木星是一个温暖而湿润的星球，会从地球与水中吸出有害气体，而火星则是一个极为炎热干燥的星球，一旦有闪电、光、剧毒气体、火，它们就会点燃那些气体。整个欧洲都接受的这个说法，于1665年突然在伦敦暴发的瘟疫中又被当作一种解释提了出来。当时的一本宣传册中区分了造成空气腐败的特殊原因与普遍原因，前者包括没有安葬的尸体、脏水沟与臭下水道等，后者主要强调“有害行星的影响力、位置、会合与对冲”[22]。

到19世纪中叶，医学已经在很大程度上脱离了精灵、魔鬼和粗糙的占星术。在那些盛行于远古并且至今仍在一
95 些偏远地区的族群里存在的关于疾病起因的一般观念中，有一种观念在现代思想中仍有很大的影响力，那就是环境的影响。“环境”是一个宽泛的术语，既包括日月星辰，也包括具体的地理位置。古人认为遥远的星辰和地上的环境都会影响人类的福祉。即使在我们现今所处的时代，“日月星辰”仍然至少占有一个角色——如果我们相信著名宇宙学家霍伊尔（Fred Hoyle）的说法的话。他最近提出一个看法：来自外太空的彗星，可能会给地球带来病毒和细菌，进而引发流行病。[23]不过，迄今为止大多数现代医学家在

寻找疾病的自然环境原因时，并不是从天上去找，而是在地上找寻受污染的空气和水。大气底层被腐蚀的气体会引发疾病这一观点可谓由来已久。这种观点以希波克拉底的教导为基础，日后的许多思想家和著作家都对其有详尽的阐述，这些人中包括瓦罗（Varro，前116—前27）、维特鲁威（Vitruvius，公元前1世纪晚期）、盖伦（Galen，129—199）和杰出的阿拉伯医生阿维森纳（Avicenna，980—1037）。

1347年1月，意大利暴发瘟疫，巴黎的医生就瘟疫的起因和传播提出了一种解释，这一解释一直沿用到19世纪下半叶。

> 在印度和大洋周边，与太阳光交战的星座，与海水进行着激烈的竞争，海水会升腾为蒸气，再过二十八天才会落下。最后大部分海水都会变为蒸气，剩余的海水被腐蚀得厉害，以至于生活其中的鱼都会死去。不断升腾的被腐蚀的蒸气，既无法被太阳消耗，也无法变成像冰雹和露水那样干净的水，只能在空气中四处扩散。这已在阿拉伯、印度、克里特、马其顿、匈牙利、阿尔巴尼亚和西西里发生过，如果它到达撒

丁尼亚（Sardinia），就无人能生还；只要太阳还在狮子座，这种蒸气可以进来足够长的时间，危险就会持续存在。[24]

请注意在这一解释中星星所扮演的角色，即一种腐败物的概念，以及从一个地方移到另一个地方的有毒空气，它无情地杀死了其所经之地的一切生物。空气是我们的普适环境，如果空气受到毒害，没有一个人能逃离让人痛苦的死亡。第一次世界大战期间，关于可能会向人口稠密的城市喷洒毒气的消息，在人群中引发了的巨大恐慌。我们可以想象一下，中世纪及其后的欧洲人在听到有毒空气扩散的谣言时会有什么样的感受。

96 我们并不缺乏刺激人们想象的文献。人们已经提出过不计其数的理论来解释环境污染这一现象。在无机理论中，有人认为原因就在“地底下的烟雾”。14世纪时有人相信是1347年的地震放跑了地球内部致命的气体，从而感染了地表空气。研究中世纪传染病的19世纪历史学家海克尔（J. F. C. Hecker），为这一地下理论找到了依据。他认为，他那个时代的科学观察证实，火山喷发会污染周边环境，让人头痛，使人昏睡或陷入无意识状态。[25] 1832年霍乱肆虐，英国医生注意到霍乱症状与砷中毒症状有相似之处，从而怀疑这种病本身有可能是由与其相似却未知的混合物引起的。不过，当时人们最能接受的起因是臭名昭著的“电流”或“有毒的电臭气”。一位医生宣称：就像雷暴会让牛奶变酸一样，大气中的电流也会让人的体液变酸，从而引发霍乱。[26]

在19世纪30年代的一些作者看来，无机化合物或电是一种比“动物传染”高等的传染媒介。他们反对那种被多数人接受的传统说法，这种说法认为，沼泽、死水和腐败的有机物是病毒的主要来源。传统主义者（或瘴气论者）充分而详尽地描述了有毒的云、腐臭的烟雾、有毒的瘴气，但是关于毒素的性质及其怎样被传到人身上则并不清楚。[27]他们发明出一些行话来让人安心，谈论着“无形的毒药”“霍乱式脾气”和“难以控制的大气特征”。然而，含混不清、矛盾百出的医学看法，反而助长了人们的不安全感和恐惧：人们相信不论什么难闻的气味都可以置人于死地。1848年，伦敦的瘴气学家将米尔班克（Millbank）监狱里的霍乱传染归咎于泰晤士河对岸兰贝斯（Lambeth）熬骨厂产生的“臭气”。他们还坚称，来自一间人工肥料厂的味道，是伦敦白教堂基督会工厂的霍乱和其他疾病的起因。

瘴气学家认为，正对工厂的病房中住着的男孩子总是痛苦不堪，而另一边病房的女孩子却没事，这就是证据。[28]

人们认为，草草掩埋的尸体散发出的气味，是传染的一个主要有机来源。这个观点得到阿维森纳的权威支持，
97 从中世纪后期便流行开来。1348年大瘟疫和1665年大瘟疫期间，有很多人死得如此之快，以至于他们往往都是被简单地一埋了事：尸体一具一具堆在城里的教堂墓地，等到多得实在堆不下时，人们也就只能在别的空地上挖一个大坑集体填埋。埋人的地方散发着阵阵恶臭，给人一种阴森恐怖的感觉：人们自然会将其视作有毒气体的来源。这一观念就是在现代也可以找到支持者。1891年的一篇医学文章写道，死人会毒害空气。文章的作者相信，黑死病的起因可以追溯到中国突然连续发生天灾后没有掩埋的尸体堆。他将欧洲牧师和修道士中出现的高死亡率归因于尸毒。牧师居住的地方靠近村庄的教堂墓地，修道院内则埋有历代的修道士和周围国家的王子及有名人物的尸体。[29]

人类无法离开他人独自存在，人类也绝对离不开空气。当有致命的流行病暴发时，两者都会立马受到质疑。不仅是死尸，就连活着的病人也会污染空气。中世纪的麻风病人是受到最大怀疑的群体。他们的住所（麻风病院）建在

城外并尽可能处于城市下风处。[30] 19世纪的欧洲殖民者扩大了对印度贱民的恐惧，包括本地人在内，这些人所住的地方拥挤不堪、恶臭难闻，可能会成为各种病毒的寄主。驻扎印度的英国医疗及军事当局相信，从土著城镇飘来的“恶臭的空气”会威胁到欧洲人的健康。他们建议殖民者住在山城上，远高于有腐败毒气的低地，并要尽可能避免处在恶臭的印度城镇的下风处。[31]

在黑死病发生的高峰期，对瘟疫患者的恐惧，激活了一种非常古老的“毒眼”说法。1348年，法国著名的外科医师兼教皇克雷芒六世的御医居伊·德·乔里亚克（Guy de Chauliac）认为，瘟疫的传染性如此之强，尤其是在伴有吐血的情况下，“以至于人们不仅待在一起，甚至相互看上一眼也会得病”。法国南部蒙彼利埃的一位医生在其写于1349年5月的一篇论文中支持了这一说法。他谈到，当没有病的人“站在附近看着病人（尤其是当他们痛苦的时候）时，病人的眼中会发出一种致命的‘气体幽灵’，侵入观者的眼中”。[32] 不过，占据正统地位的观点还是认为，疾病主要通过受污染的空气及腐坏的臭气进行传播。

瘟疫使得人人都在怀疑他人并被他人怀疑。陌生人、 98
来往密切的邻居和近亲，全都有可能是死亡的引发者。对感染的恐惧，使得那些必须上街的人迂回行进，从这一边到另一边，再从另一边到这一边，以免与其他行人发生接触。人们对传染的警觉和恐惧，自从1348年瘟疫首次在欧洲大陆大规模暴发后便开始增加。城市试图用把病人隔离起来这一做法来保护自己。1374年颁布的一条规则，要求每个病人“必须从城里移到郊外，在那里死去或康复”。一种日益增多的常见做法是，把病人及其家属关在他们自己的屋子里，由于缺少护理和食物，不仅是病人，就连健康的人也都会死去。[33]

当城镇出现致命的传染病时，居民本能的反应几乎都是逃离。但是他们又能逃到哪里去呢？不管他们是不是病人，别人都会认为他们染上了这种疾病，并呈现出比“毒云”的猛攻更具体，但同样不祥的威胁。1347年10月，热那亚的帆船把瘟疫带到了西西里东北岸的海港城市墨西拿。其非同寻常的致命性，迫使当地居民不得不放弃其世代居住的家园。他们分散前往西西里与卡拉布里亚，但其所到之处没有一个地方愿意接纳他们。无奈之下，他们只有露宿荒野。[34]

这类故事因为瘟疫的相继到来也在不断重演，唯一不同的是恐惧的范围和程度。1665年6月，伦敦人开始放弃他们的城市。到了7月，空无人烟的房屋远多于墙上画有红十字（表明此处有瘟疫）的房屋。离去的人是如此之多，以至于最后市长拒绝给逃离者签发健康证明，与此同时，附近城镇的反对者为了自卫，也开始在他们的地界上部署武装警卫以拦截他人。[35]

1830年霍乱流行期间，俄国当局在主要疫区四周拉起了“卫生警戒线”。军队和警察负责维护疫区通往外面的检查点，若是有人想要逃离，格杀勿论。为了保护莫斯科，相邻数省的政府必须通力合作，以执行这项检疫隔离。莫斯科的军事长官命令图拉、梁赞、弗拉基米尔和特维尔的官员捣毁桥梁，封堵水路，以免其市民进入大都市。[36]

在西班牙，当局拉起三级警戒线，宣称这是为了保护 99
首都不受传染城镇的影响。普鲁士在其边境派驻士兵，仿佛在保护自身免受外敌入侵。在美国，对1832年霍乱流行的恐惧，导致严格隔离和地方暴动。查尔斯·罗森堡（Charles Rosenberg）写道：“在宾夕法尼亚州的切斯特，有些被怀疑携带瘟疫的人被谋杀，庇护他们的人也一并被害。全副武装的罗得岛民把穿越长岛海峡逃来的纽约人逼回原地。在伊普西兰堤，民兵团直接朝来自底特律霍乱传染区的逃亡者开了枪。”[37]

瘟疫逼近的新闻一开始会唤起人们的好奇心，不久后则会引出一种不安感，随后当瘟疫的到来看起来不可避免时，就会出现不断上涨的恐慌浪潮。纽约人在听到霍乱已经到达英国时只是感到轻微不安，在听到瘟疫已飞越大西洋这道天然防线，并出现在蒙特利尔时，便开始出现严重的恐慌。虽然一度也有让人感觉宽心的谣言说霍乱正在向西而不是向南传播，但类似这样零散的好消息并未能阻止大批纽约人离开他们的城市。

1830年，当霍乱向莫斯科扩散时，人们同样受到了恐惧的影响。在八月和九月，政府每天都会向人们报告疾病沿着伏尔加河传播的情况。惊恐很快就在受过教育的人群中散布开，他们互相通信告知事态发展的状况。9月5日，克里斯汀（Ferdinand Christine）写信告诉鲍伯林斯卡女爵（Countess S. A. Bobrinska），阿斯特拉罕每天有五十人死去，萨拉托夫的情况几乎一样糟，隔离线已无法阻止霍乱，因为“有一个人死在路上，另有一个人则死在离莫斯科城门很近的地方”。城中弥漫着一种压抑的阴郁气氛。人们回想起并夸大了早些年前暴发的传染病带来的后果，尤其是1771年那场传染病，人们对疾病的每个症状都开始产生了神经质般的怀疑。到了9月11日，政府再也无法控制人们的恐慌情绪。医师和警察也都无法说服人们留在莫斯科。人们纷纷逃离疫区，就像1812年逃避拿破仑的军队一样。[38]

有什么办法可以预防或防治流行病呢？19世纪的人们把重点放在了个人及公众卫生以及隔离病人上。这些都是比较实用的措施。在早些时候，尽管人们也意识到有进行隔离和保持清洁的必要，但是这一知识被其他信仰抵消，在这些信仰中，有些是古怪的、相对来说没有坏处的，也 100
有些则反而增加了人们对瘟疫的不安与恐慌感。

例如在中世纪，保持个人卫生的尝试就受到下面这种观念的阻碍：洗热水澡（实际上是任何一种洗浴）会打开人身上的毛孔，让身体暴露在腐败的空气中。空气被视为罪恶的根源，中世纪医生劝告人们，燃烧檀木、杜松、白蜡木、迷迭香，可以对抗不洁净的空气。若是可能，不论什么时候都应让屋里充满好闻的花香，地上则应洒上醋和玫瑰水。

另一学派则信奉“以毒攻毒”。他们认为，人们不应该尽力避免某些污浊气味，比如厕所里发出的气味，而是应该多吸入这样的气味。[39] 17世纪的人们逐渐相信硝石的气味是一种强有力的消毒剂，因而他们试着在锅中烧制火药粉末。穷人家则焚烧旧鞋、小片皮革和牛羊角来获得需要的味道。火从希波克拉底时代起就一直是防治腐败空气的良方，至今仍很受欢迎。1665年伦敦出版的一本小册子中就建议人们每天点上一阵火，在其中放入十二种不同的东西，“因为火中有一种令人惊异的伟大德行和力量，可以净化、改正、改良腐坏的空气”[40]。九月初，人们在伦敦街道上生起了火。大火日夜燃烧，烟味和恶臭使得环境污浊不堪，空气更是臭得可怕。入夜后的城里，只能看到通红的煤块和跳动的火焰，几乎看不到居民的身影。

以前的中国农民相信，鞭炮声和枪声可以驱病赶魔。1665年的伦敦人也有着与此相似的想法。在六、七、八三个月内，可以看到他们对着窗外开枪，希望能把聚集在自家屋外的污浊空气驱赶开。伦敦内科医学院也赞成不断开枪。[41]甚至怀疑论者也因“这样做可以让大气中的分子结构发生急剧改变”这一理由而支持这一做法。1831年英国医学杂志《柳叶刀》，以一种多少有点居高临下的姿态，报道了波斯的一座城市是怎样尽力击退霍乱的。“当地一直采用的唯一有效的治疗方法就是扭转灾祸的趋势，大炮轰鸣，步枪齐射，一直从天亮持续到天黑；数千人齐声大喊，

铜锣和号角的喧闹声更是增加了人们心中的恐惧。”[42]不过到了1832年，当疾病到达伦敦时，许多有公德心的市民 101
都自愿向当局提出各种建议，其中最受欢迎的提议就是使用炸药。在一封写给枢密院议长的公开信中，威廉·亨特（William Hunt）呼吁在伦敦周围架起二十二尊大炮，“从日出开始，到日落结束，每隔一小时发射一次”，目的是“对被细菌破坏的空气进行消毒”。[43]

被瘟疫摧毁的城市是什么样子的呢？混乱不堪、尸横遍野、荒芜凄凉，全都在以不同方式增加恐怖氛围。公元前430年，修昔底德目睹了摧毁雅典的斑疹伤寒，他着重强调了社会秩序的崩溃。

> 使得现有灾难更趋恶化的是大量人口从乡村流入城市，新来的人尤其能感受到这一点。由于没有房子住，他们必须在一年中最热的季节睡在足以闷死人的小屋中，在那里，死神肆虐。垂死的人一个挨一个，并排躺在那儿，半死的人聚在街上的喷水池边求水消渴。就连居住的圣地上也躺满了尸体……因为灾祸越过了所有的界限，所以不知道自己会变成什么的人们，

> 变得对什么事（不论是神圣之事还是凡俗之事）都毫不在乎了。[44]

亨利·奈顿（Henry Knighton）的编年史描述了14世纪受到瘟疫打击的英国城市及乡下的荒芜场景。伦敦城外，死于瘟疫的羊是如此之多，以至于在一个牧场中就可以看到五千头死尸，“它们腐烂得如此严重，连野鸟和野兽都不去碰”。遗弃的现象到处蔓延。奈顿观察道：“瘟疫过后，所有城市、乡镇、庄园里大大小小的许多建筑物都因无人居住而变成废墟，许多村镇和小村庄的人口同样在减少，到处都是空无一人的房屋，留在屋里的也只是在等死。”[45]由于人们不是离开就是死去，空屋子也都破败不堪，结果给人的感觉就像疾病甚至能把无生命的景观都给破坏了。

1665年，伦敦的那场瘟疫导致了一幕幕让人毛骨悚然的场景。想要正视它们，我们需要回忆起许多彼此相连的恐惧景观。现代作家贝尔（Walter George Bell）让我们注
102 意到一百座教堂的尖塔处传来的没有停歇的钟声，每一次钟声都在宣布又有一个人死去，从而给人们原本就已绷得过紧的神经又增加了更多的负担。耳朵听到的，眼睛则会证实。只要是在街上走上一会儿，没有人会遇不到运棺者。

路人甚少，但在能看到的那些人中，绝大多数都有伤口。其他人则受到没有痊愈的伤口的折磨，痛苦地跛行。在寂静的街道上，门上的红十字记号红得刺眼，少数门上没画记号的住宅，则因屋内无人而敞开着。到了夜里，可以听到运送死人的手推车压过圆石路发出的隆隆声和搬运者悲凉的喊声："带走你的死尸了！"教堂墓地堆满了匆匆埋葬的尸体。佩皮斯①的日记中描写到他曾路过这样一个地方："它给我造成的惊吓，远远超出我的想象。"即使进入20世纪，伦敦城里的教堂墓地仍在暗暗提醒人们，瘟疫可能再次到来。[46]

从中世纪到19世纪上半叶，应对瘟疫的公众措施及对瘟疫的公众回应，并没有发生多少改变。从19世纪30年代的霍乱流行中幸存下来的城镇，看上去与被中世纪瘟疫肆虐过的城镇并没有多少不同。马里湾克罗马蒂的一位当地居民描述了他所在的城镇在1832年底受到侵袭的境况：

疾病在街巷中蔓延数周之后……在被感染的小巷

---

① 佩皮斯（Samuel Pepys，1633—1703），17世纪英国作家和政治家，以散文和流传后世的日记而闻名，其写于1659—1669年间的日记包括对伦敦大火（1665年）和大瘟疫（1666年）等的详细描述，成为17世纪最丰富的生活文献。——译注

> 里，沥青和柏油直到晚上还在燃烧；摇晃不定的光亮在房子、墙和飞跑的守夜人身上投下恐怖的怪影。到了白天，经常有一些运尸者把棺材运到墓地，坟外焚烧死者衣物飘起的烟雾，给人平添一种悲伤和令人震惊的效果。[47]

面对灾难或即将来临的猛攻，人类的回应经常是理性与迷信的恐惧兼有。与其他自然灾害相比，大规模暴发的流行病更易产生这样的效果，部分原因是其发病缘由鲜为人知，部分原因则是其发展过程毫无规律可言。疾病可能会突然出现，随后又突然消失。它可能会在某个街区暴发，然后越过城中大部分地方而在另一个街区暴发。尽管过去用来应对疾病的步骤都是有道理的，但它们常常超出理性的范围。清洁空气完全合情合理，但是烧毁旧鞋并不能起到这样的作用。隔离是一种合理的预防措施，但是把病人
103 一家都关在一起不给吃的则是一种极为残酷的行为，只会给人带来恐慌。严苛的措施和治疗，经常会在人群中产生一种远远超出疾病本身带来的恐怖。

在遇到像洪水这样的自然灾害时，政府当局和平民会团结起来共同抵抗这个外部敌人。而在流行病暴发时，人

类自身就是恐惧的一个主要来源。人们害怕病人和那些疑似病人。他们也害怕当局极为广大的权力，当局很可能会将他们关入污秽不堪的医院，真到那里也就只有死路一条；或是在他们可能会闯入禁区时将他们开枪打死。

霍乱或瘟疫的暴发会威胁到所有人。对自己也有可能被传染上的恐惧可能会让人失去理智，以至于在那些身体健康的人看来，病人不仅是灾难的受害者，同时也是灾难的帮凶。不过，并非只有流行病才会在人群中制造出一种恐慌和怀疑的氛围。在那些相互间有着紧密联系的社区里，在未公开承认的社会压力下劳作，即使宣称只有少数几个人生病，也会引发最深的敌意。当一个人或一户人家而不是另一个人和另一户人家病了，对相识者甚或是亲戚来说，
相互指责对方施展魔法与巫术的条件也就成熟了。 104

# 第九章　对人性的恐惧——女巫

害怕自然暴烈的一面，可谓人之常情。如今我们仍能看到有保护自己免受洪水、雷电和响尾蛇伤害的需要。我们安全地生活在我们的人造环境中，却没有看到这些自然因素过去给人们带来的恐惧里其实也包含着人类的险恶用心。世界各处的人们都有一种把自然力量拟人化的倾向。实际上，不论什么样的物体，也不管是有生命的还是无生命的，如果没有赋予其人类属性，我们往往很难对其有太多真切的感受。但是，当伸手不见五指的黑夜和没有人烟的荒山野岭与一种超自然秩序的人类邪恶（也就是女巫或鬼神）联系到一起时，它就额外增加了一种不祥的维度，尤其让人觉得可怕。

女巫就是能通过特有的能力伤害他人的人。这些能力之所以被视作超自然，是因为它们以一种人类难以察觉的方式在起作用；只有在其造成的伤害已经真相大白的情况下，人们才能识别出其原因所在。相信某种形式的女巫是普遍存在的情况。但总的来看，在不同的文化中，女巫的重要性有很大不同。

在解释个人不幸而不是群体不幸时，女巫的存在是必要的。当干旱危及整个群体，可能是神在发怒，需要举行一场仪式性的雨舞来恢复宇宙的和谐。但是如果闪电击中某个人的家畜而没有伤及其他牧民的家畜，或者如果只是一个人的儿子得病而别人的孩子都健康，那么受苦的那个人怎样才能缓解自己内心的焦虑呢？他可以通过给个人灾难找到一个说得通的解释来做到这一点。可能的解释有四种：一是命运，一种神秘秩序所致，对此所有人都必须接 105
受；二是意外，只有统计学规律才能将其说清楚；三是对个人过失（例如没有遵守特定的仪礼）的惩罚；四是恶毒的和满怀嫉妒的人（比如女巫）在作怪。对于那些不能达观地接受命运的人或是没有统计学素养的人来说，只有后两个答案才说得通，在这两个答案中，归罪别人而不是自己这种观念则要更受欢迎。

单从外表看，女巫与常人并无两样（现实中男女都有）。可能就是我对门的邻居，甚或就是我的某个近亲——谁也说不准。我每天都能看得见并且总是对我笑脸相迎的某个人，可能到了晚上就会念咒施法，让我摔断腿或失去孩子。女巫是深藏不露的内在敌人，而这也正是其会在我们心中唤起如此多不安的原因所在。这里我们可以考虑一下在乌干达西部务农的安巴人（Amba）。安巴人总共约有三万，分成许多小的聚落，其中多数都是相互独立的政治实体，他们相互之间时不时就会发生战争。安巴人生活区域内不同地方的村民，都是实际或潜在的敌人。在和平时期，他们相互间的交往是功利主义的；一旦族间血仇堆积起来，就会打得不可开交。不过，他们认为其他村民并不是女巫。只有在同一聚落里一起生活的，有着可以辨认的共同纽带的人之间，女巫才是一个问题。也就是说，只有在有着同一个祖先，即同一片居住地的人之间，他们才会怀疑别人是女巫。尽管安巴人非常看重村内的和谐，但是他们也深知他们的社会纽带是脆弱的。[1]

对地方社区来说，女巫可以算得上一种瘟疫。不过，一个村庄的人们往往忽视了他们自己社会内部的紧张，而只看到别的村落里的人们相互指责对方女巫附体。当不同群落之间（不同于安巴人）并没有公开的敌意，而只是维持一种相互警惕和怀疑的关系时，这一情况尤其可能发生。由此人们的态度会变成下面这样：其他村民都像我们一样，我们会跟他们进行买卖，但在有些方面不知为什么他们也并不完全像我们。例如，美国西南部生活在拉马的纳瓦霍印第安人就相信，钦利峡谷和坎农斯托这两个地方到处都是女巫。他们觉得这两个部落同胞与他们自己有些不一样，是“不怎么像纳瓦霍人的纳瓦霍人”。实际上，就像人类学家克拉克洪（Clyde Kluckhohn）已经指出的那样，这三个族群之间确实存在微妙的不同。与拉马的纳瓦霍人不同，生活在钦利峡谷地区的纳瓦霍人有很高比例的普韦布罗人血统，坎农斯托的纳瓦霍人则主要是部落成员的后代，那 106
些部落成员受到18世纪西班牙传教士的强烈影响。[2]

祸事的发生不可预测。为什么会这样呢？一个答案是，因为有女巫。一些看上去再普通不过的人，可能会在黑暗之处和秘密的地方颠覆社会上最深信不疑的信念。女巫的反社会特点在世界各地非常相似，因为在所有的群体中，最重要、最基本的社会价值观大都是一样的。其中最为重要的就是尊重生命，尊重财产，尊重性行为规范。女巫不仅会残害、杀戮和破坏，而且她们在选择受害者时看上去有些不分青红皂白，既可能是陌生人，也可能是邻居，甚或是兄弟姐妹。女巫是好色的、贪婪的和乱伦的，她们与尸体和魔鬼为伴，无力控制自己的冲动。[3]女巫是一股彻底混乱的力量，她们与其他混乱的力量，比如黑夜、野兽、荒野、高山、暴风雨等有着密切的关系。

黑夜会极大地降低人的视力。人们失去了控制环境的能力，感到自己容易受到伤害。日光西沉，人们的世界随之消隐，邪恶的力量就会接管整个世界。女巫和鬼怪在西方世界的民间传说里扮演极为重要的角色。古希腊人相信世界上有女巫和鬼怪存在，同时也相信有赫卡忒（Hecate）存在——赫卡忒是他们的主要女神之一，同时也是在月亮藏身时象征黑暗夜晚的女神。在没有月亮的夜晚，赫卡忒就会出现在十字路口，人看不见她，狗却看得见，因而赫卡忒一出现，狗就会恐慌地叫个不停。每个月，希腊人都会在十字路口供奉祭品，求得赫卡忒和她的随从息怒。在中世纪，就是那些善良的基督徒也会在黑夜里避开十字路口；赫卡忒曾经的地盘，现在则成了女巫和地狱里的魔鬼的聚集地。黑夜掩盖了各种各样的邪恶活动，并成为邪恶的象征；因此在中世纪人眼里，女巫会在深夜聚会就是再合理不过的事情了。在审判官的手册里，类似下面这样的供词极为常见：

> 塞克雷坦（Francoise Secretain）补充道，她总是在半夜里去参加魔宴……可是，这些邪恶的聚会总有一个条件：鸡一叫，所有东西都会消失……有人说过，鸡的鸣叫声对撒旦来说是致命的，就像它会被狮子吓倒一样。[4]

在电灯出现之前的时代，天黑后人们都会待在自己家中。一句古希腊谚语说道："外面危险多，最好在家中。" 107
这句话在赫西奥德的书中与荷马关于赫尔墨斯的赞诗里都可以找到。对那些离群索居、没有接触过现代观念和现代科技的人来说，类似这样的忠告仍是有道理的。关于非洲的民族志提供了这方面丰富的例证。例如，生活在肯尼亚西南肥沃高地的古西人（Gusii）就公开宣称，走夜路很危险。那里的孩子在很小的时候就已习惯了害怕茅屋外面的黑暗世界。当他们还是小孩子时，只要一哭，他们的妈妈就会威胁他们，要是再哭就把他们扔给外面的女巫和鬣狗。成年人也会对太阳落山后外出感到不安。古西男人会打着灯笼来平息内心的恐慌，给自己壮胆。女人则更不愿晚上出门。已婚妇女白天可以独自走上很远，但到夜里，在无人陪伴的情况下，她们的心中是如此害怕，以至于连走到十多米外的邻居家都做不到。他们害怕黑暗中的许多事情，尤其害怕碰到正在作法的女巫。对古西人来说，这种害怕是真实存在的，因为他们的邻居和朋友都声称看到过女巫，或是宣称听说某人看到过。年轻人（包括在教会学校念过书的那些年轻人）都亲眼见证过。他们说他们看到女巫手中的火炬那可怕的光亮在远处闪动。人们相信女巫会在晚上拿着烧着草药或草的火罐裸奔。[5]每当古西人遇到烧焦的地方，相信女巫确实存在的心理就会得到进一步强化。生活在坦桑尼亚东中部的卡古鲁人（Kaguru）对黑暗的恐惧则更为夸张。主要是因为对女巫充满恐惧，卡古鲁人房子的窗户只有孔眼大小，而且经常都是紧闭着；一到晚上，一些人宁愿在屋里大小便，也不肯去屋外。[6]

在神秘的传说中，女巫与野生动物之间有着密切的关系，这两者都不受人类的控制。欧洲的女巫骑在山羊或马背上飞着去参加魔宴。尽管山羊和马都是驯养的动物，但是它们留在人们心中的印象并不关乎农场而是荒野。山羊原本生活在悬崖陡壁间，那里是一个法外社会，背负着淫荡的恶名（替罪羊）。马的象征意义极为复杂：它既代表强烈的欲望和本能，又是具有压迫性的噩梦，还是战争与死亡的征兆。马很容易让人联想起女巫不正常的情欲及其夜间活动以及与死亡相关的活动。非洲女巫最常见的伙伴及其主要交通工具就是鬣狗。女巫会抱着鬣狗的腹部飞过天空。他们这样上下颠倒，典型地违背了正常的人类行为。多数灌木丛中的野生动物都被人们视为女巫的伙伴。这些 108
动物的共同特征是：黑色，丑陋，危险，或在夜间活动。对生活在乌干达西部的卢格巴拉人（Lugbara）来说，女巫的同伴包括蟾蜍、蛇、蜥蜴、青蛙、狐狼、豹子、蝙蝠、猫头鹰，以及一种会在夜里尖叫的猴子。[7] 对卡古鲁人来说，女巫的同伴是鬣狗、狮子和蛇；对苏丹南部的丁卡人（Dinka）来说，女巫的同伴是鬣狗和黑眼镜蛇（非洲最危险的蛇类）。[8] 在许多关于披着动物皮的女巫的报道中，动物与人之间的区分变得甚至更加模糊不清。纳瓦霍女巫会披上狼或郊狼的皮快速奔跑。1604年，在瑞士的一个小镇上，五名女巫被烧死，因为她们装扮成狼的样子袭击了一个小孩。直到19世纪，苏格兰人和威尔士人仍然相信，女巫会变成野兔去喝母牛的奶。[9]

女巫会单独跟踪她们的牺牲品，单独作案是她们的规则。不过，她们也并非一律反社会；她们有自己的聚会，有她们的狂欢时间。聚会通常都是在偏僻荒凉的地方进行的，比如山顶、山洞、森林和泉水边。一个纳瓦霍人报告说："女巫在晚上聚会。聚会地点多在山里或大岩洞里。她们一丝不挂。她们在聚会的地方唱歌狂欢。她们发出类似郊狼和猫头鹰的声音。"[10]在非洲，女巫在废弃或长满野生灌木丛的郊野集合。卡古鲁人说，她们会在废弃的小屋里聚会，夜里则在山顶跳舞。

当欧洲的猎巫狂潮在1580—1630年间发展到最高峰时，每个国家都宣称有数百名女巫半夜聚会。单在洛林一地，人们就认为有不少于八百个这样的地方。休·特雷弗-罗珀（Hugh Trevor-Roper）甚至提到了一些全国性和国际性的女巫聚集中心，并举出了下面的例子："德国哈尔茨山中的布洛克斯堡或布罗肯，瑞典的'甜美绿茵地'布拉库拉，法国西南部度假胜地昂达伊，都有不少于一万两千名女巫聚会。"[11]

似乎毫无异议的是，女巫喜欢高山地区。在普通大众的心目中，她们在那里待的时间最长。最大的欧洲猎巫活动主要发生在阿尔卑斯山、汝拉山、孚日山、比利牛斯山。

在巴斯克的荒野地区，甚至到了20世纪的早些时候，农民和牧人仍会谈到山神，它掌管着女巫，具有唤来风暴的能力。在农民与牧人内心深处，拟人化的自然力量与女巫极难区分。[12] 109

把恶劣天气归罪于恶人在使坏这一做法在欧洲尤为常见，尽管这并不局限于欧洲。女巫会以多种多样的方式在不同程度上影响天气。想要摧毁某一地区的庄稼，女巫会变出雹暴——只需在扫把沾上某种黑色液体，再把扫把指向天空。1610年，人们认为，是比利牛斯山西侧苏加拉穆尔迪的女巫作法引来风暴，毁坏了进出圣让德吕兹港的船只。湍流空气与猛烈的天气现象可能是女巫和魔鬼联手所致。尼古拉斯·里米（Nicholas Remy）是《鬼魔研究》（*Demonology*）一书的作者，同时也是一名宗教审判官，他夸口自己曾在十五年内判处九百人火刑，他坚持认为，树与房子遭到雷击时都会留下魔鬼的爪印，并会“散发出奇臭无比的硫黄味”[13]。

非洲津巴布韦的绍纳人（Shona）相信，闪电是女巫最喜欢的自然工具。一位欧洲医生报告说，在哈拉雷医院（Harare Hospital），许多绍纳病人都认为雷击是他们得病的原因。由于极少有人能在受到雷击后存活下来，我们只能认为女巫的闪电是一种通灵的闪电，比如，闪电在受害人做梦时击中他人。绍纳人有时也会把雷电想象成一只鸟，在雷击的地方下蛋。对女巫来说，派出“雷鸟”并不比派出任何其他动物同伴更难。[14]

那么，人们怎样才能保护自己不被女巫和其他邪恶力量伤害呢？欧洲有许多文章和小册子，里面明晰地讲述了防止魔鬼及其爪牙的各种方法。最简单也是最常见的方法就是利用（呼唤）上帝、圣母、传福音者的名号，或是诵念圣约翰的话语（“道成肉身”）。也可以把这些（名号或经文）护身符贴在易受攻击的地方、物体、动物和人身上。[15]十字架标记在过去和现在都被视作有效。在20世纪，当巴斯克牧人和旅行者走近奥斯基亚（Ozquia）或阿尔凯茨（Arkaitz）的悬崖时，他们会细心地收集小圆石，将其摆成十字架形状，来驱逐女巫和其他妖魔。[16]

纳瓦霍印第安人用一种由鹰、美洲狮和臭鼬的胆汁混合而成的苦药来对抗女巫的“尸毒”。尸毒产自尸体的肉，尤以小孩的肉为佳。女巫将毒药研磨成粉末，从烟洞撒入
110 木屋，或是撒入睡眠中的受害者的鼻子和嘴里，或是通过管子吹到人群中某个人的脸上。十分谨慎的纳瓦霍人在预

计自己必须走入人群，或是必须离家远行时，尤其是当他们计划穿越满是女巫的地区，比如钦利峡谷或坎农斯托时，都会随身带上苦药。[17]

药物或护身符提供了一种帮助人们抵抗邪恶力量的办法。另一种办法则是获得解读征兆的技能，这可以让人提前避开不祥的时间和地点，或者若是征兆不好就推迟去做某件事。古希腊人、古罗马人极为相信凶兆。在20世纪非洲的某些地方，一个人若想在充满女巫和其他邪恶精灵的地方获得安全感，就必须拥有解读预兆的技能。就拿苏丹西南部相信女巫附身的赞德人（Zande）来说，不论遇到什么不寻常或是不值一提的倒霉事，他们都会认为是女巫在对他们使坏。赞德人在看到任何他们认为与巫术有关的事物时都会变得极其害怕。想要获得安全感，就得拥有一块神谕板，赞德人会随身携带，以便随时咨询。他们用它来决定每样事情：旅行、打猎、婚姻等。离家远行的男人会通过问卜而在某个不寻常的时间离开村庄，或是绕道而行，以避开正在等着他的巫术。他们躲避巫术，就像它是一个设在固定地方的自然危险或是某人设下的陷阱。若能准确判定威胁发生的时间和地点，赞德人就会感到自己是安全的。但有时就算做了所有这些预防措施，不幸也还是会降临到个体身上，这时赞德人就会毫不迟疑地将其归罪于女巫。[18]

对巫术的信赖会影响人们的行为。人们会在天黑后待在家中；人们会避免去往某些特定地方；人们甚至会将其善意扩展到粗野之人和陌生人身上，因为他们有可能具有类似巫术的力量。在非洲，定居点的大小和间隔可能反映了人们对巫术的恐惧：一个村庄会慢慢分裂，另一个分支会在别的地方开花结果，以避开巫术给人造成的紧张感。[19] 就连人们吃饭时的社会行为，也会受到预防巫术措施的影响。万布威人（Wambugwe）是班图人的一支，生活在坦桑尼亚曼雅拉湖的南端，他们相信，就是大白天，只要会巫术的人用毒眼看一下受害者的饭菜，就会让人得病。出于这一原因，万布威人采取了一种特殊办法来确保吃饭
111 时的隐私：即使一年中最热的时节，他们也会待在屋里进餐。人类学家罗伯特·格雷（Robert Gray）详细地评述了万布威人神经质般的疑神疑鬼。一个人自己母系的亲属都是安全的，但其配偶那边的母系亲属则是不安全的；结果，就连亲戚之间也不会常常一块吃饭。男人们在去外面打猎或是去清理灌木丛时，就不能回家吃饭；即便如此，预防“毒眼”的措施也不会有丝毫放松。“除非那些男人都是同

宗的，否则他们就会在吃饭时分开，每个男人都躲在一片灌木丛或一棵树后吃饭。如果是一个大的群体，可以遮蔽的东西比较少，那么在吃饭时，每个男人都会隔开一段距离，用衣服把自己遮挡起来。”[20] 112

# 第十章　对人性的恐惧——鬼

鬼是已经死去的人，但在某种意义上它（们）仍然活着。人们只能通过它们的影响来感受到它们的存在，比如一扇嘎吱作响的门，或是突发的疾病。它们可能以一个灵甲（ectoplamic）的阴影或是一团迷雾出现。它们可能会有人的形状和表情，但缺乏活人有形的形象。它们可能看上去又正常又可靠，与坐在你身边的人没什么两样，但这是一种假象。或者它们也有可能是僵尸，也就是会走动的死人。

人类之所以怕鬼，其根源在于人类对未知和怪异的事物充满了忧惧。幽灵在人心中萦绕不去，从本质上来说，这与人类惧怕环境中的其他神秘力量是一个道理。对前现代人来说，在自然神灵与祖先、祖先与鬼、鬼与女巫、女巫与凶手、凶手与强盗、强盗与野兽之间并不存在截然不同的区分。自然力量凡是仁善的和可以预测的，人们就会带着感激之情承认它们是神。自然力量若是暴烈的和变化无常的，人们就会称呼它们为魔。如果死者的魂灵是一种善的力量（可以保护后人），人们就会将其奉为祖先进行祭拜。如果人们认为它们对人有恶意，就会将其归为鬼，需要对其安抚或防范。祖先或死去的英雄相当于神；同理，给人造成伤害的鬼则会被人们毫不迟疑地划分为魔。与女巫一样，鬼也是一个中介概念（intermediary concept），向上可以导向超自然层面的神魔，向下则可以导向自然和人类层面的野兽、凶手和强盗。

我们对人类同伴的感情经常有些矛盾。我们需要他们也喜欢他们，但在他们对我们产生威胁时，我们就会觉得他们变得像野兽、怪物和女巫一样。我们需要他人的陪伴， 113
但在内心深处又会隐秘地希望他们离得远远的。类似这样的矛盾心理，在我们对待死人尤其是尸体的态度上体现得可谓淋漓尽致。尸体到底是一个心爱的人、一具正在朽坏的躯体、一位祖先，还是一个潜在的魔鬼？当与我们有着亲近关系的人离开这个世界时，我们会发自内心地悲痛不已，但若想到他们会以幽灵或僵尸的形式带着坟墓里的气息回到我们身边，恐怕没有谁会乐意等到这一刻。一位富有洞察力的传教士，描写了西非加蓬人（Gabon）丧亲时的矛盾心情：

> ［人们］大声哀哭，期望死者死而复生的感情是真诚的，生者渴望死者能完整地复生；但是伴随这一盼望出现的也有一种恐惧：害怕死者真的回来，不是作为平日常见的、有形的、友好的同伴出现，而是作为一个无形的、看不见的、疏远的、（或许）不友好的灵魂出现，周身环绕着一种由未知的和看不到的东西所赋予的恐怖气氛。[1]

对此欧洲人和美国人可能会感到有些迷惑不解，他们认为人与人之间的亲情可以克服对死亡和尸体的深深厌恶。小说家雅各布斯（W. W. Jacobs）著名的故事《猴掌》（*The Monkey's Paw*）给人带来的那种不寒而栗的感觉，来自读者突然意识到的不恰当的人类之爱。这个故事描述了一对老夫妻有一个干瘪的猴掌，能帮他们实现三个心愿。他们的第一个心愿是变得有钱。很快就有一位陌生人给他们送来一笔钱，并告诉他们这笔钱是他们儿子工作时绞入机器而亡后，厂方给的抚恤金。从最初的震惊中恢复过来后，老夫妻前往离家不远的墓地去看自己的儿子。然后他们回到冷清的家中，尽可能忘掉老年丧子之痛。过了一周，一天午夜，老妇人突然想起猴掌还能帮他们实现两个心愿，便拿起猴掌请求让她死去的儿子回到她身边。起初什么事情都没有发生。大约过了半个小时——这段时间可以让人走出很远——老夫妻突然听到响亮而持续不断的敲门声。老妇人起身便要下楼去开门。丈夫想要阻止她，她便哭了起来："那是我们的儿子在敲门，是赫伯特！难道你害怕自己的儿子吗？"当老妇人摸到沉重的门闩时，她丈夫拿起猴掌许下了第三个心愿，让他们儿子腐烂的尸体回到坟墓里，不要回来考验母亲的爱心。门猛然被打开，一阵冷风直灌屋中，这对老夫妻看到的只有寂静荒凉的道路上不断闪动的街灯。

如果看不到隐藏在人类之爱背后的阴影，近亲和邻居 114
间的爱就会是不安全、不牢靠的。相信有女巫和鬼，就表明人与人之间的关系比较脆弱；人们往往并不愿承认这种脆弱，因为承认这一点就会损害社会最为看重的理想化形象（受人欢迎的行为规则都依赖于此）。女巫是我们不喜欢和不信任的邻居或亲戚。我们宣称我们的不信任是有客观证据的，而真正原因可能只是我们自己被压抑的敌对情感在作怪。鬼经常是我们对其有怨恨或是有亏欠感的死去的亲属。

在女巫和鬼同时存在的社会中，两者之间的区分并不明显。女巫与死亡、死人及死人的灵魂关系密切。恶劣的天气、荒凉的山丘、空无一人的道路、废弃的房屋，既是女巫的栖身之地，也是鬼出没的地方。墓地是它们最熟悉的地方。女巫和鬼都能变形为野兽。

在纳瓦霍人看来，鬼就是阴间的女巫。从他们对待老年人的态度可以看出，女巫和鬼这两类邪恶东西之间不存在任何严格区分。白发苍苍的老人既受人尊重又让人害怕。人们怀疑他们是女巫——至于人们为什么会有这种想法，谁也说不清。可能是因为纳瓦霍人把老年人视为一种经济负担，认为他们会因自己失去能力而心生不满；他们没有多少活头，所以不把社会规范当回事。纳瓦霍人对岁数非常大的人感到不自在还有另一个原因：他们“与鬼几乎没什么两样”。濒死的很大岁数的老人已携带着死亡的恐惧属性。[2]另一方面，假如他们生时已经得享天年的话，当他们真的死去时，并没有人会期望他们的魂灵返回。

在世界上的其他地区，我们发现了把女巫和鬼混为一谈的相似倾向。例如，坦桑尼亚的卡古鲁人相信，女巫和僵尸夜里会在山顶跳舞。[3]津巴布韦的绍纳人则将一类鬼称作恩戈齐（ngozi），其中包括被谋杀者的鬼魂与小心眼的祖先。因为它们特别恶毒，所以恩戈齐就成为供女巫驱使的工具。[4]

从定义上来说，女巫是邪恶的。与其相比，死人的灵魂既可以是邪恶的，也可以是仁慈的。凡是有女巫存在的地方，人们都会害怕她们；相反，在有死人的地方，并不是所有人都害怕鬼魂。他们的灵魂，尤其是祖先的灵魂，可能是一种有益于生者的力量。把死者或死者部分遗骨埋
在他们生活过的屋子里这一习俗足以证明，并非所有人都 115
怕死人。古希腊迈锡尼时代和古意大利都有这种风俗。民族志学者在世界上极为不同的地方都曾见过类似风俗，尤其是在非洲、南美洲和密克罗尼西亚。吉尔伯特岛民——太平洋上的一个密克罗尼西亚民族——是不怕死人的一个例证。当有人去世时，人们会在屋子地板下挖一个坟墓。死者的近亲会在旁边搭一张床，不时打开棺材，看看自己亲人的遗容。死者的头盖骨会被取下保存在盒子里。死者的遗孀和儿女有权吃睡在它旁边，短途远行时，他们会随

身携带头骨，并给它涂抹椰子油。吉尔伯特岛民期望死去亲属的鬼魂可以帮助他们解决现实生活中的问题；他们想要保留亲属的遗骨，提醒自己他们就在身边。[5]

与吉尔伯特岛民形成鲜明对比的是纳瓦霍人。他们憎恶死亡及与死亡相连的每一件事。纳瓦霍研究者已经评述了纳瓦霍人对尸体所产生的那种近乎歇斯底里的恐惧。人类学家克拉克洪和莱顿（Leighton）注意到，对纳瓦霍人来说，“甚至是看到动物尸体——那些杀来吃的除外——都会感到有危险。死者会以最快速度下葬，并有预防措施，一个白人能为纳瓦霍人做的最好的事便是承担这个可恨的责任”。[6]死人住过的屋子会被烧掉，或是拆掉屋梁，扔到地上，这表示人们应该避开这个地方，不要靠近一步。纳瓦霍人宁可被冻死，也不会在这样的屋子里躲避风雨，或是用这种屋子里的木头生火取暖。[7]

纳瓦霍人尽力躲避尸体，因为后者有可能变成鬼。鬼在某些方面比女巫还要可怕；女巫可以被抓到和杀掉，但是死者的魂灵确实超出正常的人类控制范围。只有那些早夭或老死的人才不会变成鬼。除此之外，任何死去的人，不管他们活着时与人有多深的感情，都是一种潜在的危险来源。鬼会在入夜后侵入纳瓦霍人的世界。它们既会以人形出现，也会化身为土狼、猫头鹰、老鼠、旋风、火焰，或是模糊的黑色物体。它们会发出运动的声音，类似于哨声，就像鸟类和其他动物的声音一样。所有黑夜中出现的东西和声音，都会引起纳瓦霍人的恐惧。太阳一下山，对鬼和女巫的恐惧，便会让纳瓦霍人一直待在他们的木屋里。[8]

与处在两个极端的吉尔伯特岛民和纳瓦霍人相比，大多数文化中的人们对待死者和死者魂灵的态度都更为矛盾和复杂。塞拉利昂的门德人赋予祖先的魂灵一个重要角色。116
门德人的祖先仍然保留着他们平常的情感和欲望。多数时候他们都愿帮助自己的子孙后代，但有时也会因为子孙不守规矩而动怒；此外，因为他们能够感到饥渴，所以一旦受到忽视，他们就会怀恨在心，伺机报复。不过，门德人祖先的魂灵一点也不可怕。他们表示不满的方式，或是托梦（梦中训斥一顿），或是让过错方生病。[9]在津巴布韦的绍纳人中，祖先的魂灵也扮演着一个重要角色。人们称呼祖先的魂灵为瓦兹姆（vadzimu），以便将其与恩戈齐区分开，后者是鬼。绍纳人特别喜爱父母和祖父母的瓦兹姆，反过来这些魂灵也会庇护子孙。不过，当瓦兹姆受到冒犯时，它就会变成一个有报复心的恩戈齐。[10]

在新几内亚的西部高地，基亚卡（Kyaka）园艺师倾向于认为死人的魂灵是有敌意的。鬼常出没于树木和墓地中。它们会帮助族人，但有时也会充满恶意。人们认为它们会把人用力扔到树丛中，任其孤单无助地悬挂在上面，眼睛和耳朵里都是排泄物。它们还有能力让人变瞎，得麻风病，得雅司病（一种热带传染病），以及内脏肿胀，它们能引起精神错乱。[11]同住在西部高地的马伊人（Mae）则认为，鬼完全不是好东西，或者顶多也就是不好不坏。多数受伤、生病或死亡都是它们在使坏。马伊人的家庭关系相当紧张。可能是因为这一点，人们最怕的鬼是近亲（比如父母和兄弟姐妹）及未婚子女死后变成的鬼。[12]

古希腊人对待死人的矛盾心态体现在他们对待英雄的态度上。与许多原始民族一样，古希腊人感到，在他们生活的世界中，神和幽灵比活人都要多，神庙和神祠随处可见。祭拜英雄的神祠，占据这一祭拜景观的很大一部分，其中有些神祠给人一种阴森恐怖的感觉，就像公元2世纪的地理学家保塞尼亚斯（Pausanias）在《希腊志》中告诉我们的那样。[13]

谁是英雄？英雄就是勇敢者。当他活着时，会保护自己的族人和朋友。死去后，他的力量就没那么有人情味了，会超越自己所属的民族。[14]英雄与祖先之间并无明晰界

限。两者都有保护功能，也都能给人造成伤害。农民中间
流传着一些可怕的故事。邪恶的英雄阿克特翁（Actaeon）
不断毁坏比波奥蒂亚人的田地，直至人们得到神谕指示，
把他的神像锁到一块岩石上，他才停止破坏。还有一个泰
米沙城的英雄，人们必须把城里最美的少女献给他，直到 117
欧赛默斯（Euthymus）把他赶走；还有英雄俄瑞斯忒斯
（Orestes），雅典人最不喜欢晚上遇见他，因为他喜欢把人
的衣服撕破，再鞭打一顿。英雄也会让人得病。他们不只
会变成无形的鬼魂恐吓农民，还会变成有形的鬼魂，像给
人带来伤害的强盗一样恐吓农民[15]。

划分出神、祖先、鬼和女巫这样不同的类别，可以让任何社会中的农民或小商贩安心地与他们世界中往往无法预料的力量和平相处。不过，民间信仰缺少逻辑上的一致性，上述类别经常互相重叠。就像上面已经说过的，古希腊人祖先的权力可以扩展到亲属以外更大的群体，被当成英雄来崇拜。过去的中国也有与此相似的观念。中国人并没有赋予他们的祖先太大的权力，作为统治者，祖先只能影响他们子孙后代的命运。不过，祖先若是生前当过官，死后就会与小神的地位相提并论，有权管治整个地区的人。神、祖先和英雄是可以互换的。如今在中国台湾可能会有

受过教育的农民或小商贩否认神的超自然地位，认为祭献它们的许多庙宇不过是在供奉英雄。一个台湾人告诉一位美国学者："我们的地方神明是一种英雄，就像你们的林肯一样。"[16]

历史上，中国人以其敬奉祖先魂灵的传统而出名。按照官方说法，这些魂灵总是仁慈的，它们主要关心他们子孙的福祉。与其相应，子孙有义务敬奉祖先，报答他们的生养之恩。祖先只有得到子孙的尊重和关注，才会在另一个世界生活幸福。如有必要，他们有权要求他们应该得到的关注。这一威胁因素，维持着活人的社会等级，并在活人与死人的关系中持续存在。中国人不愿承认祖先可能会对自己有坏心眼，但若不幸一再发生，人们有时就不得不怀疑自己的祖先。他们会说祖先之所以会带来伤害是因为祖先有"坏心"，即使人们照常祭拜祖先，他们也不敢担保祖先就会给予好的回报且不找麻烦。[17]

老年人死后并不会马上就变成祖先，有一段时间死者只是一具尸体。死亡仪式中最让中国人感觉不舒服的那一
118 部分，就是过世到入殓之间那段时间，这时活人要直接面对死尸。暴露的尸体让人害怕，是因为那是一种过渡状态，介于活着的老年人与被埋葬的祖先之间。少部分人认为，

在这样一种状态下，尸体的行为是不可预测的：它甚至可能变成一个愤怒的妖怪。基于这一原因，任何出现在棺材周围的人，不论是否为亲属，都要接受仪式保护，以免受到伤害。在少数地区，仪式中的一种行动被称为“断龙”。在入棺过程中的某个阶段，绳子的一端系着尸体，绳子的其余部分由死者家属抓住。然后绳子被切断，这样做的目的就是防止死者日后回来找子孙的麻烦。[18]

入土后，死者就会变成祖先，死者的行为也就可以预测了。活着的家庭成员知道如何对待死者。不过对于墓地，中国农村的村民并不会完全放心。坟地都在村边或村外。它位于活人居住的阳界的边缘，是通往私人所在阴界的入口。活人极少知晓怎样掌握通往这一关口的门径，因为关口聚集着许多恶鬼。作为对比，村民在与祠堂里的祖先魂灵进行互动时就有信心得多。村民前往墓地时，是去访问未知的阴界。当祖先的魂灵回到祠堂，他们是重新回到阳界，活人知道如何与熟悉的祖先进行联系。[19]

要成为祖先，必须有男性子孙。但有许多人还没结婚就死了，而在结过婚的人中也有许多人没能有儿子。这些人的地位介于祖先和鬼之间。作为男系亲属的过继者却没有自己的后代来祭拜的人，死后会被视作“近似祖先”，他们的牌位会被放在家族祭坛的右侧。对一个家族有贡献但不属于这个家族的死者，会被视为“近似鬼”，他们的牌位会被放在厨房的角上或走廊上。

夭折的婴儿和小孩都会变成鬼。如果一个孩子不幸早夭，他的魂灵就会加入魑魅魍魉，像杀人凶手和强盗的鬼魂一样，在世间飘荡作恶。人们会在屋外和田野里修建神庙来安抚它们。陌生人和强盗的灵魂也必须以相同的方式来安抚，基于这一相同原因，人们会对活着的陌生人充满警惕，以及会贿赂强盗。但有一个复杂的问题是，就像我
119 的亲戚在你看来是陌生人一样，我的祖先在你看来也可能是会给你带来伤害的鬼。[20]

与其他民族一样，不论什么东西，只要看上去有些陌生和未知，中国人就会对其产生怀疑和恐惧。从本源上来说，“鬼”这个字指的是样子似人而怪异的猿类——一种野生动物。随后它的意思扩展到（包括）异族，最后则专指不属于家人、官员、祖先或神这个已知的和受尊重的世界的幽灵。[21]

即使在现当代，在高度文明的国家，乡下人仍然有着很深的、古老的恐惧，而城里人则或多或少已经学会抛弃那些古老的恐惧。在中国这样的国家，至少在第二次世界大战结束前，城乡观念的差异仍然非常巨大：城里的大学

生在讨论爱因斯坦的相对论，城外的农民则仍在用法术来治病驱魔。

1934年，德国社会学家艾伯华（Wolfram Eberhald）分析了他在中国浙江省收集到的民间传说，发现了如下关于对妖魔鬼怪特有的信仰。没有埋葬或没有正式安葬的尸体会变成鬼。不能得享天年的人难以安眠。因而，被谋杀的人和那些为情势所迫上吊自杀的人（多是年轻女子），都可能变成鬼回来。

在中国的民间传说中，亡魂会因其怪异长相而变得极为吓人。人们的恐惧程度会因害怕而增加：它们一开始有着美丽的人形，但就在人们开始接受它们时，它们开始露出恶魔的原形：披散的长发、长长的舌头、细长的爪子，血顺着它们的白色衣服直往下滴。[22]

我们不了解鬼在新中国有什么样的遭遇。我们知道的是，在中国台湾的农村地区，至少直到20世纪50年代后期，鬼仍然存在于民间意识中，就像北河田村的鬼故事所显示的那样。北河田村临近淡水河，在当时那个年代，从大都市台北坐火车加上步行，约一个小时可到。灌溉设施使得淡水河的河水减少，流经北河田村的河段缩小到只有溪流大小。不过村民仍然禁止他们的孩子去河里游泳或在河边玩耍。他们害怕的原因是：曾有一艘渡轮在河中翻船，许多人都溺水而亡。村民相信，溺亡者的魂灵在水中仍是冤魂，除非他们能成功地找到替死鬼。

120 北河田村的鬼并不仅限于河里。沃尔夫（Margery Wolf）在他对这个村子的研究中写道：很多人都说在竹林附近看到灵异现象，还有人一再说他在一间废猪舍中看到女鬼在梳她的长发。“村边有座房子相当好，可就是一直租不出去，后来租给了一个外地人，因为前一任屋主的鬼魂常爱夜里出来闹事。”[23]

几乎在世界上每个地方都有人疑心死人会对其处境感到气愤：它们渴望重回生前去过的地方，拜访曾经认识的人。这样的幽灵是潜在的混乱之源，盘旋在活人世界之上，是一种反复存在的威胁。活人通过划定他们自己的空间，在其周围竖起障碍，经常进行仪式性的清洗，来消除这样的威胁。勤勉的学者弗雷泽爵士（Sir James Frazer）收集世界各地的证据，来展示活人怎样尽力切断他们与死人的联系，以防它们产生邪恶的影响。[24]

澳大利亚中部的阿伦塔人（Arunta）相信，人死后，其鬼魂可以随意游荡一年到一年半时间；但在那之后，静不下来的鬼魂必须被限制在一个地方。人们知道任何鬼魂都喜欢返回其死后被烧弃的营地，所以阿伦塔人会在特定的一天跑到旧营地，围着烧焦的遗物跳舞喊叫，对着空中挥舞武器和双手，以把深爱着其故居的鬼魂赶走。跳过舞，所有人会一直把鬼魂赶回坟墓，人们认为从此以后鬼魂就会一直老老实实待在里头。[25]

美洲印第安人有一个一直存在的习俗，就是把死者留下的物品统统毁掉，或是不再使用，因为他们害怕鬼魂缠身。温哥华岛的阿特人（Ahts）展现了这一风俗的一个不同形式。一个人死后，他的个人财产会随着一同被烧掉，但有价值的遗物，比如独木舟、房子的厚木板、钓鱼工具等，则会留给长子继承。不过，在更加迷信的阿特人中，死者的屋子连同里面所有东西都会被烧掉。这样一来，死者的后裔也就被剥夺了通过继承而累积财富的机会。

一种更实用而且同样可以阻止鬼魂重回旧地的办法，就是把死者所有的财产移到别处，利用它们在别处另建新屋。[26]冯·洪堡（von Humboldt）指出，奥里诺科流域的印第安部落就是这样做的： 121

> 一些部落，如塔曼纳卡人（Tamanaca），习惯于

把过世亲属的田地废弃掉，砍倒死者种下的所有树木。他们不愿睹物思人，触景生情，便选择了抹去而不是保存记忆。这样做的后果对农业非常不利，所以牧师们不遗余力地反对这种迷信做法。[27]

不过，弗雷泽爵士认为，塔曼纳卡人那样做的真正原因是害怕死者，这是一种他们不愿对洪堡承认的恐惧感。[28]

看起来，最简单的障碍物就能让鬼望而却步。利比里亚的凯佩勒人（Kpelle）持有这样一种看法：只要把两根柱桩插在地里，中间拉上编织品以阻拦，就足以阻止鬼魂从墓地跑出骚扰村民。印度的一个古老习惯是，送葬者离开火葬场时，祭师会在死者和活人之间竖起一道“石头屏障”。印度北部的高山部落接受这一信仰并将这一信仰保持到了20世纪。欧洲农民相信水可以有效地对抗死者不安的灵魂。在19世纪晚期的特兰西瓦尼亚（Transylvania），送葬队伍在返程途中会多走一段路以避开桥梁，目的是确保死者的鬼魂不会跟着悼亡者回到家中。在德国的一些地方，与在现今的希腊和塞浦路斯一样，一种更经济实用的做法是把尸体搬出屋子后，在其后面洒上水；人们的想法是，鬼魂就是想回来，也越不过水面。关闭屋里的所有孔隙，也能将鬼挡在外面。在英国和萨伏依公国[①]，送葬队伍所过道路两边的户主都要确保门窗紧闭。[29]

用一些简单的物理办法同样可以阻止鬼魂进屋，或是将其从屋里撵走。马达加斯加人相信，死者的灵魂会在住所周围徘徊不去，寻找机会重回它们先前所在的屋子。每逢发洪水或下暴雨，男人和女人都会猛力拍打房子的墙壁，以便把那些想要顺着流水进入屋里的鬼魂赶回其所在的地方。

德国人曾挥舞毛巾或手拿扫帚把鬼扫地出门。[30]古罗马人的方法则更为精致和周密。房子的一家之主会在半夜起来进行净化仪式，他会抓起黑豆，头也不回地往肩后撒 122
去，边撒边说："我用这些豆子赎回我自己和家人。"他会把这句话重复九遍，鬼则会在后面捡拾豆子。然后房主会洗一次澡，敲响黄铜器。他会重说九遍："我祖先的鬼魂，你们离开吧。"然后宣告净化仪式结束。[31]

如果连那些自然死亡的人都有不得安息的可能，那么对那些抱有迷信观念的人来说，被谋害致死的人则极有可能变成厉鬼回归。不过，人们也会采取预防措施来抵挡那些可能发生的事情。关于隋朝（581—618）开国皇帝杨坚

① 法国东南部和意大利西北部的一个历史地区。——译注

的一个故事，证明了这一类型的信仰。迁入新都大兴（长安）后，杨坚下令淹没旧都的宫殿，为的是让他先前在夺权过程中杀害的旧朝王公无法回来找他的麻烦。[32]

无论在什么地方，只要认为鬼是有规律的访客，人们就会制定出一些标准的应对办法。在公共层面上，人们可能会修建神庙，以便进行正式祭献让其息怒。在个体层面上，一个人若是在一个荒凉的地方偶然撞见鬼魂，他会知道怎样用神圣的语言和符合仪式的姿势去回避；如果有幽灵持续不断地在一座房子周边出没，房主可以求助牧师。人们学会采取预防办法来对付妖魔鬼怪，就像他们对抗匪徒的攻击一样。下面是这方面一个比较典型的例子，事情发生在中世纪的英国。

在理查二世统治期间，约克郡一位修道士记下了他的邻居们与鬼相遇的许多故事。在其中一个故事中，一个鬼对一个名叫斯诺博尔的裁缝纠缠不休。鬼先后变成一只黑乌鸦，一个泥炭堆，一只带项圈的狗，一只母山羊，最后则变成一个“面目让人害怕的瘦高个男子”。每次遇上，斯诺博尔都会赶忙做出一些宗教手势，例如画十字，把随身携带的十字形状的剑柄冲着前面，或是诵念三位一体的名字。在事先安排好的最后一次相遇中，斯诺博尔提前做了一些额外准备：他带着“四福音书”，衣服上绣着一些圣言，用一个十字架画出一个大圆圈，他站在圆圈中央，把圣物盒放在那里。那位修道士问道：为什么上帝会纵容鬼
去反复骚扰那位裁缝？答案是：那位裁缝疏于做弥撒。鬼 123
想要的是什么？它渴望解除自己生前被逐出教会所遭受的痛楚。它请求斯诺博尔去找一个能赦免其罪的牧师。它还要求为它做满“九乘二十次的全套弥撒”。[33]

从这个故事中我们可以看出，中世纪英国人把鬼视作危险和怪异的生物。另一方面，教会和一般人看上去似乎都很清楚该怎样去对付它们。各种各样的妖魔鬼怪在中世纪文化里的存在是如此广泛，并被人们广泛接受，以至于在遇到完全无法解释的事情时，他们对其产生的敬畏也就不像现代人那样强烈。18世纪以来，对鬼神的信仰虽已削弱却从未完全消失，与妖魔鬼怪最吓人的意外相遇甚少发生。但有一点很明显：关于鬼神的故事是现代人敏感性的产物，这些故事的恐怖特点应该归功于深刻的心理学洞见。

在英语世界中，当我们想到鬼和闹鬼的屋子时，我们必然会想到英国。鬼怪传说在维多利亚时代出现得尤为繁

多，虽然如今已经过去了一百多年，但是人们对这类荒诞故事的喜好一点没变。[34]古物研究协会、地方文史学家和民俗学者一直都在坚持不懈地收集鬼故事，一有新故事出现，他们就会将其加入清单。单是在威尔特郡一地，一位民俗学者于1973年一年间就收集了二百七十五个不同的鬼故事，而且这一清单远远算不上完整。[35]就是在英国，在民众间普及识字也只有不到二百年的历史。由于缺少图书帮助人们去看外面的世界，人们的注意力主要集中在当地发生的事情和邻里之间的传闻故事上，这些事情和传闻一代代地口耳相传，其间不断被添油加醋。在这些故事中，要数那些带有神秘恐怖色彩的鬼故事给人留下的印象最为深刻。

若是不存在其他迷信观念与迷信活动（19世纪的英国有许多迷信观念和迷信活动），单纯的鬼故事可能只有短暂的娱乐功能。乡村传说包括各种各样的死亡预兆。当死亡快要来临时，猫头鹰会叫个不停，狗会狂吠不已，猫则会离开家。蜡烛噼啪作响，熔化的蜡液流淌下来，预示着裹尸布。乡下人不相信死人，所以不愿在夜里进入教堂墓地。他们也厌恶一直把尸体留在家里这种观念。灵车会在人们心中引起极大的不安。鬼会闯入人们的日常生活，而不只

是出现在故事中。一百年前，人们请求地方牧师帮着赶鬼并非罕见。在特罗布里奇（威尔特郡首府）的威克府，鬼 124
引起的麻烦是如此之多，以至于不下十二位圣公会牧师出动才将其驱赶走。[36]

鬼既可能让人同情，也可能让人害怕。它们徘徊在特定的地方，给人一种难以言表的悲伤和不满足的氛围。它们会在同一时间、同一地点一再出现。在英国，谣传许多年代久远或荒弃的房屋、旅馆和修道院里都闹过鬼。死者回到这些曾经待过的地方有许多原因。一个比较常见的原因是，它们的亡灵一直不得安宁，或是它们不满意人们埋葬它们的方式。这一主题很可能就是西方世界“鬼屋故事”的原型。鬼屋故事的一个早期版本出现在古罗马作家小普林尼的书中，他在书中写道：人们发现雅典有间房屋经常闹鬼，直到人们在天井里发现一具男人的骸骨并举行仪式将其重新安葬，鬼才消失。[37]

现代英国流传着许多类似下面这样的故事。两个孩子躺在他们位于拉科克的屋子里，突然看到“一个丑陋的小个子男人”穿过卧室，他们因此恐慌不已。许多年后，人们在卧室的墙下发现了一具骨架。一名妇女睡在其位于萨顿维涅的一座古老庄园的卧室里，连着两个晚上她都觉得有个孩子的脑袋靠在她的肩上。后来，在推倒屋子的一边时，干活的工人发现了五具孩子的骨架。[38]当然，只有在一个长期有人定居的乡村地区，盖房子的人们才会在施工过程中发现此处先前居住者遗留的骨架。

另外两类鬼故事可以进一步证明，英国人心中有着很强的地方连续感与人员连续感。第一种类型的鬼故事依赖于这样一种信念：一个来访者可能会出现在一间屋子里，这间屋子在某种意义上一直受到侵犯，例如，一个古老家族的祖宅被一位新富买走，或是一家小修道院被改建成一家青年旅社。这样的来访者通常都不会伤害人与物，其外貌也不会太吓人。一个人可能会在夜里看到一个戴睡帽的修道士穿墙而过，这道墙在几百年前有一扇门通往地下酒窖。那个幻影般的修道士之所以会返回这里，是因为这间屋子不管发生多大变化，也不管是过去、现在还是以后，永远都是他的家。第二种类型的鬼故事主要关注的是建筑物自身。一个比较典型的故事通常是这样的。一个女人骑行在一条乡间小路上，突然遇到一场暴雨。她看到路边不远处有间茅屋，便进去避雨，得到一位沉默寡言的老人的接待。等到雨过天晴，女人继续上路，一直骑到镇上，在那里遇到一位朋友。听过她的故事，朋友大为吃惊，告诉

她说那条路的那一段根本不曾有过茅屋，只有一所五十年 125
前就已废弃的破房。这种类型的故事表明，人们不愿承认房屋和其他有人性的物体，它们会像建造它们的凡人那样，永远从人世间消失。

在一片孤寂的荒野上，一个牧羊人可能会说他遇到了奇怪的士兵，穿着裙子，在一条根本就不曾存在过的道路上行进，或是看到几匹黑马拉着一辆灵车经过，棺材上镶有王冠的图案。一位历史学家可能会点点头说道："没错，曾经确实有条路穿过那片荒野，罗马士兵很可能从那里经过。"或是说："中世纪的时候，王室车队有可能走过那条路。"一个生活在19世纪的不识字的英国牧羊人，怎么可能知道历史学家所说的这些事情呢？当然，有可能是他看过罗马士兵的图片。不论故事有着怎样的起源，最重要的是故事被讲了出来并被记了下来：生活在一个没有火车和汽车时代的人们，很容易接受这类故事。

鬼是最后一种失去其对欧洲控制的超感觉生灵。自然之神与自然女神最先消失。英国的里布尔河原是一位女神的家，人们定期向她献祭。如今这条河则成为一个名叫奥尼尔（Peg O'Neil）的鬼的家，每过七年它都会夺走一条人命。在斯韦尔河，霍格特洞（Hoggett's Hole）作为一个经常有鬼魂出没的地方，其名声可能要归功于一个已被人们遗忘的河神。这个洞的名字来自汤姆·霍格特（Tom Hoggett），马车时代的一个拦路强盗，他在想要横穿河流从而逃避追捕时淹死在河中。据说没有一个坠入这条河中的人最终能活着上来，不管其水性有多好。日耳曼神帝沃顿（Woden）的野狼队可能一直都是“幽灵马车”的前身，幽灵马车是幽灵界最喜欢使用的交通工具。克里斯蒂娜·霍尔（Christina Hole）写道：“几乎每条英国古道都有幽灵马车在某一时刻经过的传言；有时它来把死人带走，有时则是已经死去的人驾着马车徘徊在它们老家的路上或田野里。”[39]

随着历史发展，妖魔鬼怪逐渐从人们的想象中淡去。不过现代机器并未彻底摧毁它们。与一个古老的磨坊相比，一座废弃的工厂并不见得不是一个闹鬼的好地方。幽灵汽车现在已经取代了幽灵马车。在至今依然留存下来的英国荒凉的道路上，驱车者仍能听到鬼屋故事。这样的故事仍在循环出现并影响到房屋租赁。“一间被认为闹鬼的房子通常很难租出去（想要将其租出去是如此之难，以至于经常需要采取法律行动来制裁那些扩散传闻的人），并会严重削
126 弱房屋的价值。”[40]

美国看起来可能是世界上最不会接受鬼魅的国家。它不相信过去具有神圣性。在美国的宗教中，祖先崇拜毫无地位可言。杰斐逊总统曾说过："死人没有权利。它们什么也不是……我们的造物主创造地球是供活人而非死人使用的。"作为一个"新世界"，美国缺少鬼魅喜欢出没的地方：有着骨肉相残历史的家族老宅、旧旅馆、废弃的修道院等。美国是一个面向未来的国家，它在公众眼中的主要形象一直都是熙熙攘攘的大城市、金黄色的玉米田及高速公路。当然，这一形象具有很大的误导性。美国的地貌（乡村风景）有着不同的历史维度。驱车行进在田纳西州、肯塔基州或奥沙克山的山路上，几乎每分钟你都可能进入另一个有着亲密关系小社区的世界，这些社区仍然保留着许多古老欧洲的迷信和习俗。在这些偏远社区中，鬼和女巫与死在自己家中和埋在家族墓地中一样，仍是人们生活中的一部分。一条乡间小路或是一座有篷的小桥，对一个在阳光灿烂的日子里开车路过的旅游者来说可能充满诗意，但对一个急着在天黑前赶回家的老居民来说，则可能充满危险。

在这些偏远地区，生活可能是舒适惬意的，但也是不安全的。死亡无处不在，而非一个遥远的抽象概念。一个肯塔基山区居民看到有云彩像棺材，或是听到有母牛在夜里哀嚎，就会知道他认识的某个人很快就会死去。年岁最大的人在星期天吃早饭时打喷嚏，就表明他在这周内将听到有人死去的消息。一扇门无缘无故自己打开预示着死亡。梦见浑水也是死亡降临的预兆。几乎任何始料不及从而也是人所不能控制的事情，都是不祥的预兆。[41]

亲密的人际关系，多少可以弥补这种普遍存在的生命不稳定感。但它们也会产生被压抑的敌意，这种敌意会被投射到死后的世界。一个人从另一个人那里得到的帮助或伤害，并不会随着生命的终结而终止；亲戚和邻居的魂灵仍然近在身边，并会持续关注人世间发生的事情。一些奥沙克老人认为，把小石头放在死者坟上，可以压制住鬼。兰道夫（Vance Randolph）在1947年写道，他看到许多坟上都覆盖着小圆石，并看过一些成人面带歉意地向坟上投掷小圆石。[42] 即使有着最亲近血缘关系的鬼魂也可能不受
127 欢迎。20世纪30年代中期，肯塔基州韦恩县的一名男子这样说道：

> 我总是在我家门上挂上一块马蹄铁，把恶灵撵得远远的。我们住的地方离墓地非常近。有段时间我的孩子埃德说他每晚都能看到他哥哥查理出现在他的房

间里。如果他没做错事，就不会看见查理。查理从未骚扰过我！他是我死去的儿子，就埋在我家房前。[43]

所有邪恶的生灵，包括鬼在内，都是生活在黑暗中的居民。美国南方乡村的居民过去常说，夜里在外溜达是种罪，正派的人都会待在家里。人们进行家庭互访或是去商店买东西时，都会确保在“天黑前”完事。奥沙克的家庭主妇极少会在傍晚打扫房子，她们从不会把灰尘直接从大门扫到屋外，因为鬼魂一到天黑就会站在屋外，若是把灰尘扫到它们脸上惹恼它们，那可是很危险的。[44]

众所周知，很久以前死去的人也会拜访当今的美国，尽管这类传闻在美国要比欧洲少得多。历史上比较引人关注的一个闹鬼的地方是密苏里州斯通县的布雷德特雷山。山民会小心翼翼地避开那个地方，他们认为，多个世纪前的一批西班牙人在布雷德特雷山中藏下大量黄金后全部被印第安人所害。一些夜里从山边路过的旅客宣称，他们听到被害士兵的哭泣、呻吟和让人窒息的尖叫声。[45]

与在欧洲一样，美国边远地区的鬼最常出没于人造的地方，这些地方包括荒宅、老磨坊、带顶的桥、乡间小路。鬼也喜欢出没在自然环境中，比如山丘、洞穴、树林。不管是什么地方闹鬼，都会立马给那个地方染上几丝神秘色彩，人们会立马将此地与寻常世界区分开。一个地方要想经常闹鬼，必须靠讲故事的艺术维持，而直到第二次世界大战为止，在许多人家和乡村店铺中，讲故事一直都是一种广受欢迎的消磨时间的方式。对那些厌恶跳舞或打牌的人来说，聚在一起互相交换一些关于超自然的怪谈，几乎是他们唯一的社交娱乐形式。

乡村人是否真的相信他们如此热衷讲述的那些鬼故事呢？很有可能他们确实相信，这里面包含的一条心理学原理可谓众所周知：一个人自己想象中的事情，重复说上足够多次，就会连自己都信以为真。这种自我说服的证据，也可从民族志研究中得到。例如，田纳西州纳什维尔附近
128 的一个社区中的人们，就像美国南方其他地方的人一样，非法酿制玉米威士忌。他们尽力用两种方法来保护他们的蒸馏设备：设立岗哨和散布鬼故事。一些蒸馏器实际上就建在偏僻的家族墓地中，这样做是基于这样一种假设：没人敢在日落后靠近它们。尽管这些非法酿制威士忌的人试图利用他人的迷信心理，但他们自身也并非完全不受这种迷信心理的影响。他们也会成为他们自己所讲鬼故事的受害者。[46] 他们在夜里酿酒时强颜欢笑，但其脸上的表情掩

饰不住内心的提心吊胆。

人类的许多恐惧都来自他人，他人既维持着我们置身的这个世界，又威胁到这个世界的存在。具有毁灭性的自然力量与疾病戴上人类的面具，女巫和鬼是人类对超自然层面恐惧的投射。一个人能躲到哪里去呢？家是抵御外来威胁的避风港，却无法保证一点不发生冲突（家庭成员相互间有着强烈的敌意）。在现今社会，谋杀更常发生的地方并不是街上，而是私人住宅。除了家，乡村也被赋予一种静谧和平的想象色彩。但在后面我们就会看到，这一形象有多么误导人。暴力和恐惧都是乡村生活中常有的部分。家族仇杀、战争、盗匪劫掠、村镇上时常出现的个人间的打架斗殴，都会破坏笼罩在乡村表面的平静。人类雄心勃勃地想要通过建立城市来确立自然秩序和人文秩序，但不论过去还是现在，这一尝试都只能说是取得了部分成功。人口聚集既能取得伟大成就，也为暴力和混乱提供了可乘之机。为了阻止暴力和预防混乱，强有力的统治者和政府创造出了让人恐惧的惩罚景观。 129

# 第十一章　乡村的暴力与恐惧

一个有效率的政府（并不一定是好的政府）的标志是，广阔的乡村和城市是否安宁平和。4世纪早期，一位罗马总督曾对访客夸耀道："你舒适地旅行了一整天，在旅行的地方既不曾被抢，也没被骚扰，更未受到威胁。你也看到了，本地人安然地在地里干活。你路过一座又一座庄园，它们孤零零地坐落在空旷的乡野间，没有任何防御工事（需要的时候地主的奴隶会提供服务）。"[1]

中国唐朝的皇帝，即使在其统治势力衰弱的年代，同样也可以这样夸耀。虽然可以证明这一主张的证据是间接的，却很有说服力。日本僧人圆仁曾在838—847年间一直待在中国。在这期间，他乘船穿江过河，步行官道乡路，游历甚广。从他的日记中可以清晰地看出一幅唐朝盛世的画面。赖世和（Edwin Reischauer）评论道："这幅画面中可能最令人惊讶的部分是它完全没有提及的一些事情。在他经年旅行的那些日子里，从一个城市赶往另一个城市，穿过人烟稀少的偏僻山区和沿海地区，竟然一次都没有遇上强盗或土匪。"[2]这位日本僧人和他的同伴不止一次路过前不久才发生过饥荒的地区，但每次都十分平安，也不用担心会碰上不愉快的事。当一个政府的统治高效而可信时，即使发生饥荒，也不一定就会导致暴力。

通常来说，繁荣与和平总是相伴而生。欧洲乡村有过 130
经济繁荣时期，可能也是它们最安全的时期。佛罗伦萨学者勃鲁奈托·拉蒂尼（Brunetto Latini）曾谈及过去法兰西岛上的庄园，周围到处都是花园、果园，充满乡村独有的宁谧。在接下来的一个世纪中，傅华萨①带着羡慕的口吻生动地描述了富裕的科唐坦地区。这一时期的法国和德国文学喜欢开那些富裕农民的玩笑，说他们有足够的资财媲美上等人，但在一举一动上没法做到像上等人一样。[3]

---

① 傅华萨（Jean Froessart，1337—1405），法国中世纪著名编年史家、神父，著有《编年史》，其著作有别于当时盛行的基督教史学，生动地记述了1326—1400年间骑士时代的西欧社会风情和骑士们行侠仗义、英勇无畏的事迹，以及百年战争的场面。——译注

历史上有一些时期确实像傅华萨所说的那样，“乡村富饶，物产丰盈”，但是这样的时期往往并不能持续多久。富裕的科唐坦没过多久就因战争的爆发而变得一片凄凉。乡村中宁静有序的时期，只是国家和帝国史里一段短暂的插曲。除了战争、瘟疫和饥荒，乡村发生的暴力也并不比城里少。自从浪漫主义时代起，有文化的西方人一直倾向于遗忘乡村地区发生的冲突与暴力，认为乡村生活不仅安全，而且本质上有益健康和美好。看到或听到乡村发生谋杀案，会让我们极为震惊，因为把暴力与由玫瑰花园和牧场组成的田园景色连在一起，看起来是如此不协调。在当今的高速公路和乡间小路上，开车的人一点都不怕会遇上劫匪。只有在车子开进衰败的城市中心时，开车的人才会紧张地锁上车门，唯恐在等红灯时受到袭击。

不过，如果我们采取一种更为宽广的时间跨度来看问题的话，我们很快就会不得不放弃这种关于乡村平和城市混乱的想象。没错，在特定历史时期的一些地方，比如说16世纪的西班牙，城市内部激烈而痛苦的斗争确实会使乡村地区看上去是一片静谧之地。[4]但在其他历史时期，我们所能得到的信息，尽管极少是决定性的，却让我们看到了另一种情形。我们可以想一想中世纪晚期出现的一句谚语："城市的空气让人自由"。它表达了与农奴受到限制的生活相比，城市居民可以享有人身自由与政治自由，它也意味着城市居民可以获得更有保障的人身与财产安全。与孤立无援的农民相比，住在城里的居民较少会害怕土匪流寇的侵害。即使在17世纪德国"三十年战争"时期也依然如此。

历史学家把中世纪的欧洲人描写成情绪不稳定的人：
喜欢冲动行事，大动肝火，紧接着就是夸张地进行报复。
对一位学者来说，13世纪伦敦人一个最鲜明的特点就是他
们"鲁莽使用暴力的能力"。对另一位学者来说，在13世 131
纪晚期英格兰中部乡村社会，人们"预期寿命短暂，各种
形式的死亡时有发生"，"暴力、行贿、腐败是解决人际纷
争的常见方法"。[5] 詹姆斯·吉文（James Given）利用皇
家法官的出巡记录，推算出了当时英国一些郡的凶杀率。
在13世纪，像贝德福和肯特这样边远的乡村郡，每年的杀
人犯罪率高达十万分之二十八。沃威克二十五年间的平均
值是十万分之十九。诺福克的犯罪率最低，二十三年间的
平均值是十万分之九。城市中的凶杀案明显不那么常见。
布里斯托尔1227—1248年间的犯罪率是十万分之四；伦敦
1227年是十万分之八，1276年是十万分之十五。将这些数

字与现代英国甚至是美国的凶杀率相比，可谓令人震惊：自1930年起，英国年均凶杀率一直徘徊在百万分之四左右，而英国曾经的高犯罪率甚至与美国1974年的百万分之九十七相当。[6]

中世纪晚期，不论在城市还是乡村，对人们的生命、身体和财产的最大威胁都来自当地邻里中的他人。暴力和犯罪在每个社区都极为常见。不过，家庭暴力则被人们视为理所当然。人们外出旅行时会有更多的危险意识。他们要应对路上的劫匪。尽管路旁的沟渠或浓密的灌木丛都意味着危险，但某些地点和道路尤为让人恐怖。例如，在怀（Wye）森林边缘的特里姆普利（Trimpley）的茂林狭径上，有一个专抢过路商人的匪帮。林肯、莱切斯特和拉特兰三郡交界处，也是强盗经常出没之地。从抢匪的角度来说，这个地方有两大优点，一是近处有多条路可供逃跑，二是郡界划分不清，三郡治安官都懒得去管。因为商人是主要抢劫对象，所以拦路的强盗也就主要活跃于连接重要集市城镇的路上。例如，位于伦敦和南安普敦繁忙道路上的奥尔顿关口，就因发生多起抢劫案和谋杀案而臭名远扬。[7]

1285年颁布的《温彻斯特法令》中，明令取缔抢劫者
132 的藏身之所。爱德华一世命令公路两旁六十米内一律清空，

这样歹徒就无法再藏身于灌木丛、矮树丛、山洞和沟渠中。只有桦树之类的大树可以保留。清空土地的职责落在地主身上：一旦玩忽职守而在其辖区内又发生抢劫，就会被罚以重金。若是道路穿过一座庄园，贵族庄园主有责任在四周种上树篱或是挖掘壕沟，使得抢匪在袭击前和袭击后不易穿越或藏在里面。[8]

求助贵族地主来对付强盗这一做法多少都具有一些讽刺意味，因为贵族本身就是乡村社会秩序最严重的破坏者，尤其是在14、15这两个世纪。任何社会阶层都有可能出现暴力犯罪行为。贵族和绅士犯重罪的概率并不低于他们之下的阶层。中世纪晚期的人们并没有认识到罪犯不同于守法公民的概念；一个人可能会为追逐利益或复仇而在出现机会时出现犯罪行为，过后又会非常自然地变回维护法律的状态。

地方富豪会为四处游荡的土匪提供领导和制服：这两个阶层有时会发现，相互合作对双方都有利。一个富豪身边若是有一群穿制服的强盗，就会觉得自己可以凌驾于法律之上。他会向其对手挑起战斗，在最后的决战中召集数千名支持者。权贵的追随者则可能会打着主子的旗号横行乡间。与平常的拦路抢劫者相比，穿制服的帮伙更有组织，更有恃无恐，从而也更具破坏性。这种混乱的一个持久见证就是11世纪起修建的大量城堡。这些城堡的废墟在今天看来很有几分浪漫色彩。但我们不要忘记，城堡生活的不舒服和不方便，是富豪及其追随者在暴力环境中追寻安全必须付出的代价。到14世纪，英国的城堡多不胜数，单在肯特郡就有约四十座。[9]

中世纪英国在欧洲以其高犯罪率而广为人知。这一不好的名声一直延续到整个都铎王朝。1500年左右，一位意大利访问者宣称："世界上没有哪个国家的强盗和小偷能比英国多，这里的强盗和小偷是如此之多，以致除了白天，极少有人敢独自在乡村走动，入夜后则更少有人敢独自在城里走动。"[10] 17世纪第一个十年间，游历颇多的查洛纳爵士（Sir Thomas Chaloner）断言，经济萧条使得"英国一年绞死
133 的人要比欧洲大部分地区多年里处死的人还要多"。

城市里人口混杂，物品丰富，为盗窃提供了大量机会。与在乡下相比，偷盗私人财物在大城市里要更为常见；但在针对人而进行的暴力犯罪上则不存在城乡差异，有时甚至还会反过来。伊丽莎白女王统治时期，位于乡村地区的萨塞克斯郡的谋杀和过失杀人率（十万分之十四），要比已经受到伦敦商业影响的埃塞克斯郡整整高出一倍。[11]

英国是欧洲的前哨。这一时期欧洲大陆的情况又是什么样的呢？有关地中海世界的情况，我们可以依靠历史学家费尔南·布罗代尔（Fernand Braudel）的权威调查①。16世纪末期，地中海沿岸国家的贫穷和争斗状况急剧上升，进入17世纪，这一情形变得更加明显。在这一时期，就像布罗代尔指出的那样，“混乱每年甚至每天都在爆发，以致交通事故都不再能引起人们的注意”。现今的历史学家发觉很难去给这种混乱进行分类和解释。它们是革命、叛乱、仇杀、袭击、绝望者无组织的抢夺和谋杀，还是人与人之间的原始争斗？不论怎样分类，它们爆发的广泛性和经常性都表明社会极不安全，在这样的社会中，暴力、受伤和突然死亡成为一个长久不变的特征。不管其他的解释是什么，一个根本原因就是贫穷——与富裕和权力相伴而行的让人绝望的贫穷。

贫穷会滋生出游民、乞丐、窃贼、杀人犯和强盗。一位16世纪的作家相信，单在西班牙，这类人就有不下十五万。[12]这些不受欢迎的人涌入城市，但又会被定期逐出城门，转去祸害乡下。一个威尼斯人报告说，1586年7月，在萨拉戈萨附近，

①《参考菲利浦二世时代的地中海和地中海世界》。——译注

> 人们必须冒着炽热和被人割喉的危险赶路，那一带的强盗多如牛毛，这一切全因瓦伦西亚王国规定所有流浪者必须在规定期限内离开，否则就会受到重罚；一些人去了阿拉贡，一些人去了加泰罗尼亚。这是白天出门带保镖的另一理由！

在地中海世界，没有一个地区能够免遭盗贼的祸害。
134 它随时随地都有可能发生：在亚历山大和大马士革的城门前；在那不勒斯周围的乡下（那不勒斯建有瞭望塔，可以提前预警强盗的到来）；在罗马平原上（那里的当权者有时会火烧灌木丛，用烟把强盗从其藏身之处熏出来）；在土耳其帝国的主干道上，被绞死的亡命之徒数量众多。在西班牙，连接萨拉戈萨与巴塞罗那的道路（帝国大动脉之一）相当危险。贵族出行都会带上武装的车队，官方信差亦常被抢甚至无法通过。在加泰罗尼亚，就像在罗纳河谷下游，所有的农场都建有防御工事。

国家权威薄弱的山区和边界区，是土匪的主要根据地，例如，威尼斯与土耳其之间的达尔马提亚高地、匈牙利广阔的边界区域、靠近法国边界的比利牛斯山、卡拉布里亚崎岖的山地。强盗几乎公然地统治着卡拉布里亚和阿普利亚的大片地区。旅行者想要避开强盗而冒险改走海路，则有落入海盗手里的危险。一般来说，意大利因为邦国林立而成为土匪的天堂。一旦老巢不保，他们很容易逃入邻邦。

与英国贵族一样，欧洲大陆的贵族也常教唆或积极指导强盗的活动。加泰罗尼亚贵族与比利牛斯山土匪之间、西西里贵族与意大利南部的强盗之间、教皇国的显贵与罗马四周的强盗之间都有勾结。这些贵族通常都是不名一文的庶子，或是失去财富的投机者。

土匪会犯下各种各样的暴行。他们劫掠土地，残杀旅人，摧毁庄稼和牲畜，烧毁房屋，强奸妇女，绑架勒索，亵渎教堂。山上的土匪会奴役平原上富有的农民。每次出现“土匪来了”的谣言，都会在农民中间引起极大的恐慌。土匪一旦被抓，便会受到严惩。1585年9月底发布的一份官方报告中淡淡地指出：“今年在罗马，我们在圣天使桥上看到的强盗人头，比菜市场上的甜瓜都要多。”[13]

进入17世纪，由地方贵族煽动和领导的劫掠及乡间暴力仍然盛行于欧洲较贫穷的地区，例如法国西南部贫瘠的阿基坦盆地。这一地区在路易十三统治时期以其无法无天而臭名远扬。1628—1644年间，这里周期性地发生暴动甚 135
至农民战争。农村贵族、乡绅和世家大族的暴行使得这里尸横遍野。没有人，也没有财产是安全的。1640年7月，苏迪斯侯爵在给黎塞留公爵的信中写道："大部分贵族都不把理性和正义当回事，他们只相信强权和暴力。"[14]

当我们把目光转到18世纪，我们看到，英、法两国富裕的乡村地区已经换上了一副笑颜，遮掩了早期的流血冲突和恐惧给人带来的阴影。对绅士阶层来说，就连充满野性的自然也开始显出崇高，成为激发灵感的一个来源，而不是人们极力想要避免的一个让人恐惧的存在；才华横溢的园艺设计师开始把乡村地产变成田园艺术作品。作为对比，城市则显得过于拥挤，犯罪现象猖獗，混乱不堪，肮脏污浊。从文学作品中可以得到的证据来看，这种城乡对比一直（直到今天）也仍是一种极为常见的看法。

不过，我们也可以换个角度来看问题。我们可能会问：城里人眼中的18世纪乡村又是什么样的呢？对一个伦敦绅士来说，乡村可能看上去很有吸引力，却难以靠近。那时伦敦还没有四下绵延的近郊区。城市周边极少有什么吸引力。伦敦连接外面道路的相邻地区满是积水，垃圾、猪粪随处可见。无数头猪都以这里为家。大批砖窑环绕着伦敦大部分地区，流民、小偷和拦路贼就在窑里居住、睡觉、做饭。[15]

伦敦与外部相连的道路都在不同程度上遭受过土匪的掠夺。大北路和埃平森林是大盗迪克·特平（Dick Turpin）等著名土匪活动的地盘。其他地方，许多知名或不知名的土匪群则频繁袭击一些未开垦的荒地和公地，例如毫恩斯洛、巴沙特、温布尔登、汉普顿、哈顿、哈灵顿、旺兹沃斯和芬奇利等，所有这些地方过去都长满了荆雀花和灯心草。[16]能够平安无事地通过这些地区，不只会让人感到吃惊，还会让人觉得值得庆贺。1774年秋，首相诺斯勋爵（Lord North）在给朋友的一封信中写道："如我所料，昨夜我被打劫了。"英国作家贺拉斯·沃波尔（Horace Walpole）则抱怨说，一个人"现在不得不在中午赶路，就像要去打仗一样……这个国家怎么会变得如此糟糕"？[17]乡村宅院 136
（有大铁门和武装守卫保卫时）无疑是和平美好的避风港，但连接它们彼此间的道路，或是连接它们与首都的道路，尤其是在通过荒野和森林地段时，却会让人心慌不已。马车会陷进泥地吗？轮轴承受得了下一次猛烈的颠簸吗？藏在下一个灌木丛里的人又会是谁呢？

我们再来看看巴黎，我们发现这里的旅客有着相似的忧虑与恐惧。18世纪晚期，一圈森林和树丛部分地包裹着巴黎。在18世纪60年代和70年代绘制的地图上，森

林被涂上一层令人愉悦的墨绿色。然而，理查德·柯布（Richard Cobb）写道，

> 事实上，这些惯用的颜色并不能让人放心，真实情况与之毫不相干：冬天，林间树枝嘎吱作响，就像在发出警报；夏天则形成厚厚的遮蔽层……谨小慎微的旅客在走过或驱车路过时也会喜欢结伴而行；走在路上，他们几乎可以感觉到有什么人正在灌木丛和树丛后紧盯着他们的一举一动。这些道路上会发生什么事实属意料之中，因为那里是森林的脆弱边界；制图者使用的美丽颜色丝毫没有告诉我们……那里有野猪和狼出没……有被咬断手脚、吞食一半的尸体躺在灌木丛中，有时距离国王的御道不过几步远。

森林中也埋伏着人类的掠夺者。出现这一情况最早的地区之一是布洛涅森林。“许多贫穷的巴黎女摊贩在从凡尔赛赶集回来的途中，在黄昏时分踏上这最后一程时都会遭到抢劫，更常发生的则是被奸杀。”[18]

拦路抢劫者和土匪的存在，可能会使乡村地区看上去有些凶险。尽管这些人中最有名的（比如大盗迪克·特平）

是在城里长大的，但多数土匪都生在乡村，他们先前的职业是农场帮工、日薪工人或畜牧工。[19]当地农民极少会变身强盗，除非是受到极端的剥削和压迫。不过，他们对暴力并不陌生。在18世纪的法国，极少有城里人认为农民爱好和平。事实上，巴黎人认为巴黎周边的村民或多或少像野蛮人和食人族，天生就比较肮脏、残忍和嗜血。支持这种看法的证据可谓多种多样。村民极少能容忍与自己不同的风俗习惯；他们很讨厌被冒犯并很容易动粗。 137

> 一名士兵因为无意间触犯了村里的习俗，拒绝喝下一位村民递给他的一杯未喝完的酒，从而被打死……一个十五岁的少年因为没能听懂村民对他说的话而被刺死。[20]

在18世纪，法国某些乡村地区，比如里昂，经常发生群体暴乱。这些暴乱有些是由家族恩怨引起的，有些是人们不满税吏或领主权所致；其他的一些暴乱则像一种定期出现的活动，毫无道理可言。[21]

促成（甚至助长）这类暴力事件（尤其是那些间歇出现的暴力事件）的一个因素是，农场帮工的空闲时间增多。

英国年轻劳工的空闲时间比他们的法国同伴少很多，前者将其剩余精力主要花在一些运动上；而一个年轻的法国农场帮工每年依法享有六十或七十天假期。他会怎样利用这些假期呢？他会在半仪式化的冲突中来寻求放松。在宗教节日时，一群农工可能会走八到十五里赶到另一个村庄，不为别的，只为去找那里的另一群农工闹事。他们拳脚相加，相互撕扯。这种类型的冲突在不同教区和村庄间极为常见。社会普遍认为，这种冲突是年轻人解决恩怨的一种方法。通常来说，乡下的穷人都会不假思索地辱骂他人和使用暴力。母牛吃了别人家的草、山羊走失、滥用池塘或溪水所引发的不是诉讼，而是打斗和威胁。涉事的两家会成为死敌。赫夫顿在其最近进行的一项研究中指出：

> 家庭主妇在街上、菜市场或洗衣房等公开场合打群架。织袜工在门口工作时，为了缓解工作的单调乏味，每当看到有名声不好的女人或是他们不喜欢的人走过，就会出言辱骂。山腰上孤独的牧羊人，不是跟几个同伴激烈争吵几个小时，就是殴打路过的单身旅人，他们这样做并不是想要抢劫，而是因为他们天生
> 138 就有一种暴力倾向。[22]

这样的乡村生活景象，无疑会动摇我们内心深处对静谧乡村的美好想象。可是如果我们能够认真思索一下的话，就会明白，务农生活（没有了文明的缓冲作用和诡辩）必然经常都是艰辛而残酷的。乡村生活与暴力紧密相连。农场经常是一个屠宰的地方。尽管哀悼动物的命运有些过于多愁善感，但是仍然需要宰杀家畜，这是农民共有的一种体验——对此城里人则会因为觉得厌恶而转过头。有人可能会好奇：常年的辛苦劳作，加上宰杀家畜的必要性，是否会让农场工人对自己、他人及动物遭受的痛苦变得麻木不仁。理查德·杰弗里斯（Richard Jefferies）在1874年评论说，农场劳工管教孩子的方式“相当暴力”，对他们照看的牛群同样是“无动于衷的残忍”。[23] 罗纳德·布莱斯（Ronald Blythe）在1960年代的报告中说，萨福克农场里的年轻人觉得杀生没什么大不了。他们认为杀生是对的，这种态度会让城里的同龄人震惊不已。“他们都有几分残忍的性格。他们杀死动物的方式，会让普通的城市少年甚为不安……他们对死亡与对出生一样熟悉。在他们看来，过一种杀生的生活是再合理不过的。”[24]

暴力倾向和随时准备杀人一直都是美国边疆传统的一部分。在美国的平原区和森林区，独立的门户和小群体时时觉得他们必须把法律掌握在自己手中。他们依靠枪械和自发组成的义务警员群体来保护他们的财产，保护他们坚持的、可能会受到外来者威胁的信念和习俗。美国南方一些小城镇要比一些大城市更可能出现私刑。

尽管对乡村地区的犯罪和流血事件有所意识，美国人仍然倾向于给他们过去的乡村涂抹上一层浪漫色彩。“犯罪”的代名词就是城市。一般人都相信，随着19世纪城市的快速发展，全国犯罪率也在飞涨。但是有关这一趋势的证据充其量也是模糊不清的。罗杰·莱恩（Roger Lane）指出，1835—1900年间，在马萨诸塞州，在城市人口激增之际，犯重罪的比率实际是在下降的。1835年，马萨诸塞州81%的人口都是农村的，前工业化时期出生的本地人占绝对优势。没有一个城镇有警察；尽管马萨诸塞州的乡村地区几乎不构成边疆社会，但居住在这里的人们更喜欢自由
139 自在，而不是遵纪守法。1900年，这里的人口翻了四番，76%是城市人口。“不论好坏，与先辈相比，人们进城带来了一个更易驾驭、更‘文明’、更社会化的世代。在一个随意的、自食其力的社会里能够容忍的事情，放在聚在一起的人群里就无法让人接受……所有城市和许多镇上都有了警察。”[25]

农村人既能体验到大自然粗野的一面，也能体验到它柔和的一面。粗野的一面极少在乡村风景的地理素描中得到体现，除了在开拓边疆的作品里。我们经常看到的都是春夏温暖的调色板，或是诗意的秋天，而不是荒凉、让人不舒服的灰色的冬天。夏天与冬天是两个不同的世界，生活在中高纬度的农民都知道这一点。理查德·杰弗里斯在1874年写道：

> 夏日暖阳会给［英国农场工人小屋］的简陋墙壁、破败屋顶和爬满常春藤的窗户罩上一层迷人的金光；然而，一到冬天，寒风凛冽，雨水缠绵，所有这一切都发生了变化。一旦落叶飘零，树丛就会变成最薄、最凄凉的遮蔽处。雨水顺着屋顶的洞孔滴下来，地面又湿又黏。寒风钻过密封不严的窗缝和门缝，带入无边的寒气。[26]

对阿巴拉契亚山区与世隔绝的小群体来说，一到冬天他们就会处于一种被围困的状态。一个孩子告诉罗伯特·科尔斯（Robert Coles）：20世纪60年代，“冬天是一年里最糟的时候，气候恶劣，食物短缺，所以我们无法上学。我们像动物一样冬眠。我们躲在小屋里不出门”。那些人家的妈妈会向孩子们解释躲藏的原因：“孩子们，我们之所以躲起来，是因为不这样我们就会死去。我们会被冻死或饿死，我们的食物只够维持我们安静不动时的身体。有时就连维持生存的食物都不够。”[27]

对富裕的美国农民来说，他们住在结实的房子里，冬天并不会带来很多困难。干旱或多雨可能会减少他们的一些收入，却不会危及家人的生命。对其生命和身体的威胁来自别的地方。在现代机械化农场工作会让人感觉非常孤单，而且也是比较危险的一件事。器械是导致农场意外死亡的主因，独自作业又加剧了这个危险，因为发生意外时，人们无法及时得到救助。就像詹姆斯·迪基（James Dickey）在小说《解救》（*Deliverance*）里所描写的那样：“用手工作有着
140 意想不到的危险，在清新的空气和明媚的阳光下……假如一只手臂不幸被机器夹住，在空旷的田野里，什么事也不会发生，有的只是炎热的阳光下一个人张着嘴痛苦地尖叫。”[28]整个20世纪50年代，国家安全委员会收集的数据显示，农场作业是一项危险职业，其负伤率仅次于建筑、采矿、制造业。同一时期，加州的务农负伤率则排在第三，而不是第四。[29]

我们已经看到，农村有着不同种类的暴力。从耕种者的角度来看，最令人负担沉重的可能一直都是地主和田主犯下的罪行。过去的农民生活在焦虑中，担心自己可能会失去土地和特定的残余权力，比如在公地上放牧。没有土地的农场工人没有丝毫工作保障：如果夏天雨水过多，收成受损，无须这么多人手，他们就会被解雇。他们也可能会因农场主的一时兴起而被解雇。失去工作，也就意味着与工作挂钩的低价租来的农舍也将失去。

不过，乡村的压迫并非随处可见，也极少留下任何持久的影响。这里我们不妨想一想英国的圈地运动，它带来了更高的农业生产力，和我们称赞不已的齐整的、用篱笆围起的田地。表面上，这是一个成功的故事。实际上，其背后隐藏着许多关于贫困和恐惧的故事，历史并未留下相关记述，它们早已随风而去，因为它们主要刻印在那些流离失所的人容易腐烂的躯体和内心里。

都铎王朝时期，随着可耕地被篱笆围起来，从而变成牧场，一种常见的哀叹是："土地养的是羊而不是人。"[30] 1536年和1549年发生了暴动，1554年和1569年再次发生暴动，1596年牛津郡发生圈地暴动。1609年，英格兰中部农民不满现状而进行武装反抗。18世纪的圈地运动较少影响到耕地，故对农村人口的影响（把人逐出土地）不太严重。即使这样，小农数量也开始减少，农场工人也发现，随着新的社会及经济阶层的出现，农业群体开始瓦解，他们想靠勤俭节约、辛苦工作、理想婚姻来改善自己生活的希望也在瓦解。[31]

141 即使在20世纪早期，压迫、焦虑和恐惧仍是农场工人的日常负担。布莱斯关于萨福克村的研究，展现了一幅让人震惊的景象。一个上了年纪的农场工人回忆起20世纪20年代的情形时说道：

> 今天你可能会被当成人来看，过去可不是这样……那时别人要你干什么就得干什么。很多事情都让我们害怕。就连天气都让我们害怕！今天，不论天好天坏，农场工人都按周领薪。而我们那时，天一不好就被送回家。我们生怕下雨，因为它会把我们那点微薄的工钱全给冲走。[32]

美国以农业发达而自豪。美国人并不是通过农产品统计数字，而更多是通过亲眼所见来意识到其农产品的丰富性，比如中西部的农场和玉米田、平原的牛群、得克萨斯州和加州的农业机械；不过，最重要的证据还是超市里琳琅满目的新鲜蔬菜和水果。

谁在采摘这些蔬菜和水果？这些工作是由南方比较贫穷的地方及墨西哥、波多黎各约二百万流动的工人完成的。每年随着农作物成熟，他们都会沿着不同的道路涌入北方。没有他们的挥汗劳作，也就不会有我们餐桌上的葡萄柚或沙拉。可是当我们驱车从纽约到加州，从达拉斯到明尼阿波利斯时，却不会看到任何流动工人的营地，我们也不可能通过最详细的地形图来确认他们的存在。流动工人和他们栖身的简陋小屋是看不见的。美国中产阶级想要的就是这种效果。只有开车进入小路，仔细搜索一番，才会看到一排排小木屋。外来者的好奇心很容易被“不得擅自入内”的告示牌和持枪警卫所打消。[33]

流动工人由工头（小组负责人）招募和监督，工头软硬兼施，用恐吓和利诱来控制流动工人。罗伯特·科尔斯报告说：工头背后“站着一支武装守卫，由各种各样的私人卫兵、雇来的人、监工、工头、巡逻员等组成，这些人通常则依赖于郡治安官和副治安官”。对种植者及其雇用的武装守卫来说，流动工人就是动物，最多不过是些孩子，必须对其进行不间断的监控和管教。就像一名守卫告诉科尔斯的那样：

> 在小屋中，流动工人过着猪一样的生活。东西随处乱扔。当他们不像猪的时候，他们就会变成野兽，拆毁
> 142 我们为他们建造的一切。一到下地干活他们就变得懒散无比……［到了晚上，他们］想喝酒，如果不能让他们老老实实待在屋里，他们就会迷路，彻底消失。他们中有许多人都会被杀。他们一喝酒就会开始打架。[34]

对流动工人来说，因为无力掌控自己的生活，他们心中就会不断生出许多焦虑和恐惧。不论男女，流动工人在上路时都被许诺“有好多东西都在等着采摘”，但等他们到达那里，农作物是否都已成熟了呢？事情通常不会像事先许诺的那样。他们必须干等上一两个星期，往往要用第一笔工钱来偿还在此期间因为没活干而欠工头的那笔伙食费。当他们坐在拥挤不堪、容易发生事故的卡车，离家越来越远时，他们会做些什么？为什么他们会置身这片陌生之地，被卫兵责骂？他们能否拿到事先说好的工钱？如果拿不到他们又能怎么办？万一他们在此期间生了病又会怎样？[35]

汤姆还是个孩子时就当上了流动工人，他为科尔斯勾画了一幅流动工人的生活画面。阴暗的天空下是一片混乱的田野以及一道黑色的栅栏，一些看不清面目的黑色人影

在外看守。对汤姆这样的孩子来说，田野和道路既充满恐惧，又充满希望。汤姆解释说：

> 如果农场真的很差劲，你可以夜里悄悄溜走。那些守卫很快就会睡着，不等他们醒来你就已经上路了，你有可能找到一个更好的地方。这也是为什么你必须时刻盯着路，当你离开田地附近的小屋时，你早该想好自己要去的地方。[36]

这路可能会使人得到一份工作。它意味着一个新的机会，但对流动工人来说，它更多的是一种束缚的象征，而不是自由的象征。流动工人必须不停地赶路。警察可以确保他们做到这一点。汤姆说："要是警察看见你坐在路边，他们就会把你抓走。他们不会轻易放人，除非你向他们保证走得远远的，这辈子都不回来。"

孩子们对乡村有一种说不清的情感。对他们和他们的父母来说，田野是一个工作的地方：它意味着可以赚到一些钱，却也是一项让人累得腰酸背疼的工作。在拥挤的卡车上经过漫长的封闭之后，路边的田野本该是一个可以让人休息和玩耍的地方。但在现实生活中，它很可能变成一个诱人的陷阱。

> 有一回可真把我给吓坏了，其他人也都吓坏了。我们沿着一条我们认为很安全的路走了很久，看到一个小池塘，我们便跳入水中去玩……然后不知从哪儿突然冒出一个人来。他说我们都不是好人，要把我们
> 143 抓走，让我们坐一辈子牢。[37]

乡村几乎总是散发着一种纯真的气息。就连那些废弃的小村庄，看上去也像一幅美丽的图画。当我们驱车行进在乡间，透过车窗碰巧看到大人和小孩弯着腰在地里采摘西红柿时，我们的第一反应更有可能是“户外劳作有益健康”，而不是“压迫、痛苦和恐惧”。就像雷蒙德·威廉姆斯（Raymond Williams）在其关于英国乡村和城市的研究中所提醒我们的那样，痛苦没有在乡村留下印痕。对乡村的开发过程一直“融入风景中”。而正是在城市中才出现了引人注意的法庭、金融市场、政治权力和炫富行为。[38]城市在许多方面都可以算是人类迄今所取得的最高成就，同
144 时也是人类贪欲和罪恶的一个里程碑。

# 第十二章　城市里的恐惧

城市展现了人类最大的雄心：想要在城市建筑上及城市里的社会纽带上同时实现完美的有序与和谐。不论在哪里，我们都能发现，凡是城市化独立出现的地方，其前身往往是一个有声望的仪式中心，而不是乡村。[1]城市最早也是最本质的功能，就是成为一个鲜明的宇宙秩序的符号，因而它那些有着简单几何形状设计的城墙和街道，经常指向基点方位和它的雄伟的纪念碑。与追求完美自然这一渴求相一致的，是期盼一个稳定和谐的社会。

在古代，人们看到天国中存在一种稳定性和可预测性，这是他们在地上所找不到的。例如，古希腊人明确地区分了月亮轨道上方为有序的自然界，月亮轨道下方为无序的自然界，这一区分得到中世纪欧洲思想家的支持。在其他地方，这两个自然界之间的不同，至少也是得到了人们的默认。巴比伦或中国的天文学家都观察到，天上的北极星固定不动，其他星宿的移动则很有规律，太阳每天的及季节性的运转尤其如此。不过，越是靠近地面，自然界看上去就显得越不确定，越是复杂。谁能预知天气，或是辨识出山丘、河谷和流水中存在的一个理性模式？谁能掌控人和动物的行为？人类始终都害怕混乱无序。为了遏制可能出现的潜在的混乱无序，美索不达米亚、近东、印度和古代的中国，建造了一些可以反映天界规律性的仪式中心和几何状城市。

在国王和统治者眼中，最符合这类宇宙城市的社会秩
145 序是等级制的。高高在上的是父亲般的统治者，以及由他的祭司和朝臣等构成的朝廷，最底层的是忠诚勤劳的百姓，主要从事农业活动。在土地上劳作非常符合有秩序的宇宙规律，因为农民顺应季节变化，意识到他们处在日月星辰的影响下。宫廷天文学家宣称在解读天象图表方面有特殊能力，所以他们的部分职责就是制作日历，裨益农民。[2]在国都举行的仪式被认为涉及整个世界，而不仅仅是那些生活在城墙里的人。伟大的统治者自己，作为天与地之间

的调解者，可能会参与季节性的祭拜仪式。

不论在什么地方，一种完美的秩序与社会的秩序，极少能持续存在数十年以上。它的持续存在依赖于武力，即用严刑峻法来约束或管制人们的行为。不过，武力的使用是无效的。杀戮过多，会扼杀城市的生命力，让它衰退为一个仅剩雄伟纪念碑的仪式中心。杀戮过少，则会持续涌入大量来从事经济和商业活动的人口，他们的出现不可避免地会打乱理想的秩序。

有权势的统治者，有时会设法将从事非农职业的人限定在几何形状城市的某些区域，或是将其限制在城外市场。尽管有这些措施，但是过不了多少年，世俗的市郊就会淹没城市的核心区。这些市郊满是极富异质性的人员，不受日常政府控制，经常会危及等级制的、帝国的秩序的意识形态。作为手工艺人、小贩和商人，他们看上去都是无根的——他们不受土地束缚或四季自然循环的牵绊。容纳他们生活并从事商业活动的环境，由一些简陋的房子、店铺和曲折的街巷构成，要多乱有多乱，与城市中心的井然有序、安宁平和、富丽堂皇形成鲜明对比。不论一个城市随着时间推移可能发生多大的改变，一种理想与现实之间的冲突始终都会存在：人们渴望一个强加的社会-美学的秩序，但又生活在一个不断变化而混乱不堪的世界中。

极具讽刺意味的是，城市经常看上去像是一个让人恐惧的地方。建造城市原本是为了矫正自然界中明显存在的混乱和混沌，但结果城市自身却变成一个让人迷失方向的物质环境，在这一环境中，廉价公寓突然倒塌、火灾爆发、
146 交通混乱，都会危及人们的生命安全。每条街道和每栋建筑（实际上包括建造它们所使用的砖块和石头在内），尽管都是规划和思考的产物，结果却可能成了一个巨大的、无序的、错综复杂的迷宫。

下面我们来看一些作为一种自然环境的城市里的混乱无序的表现，我们首先来看一下噪声。在乡村，除非一个人生活在大瀑布旁，否则噪声并不是一个问题。不管在什么情况下，人类都能适应并接受大自然的声音，从海浪声到蟋蟀声，并认为它们是宁静的。城里的噪声则是另一回事。对初入城市者来说，城里刺耳的嘈杂声，可能是一种会让他们感到不知所措和害怕的体验。噪声是种听觉混乱，大多数人都能更好地忍受视觉混乱而不是听觉混乱，因为声音会比视觉更多更深地影响人的情绪。[3] 随着待在城里的时间慢慢变长，一个人也会慢慢习惯容忍噪声，噪声也不再让人害怕。但是噪声仍会让人感到紧张和焦虑——这

两者仍是提醒人们意识到“有混乱存在”的事物。

噪声并不是现代城市最让人难受的缺陷。传统城市商业区的噪声有时要更为刺耳。事实上，对城市噪声的抱怨，从古时候起就一直有被记载。罗马帝国的市民可以在四十多个公园和花园中找到美丽宁静的地方。但在街道上，占据主导地位的则是一派热烈的生气，让人喘不过气来的摩肩接踵，地狱般的喧嚣。不计其数正在营业的商贩应该对这种热闹和混乱负大部分责任。罗马帝国的讽刺诗人曾指出他们所用工具的节奏、辛苦奔波、大声叫骂。好不容易夜幕降临，但是夜晚的到来并未给人带来宁静，因为那正是运货马车可以合法进城的时间。朱文纳尔曾说，罗马城夜里的车马声让罗马人患上了永恒的失眠症——这话可能并未夸大事实。[4]

繁荣的中世纪城镇，到处都可以听到钟声和熙攘人群的声音。钟声昭告着一天的开始和结束，教堂钟声几乎从不间断。人们的叫喊声随处可闻。天刚破晓，街头公告员（crier）就会大声宣布“澡堂开门，水已烧热”，跟着就是其他人吆喝叫卖货物——鱼、肉、蜂蜜、洋葱、乳酪、旧衣服、鲜花、胡椒粉及其他物品。寻找施舍的乞丐和托钵修士随处可见。公众信使则大声宣布某人过世和其他各种最新新闻。[5]

进入18世纪，钟声渐少，街头叫卖声却不断增加，由
147 此制造出更多的噪声。1711年，约瑟夫·艾迪生（Joseph Addison）抱怨道：

> 卖牛奶者常用高八度音叫卖，声音尖得能让人牙齿打战。烟囱清扫工的吆喝声则没个定准，有时是深沉的低音，有时是刺耳的高音……在卖小煤块的小贩身上同样可以观察到这一情形，至于卖碎玻璃或砖灰的小贩就更不用说了。[6]

伦敦小商店的店主依然保留了这一古代习俗，他们会让一名学徒站在门口吆喝以招揽顾客。就连私人住宅区的街道也无法逃避这样的销售技巧。叫卖各种服务和物品的小贩络绎不绝地你方唱罢我又登场。

在中世纪的城镇，就像在19世纪的城市里一样，不同社会阶层和不同职业的人们住得非常近；尽管他们对噪声和混乱有着比我们现在还高的容忍力，但他们也会有忍无可忍的时候。人们可以读到，在中世纪的日耳曼地区，有个学生因为受不了住在他家的铁匠整天敲敲打打，将其告

上法庭，法庭准许将铁匠赶走；另一名学生则控告住在他家的织布工老是噪声不断，于是请求让他换地，但法庭并未判其胜诉。在耶拿，“一个制桶工习惯每天午夜起床干活，发出的噪声大到让他的邻居长期失眠，健康受损”。[7]在18世纪的巴黎，马车和摊贩制造的噪声害得谁也无法安眠，除非是到后半夜。

18世纪有轮交通工具的快速增加，是震耳欲聋的噪声一个主要的新来源。在美洲殖民地，宁静的乡间与吵闹的城市之间截然相反的对比给旅行者留下深刻印象。例如，费城以马车多、喧闹，尤其是市场街北边让人害怕的混乱交通而闻名。1763年7月的一天，博物学家詹姆斯·杨（James Young）进入费城，直到发现自己“陷入篷车、运货马车、市场人流和滚滚灰尘中”，他才意识到这里的交通是如此混乱。住在第二街的一名医学生给家里写信，强烈谴责这里的“四轮马车、轻便马车、篷车、运货马车的声响像打雷一样，几乎毫不停歇地撞击着我们的耳朵”[8]。

1771年，伦敦有一千辆出租马车。这些马车一开始都非常笨重，有着带孔的铁窗；车轮碾过鹅卵石铺砌的街道，发出让人痛苦不堪的声响。[9]店主们强烈抗议，却毫无作用。一百年后，交通噪声更加严重；不仅马车数量增多，而且沉重的车轮还没有被橡胶车轮所取代，仍在铺着石块148 的街道上发出烦人的声响。据斯蒂芬·柯勒律治（Stephen Coleridge）回忆："在摄政公园或海德公园中央，一个人可以听到四周都是交通工具发出的轰鸣声；牛津街上任何一家商店只要店门敞开，人们就算面对面交谈也听不清对方说话，除非把门关上。"[10]

传统上，更多是穷人而非中上阶层的人一直在忍受噪声的折磨。但与穷人必须面对的另一个威胁相比，噪声只能算是一个很小的危害。建造房屋本为给人提供庇护，但是那些豆腐渣建筑也会要人的命。廉租房被草草建成供穷人租住，或者穷人会搬进一些破败不堪的老房子。尽管今天仍有这样的事情发生，但我们却极少听说哪栋楼会无缘无故整个垮掉——至少在西方社会中没有。不过，过去则未必是这样。杰洛米·卡尔科皮诺（Jerome Carcopino）在写到帝国时代的罗马城时指出："城里经常可以听到房屋倒塌的声音，或是被拆毁以防倒塌的声音。"[11]朱文纳尔则将房屋容易倒塌的责任，都归到了那些不讲道德、利欲熏心的房东身上。

> 在提沃利高地［罗马度夏胜地］，或是在像加比这

> 样的小镇，谁会害怕自己住的房子倒塌？但是罗马的房子则是用烟囱般细长和火柴棍般瘦小的东西来支撑，因此，对房东来说，修一下旧柱子，补一下破墙壁很便宜，然后告诉房客可以安心睡觉，尽管实际上房客头上的屋梁正在腐烂。[12]

在中世纪晚期和文艺复兴时代，高层房屋大都上重下轻，很不稳定。上层向外凸出，底楼店面因为悬挂沉重的金属招牌而导致整栋房子向外倾斜，十分危险。随着承重柱梁开始朽烂，墙壁就会出现裂痕。在18世纪的伦敦，破旧衰败的房屋出现倒塌的情况极为常见，以至于人们觉得房屋倒塌是非常正常的。多萝西·乔治（Dorothy George）写道：

> 对萨缪尔·约翰逊（Samuel Johnson）来说，1738年的伦敦是一个“倒塌的房子像打雷般炸响在你头上”的地方。1718年，当一个报信者跑入伦敦一家小酒馆表示有紧急情况要告诉大家时，人们在那一瞬间都会感到屋子马上就要塌了……新房或盖到一半的房子倒塌，是18世纪报纸上常见的新闻。[13]

狄更斯在《荒凉山庄》中描述了伦敦最糟糕的贫民窟之一“托姆独院”：

> 最近，在“托姆独院”这个地方，已经发生过两
> 149 次犹如地雷爆炸的事故：先是一阵轰隆轰隆的巨响，接着是尘土飞扬。这些事故一发生，报纸上总能找到一小则新闻，而附近的医院也总要收容一两个伤亡的人。尽管那里的墙壁有裂口，那些破房子在穷人的心目中也还是了不起的住处。因为还有几间房子就快要倒塌，下一次“托姆独院”那个轰隆巨响就可能非常惊人了。①[14]

一座城市可能会夸耀自己拥有漂亮的建筑和方正的广场，然而其整体效果仍可能显得杂乱无序。奥古斯都和图拉真时代的罗马有其威严高贵和整齐规则的空间，但与此形成鲜明对照的景象是，顺着陡峭的“罗马七丘”蜿蜒往下，周边尽是杂乱而立的房子和七弯八扭的阴暗窄巷。在没有月亮的晚上，街上伸手不见五指。谨小慎微的市民都

---

①［英］狄更斯著，黄邦杰等译：《荒凉山庄》，上海译文出版社，1979年版，上册第16章，第288页。——译注

会待在屋中。赴宴晚归的微醉行人，即使能够顺利避开小偷和强盗，也有迷路的危险。佩特罗尼乌斯（Petronius）描述过夜晚的罗马城：

> 我们拖着被街上到处散落的陶器碎片扎破的双脚，在街上磕磕绊绊走了快一个小时，最后得救全靠吉顿（Giton）非凡的先见之明。因为害怕白天也会迷路，这个孩子事先用白粉笔在我们沿途经过的每根柱子和壁柱上都涂上记号，因此虽然现在一片漆黑，白粉笔记号发出的微光却足以让我们走在回家的路上。[15]

中世纪晚期城镇的房屋和巷道混杂在一起这一点经常受到指责。在利兹，临街的房子和商店后面过去都留有宽阔的空间和花园，但到14世纪下半叶，这些空间全被加上盖棚，变成“黑不透风的院落”。在同时代的佛罗伦萨，一个更大更重要的城市，房子紧挨在一起。街道弯曲迂回，一点合理的秩序都没有。建筑物的层数疯长。在两栋二十四米高的庞大塔楼之间可能会夹着一间单层小屋，而这样的格局至少可以使得一些光线和空气透进这片常年黑暗、潮湿、恶臭的区域。[16]

尽管中世纪的城市形态有很大不同，但是我们仍可以就其街道找出一些具有共性的地方：绝大多数路面都未铺过砖石，道路维护得非常糟糕，以至于每次雨水过后，路面都泥泞不堪。例如，据中世纪晚期的一份文献记载，在
150 南安普顿大街上“骑行或走路是一件极其危险的事情”[17]。即使巴黎的主动脉，其宽度也少于六米，仅够两辆送货马车并排通行。一家农贸市场的街道宽度一开始能有十五米宽，但是临时摊位很快就会侵犯到它，而随着时间发展，这些摊位就会成为一个熙熙攘攘的商业场景的固定装置。那时，高效率的“通衢”这一想法在西方还未扎根：街道就是像通道一样的东西，那里是动荡不安迅速流动的活动中心。这些巷道和小径的逼仄阴暗所营造出的，是各种兼具约束与混乱的矛盾感觉。

在欧洲，即使在非常晚近的时期，人与物品的流动仍然比较原始。18世纪的泰晤士河仍是伦敦最好的高速公路。人们可以坐船出行，想去哪儿就去哪儿。人们很难在街上畅行。步行者必须小心翼翼地慢速前行。就像沃尔特·贝赞特爵士（Sir Walter Besant）所说明的那样：

> 门阶延伸到街上，人们没有选择，要么踩入泥泞，

要么就是跨过它们。鹅卵石路面残破不堪，留下许多泥泞和小水坑……每座房子都有它的地窖开口，木制的地窖门经常会匆匆打开，为的是往里放煤或放商品；店主争着安装弓形窗。[18]

19世纪早期，巴黎的街道就像一座迷宫，以至于哪怕是一次短距离旅行都会变得极为复杂。城市规划师奥斯曼男爵（Baron Haussmann）作为塞纳省省长通过修建林荫大道改变了巴黎；他曾回忆起他上学时走过的那条弯曲的小路，那时他必须沿着这条路从塞纳河右岸赶往位于拉丁区的法学院。

早上七点我从位于当坦区的住所出发，在走过许多弯道后，我首先到达蒙马特路和圣尤斯塔斯咖啡馆；我穿过霍尔斯广场，然后是拉瓦利埃路、圣奥诺当路、德尼路；我穿过古老的交易桥（后来我把这座桥设计得比先前稍低但也更宽）；我沿着古老的立法大楼继续前行，左边是不久前刚拆掉的大量拥挤难看的酒馆。顺着我的路线走到圣米歇尔桥，我必须穿过糟糕的小广场［圣米歇尔小广场］……最终我进入了曲曲折折

> 的哈普路，登上圣热内维埃芙山，经过迪阿尔古饭店、
> 马松索邦路、黎塞留广场、克吕尼路、格雷斯路，这
> 151 才到达先贤祠广场一角的法学院。[19]

奥斯曼男爵每天从家到学校一路漫长的跋涉，在他那个时代是比较少见的。通常人们都会待在他们自己的“迷宫”中，只在极少数情况下才会出去冒险。当地人可能会对他们所住街区蜿蜒曲折的街道、走着走着就无路可走的死胡同、纷乱的庭院有种熟悉的亲密感。而对陌生人来说，在太阳西沉、阴影越拉越长时误入其中，定会惊慌失措。

即使对小孩子来说，中世纪城镇的街道也充满了危险，但这些危险主要不是来自有轮交通工具，而是来自大量或多或少不受约束的动物。城市和乡村的功能还没有在空间上截然分开：就像果园和田野直挺挺地竖立在城镇中心，家畜同样是在城镇中心四处游荡。行人不得不忍受四下随意走动的猪马牛羊。猪虽然可以成为很好的食腐清道夫，但也是一种危险的牲畜。中世纪晚期，城市委员会曾颁布法令来控制猪的行动，但了无成效。疾驰而过的马踩踏到路边玩耍、躲闪不及的孩子的情形屡有发生。在完全没有

交通管制的情况下，所有种类的可能发生的事故都已发生过。

马车在16世纪的欧洲城市里开始出现。一些车道被拓宽加直以便于马车行驶，这带来了一些有益的影响：改善了流通循环，使得有更多的光线和空气得以进入。不过，马车很快也给街道增加了它们自己产生的一类噪声和危险。富人和穷人第一次在街上被区隔开。马车的主人可以尽情享受保密性和安全性，他们的车却给从旁经过的人带来了危险。[20]为了保护行人的生命安全和临街店铺的财产，路边设立了杆柱，限定出马车可以行进的区域。这是人行道或便道的开始。在欧洲和殖民地美国，更好的商业街在18世纪早期已经设有这样的杆柱。不用说，这样一来出现致命事故的情况下降了，但在马车驶过时，行人仍会受到掉落地面的马粪溅到身上的侮辱。卡尔·布里登博（Carl Bridenbaugh）概述过生活在殖民地美国的一座城镇所拥有的那种混乱感和需要承受的风险：

> 被猎犬追赶的骑马者，绅士的轻便马车和双轮马车，各种各样的运货车、手推车、卡车、一到八匹马或牛拉的无盖货车、独轮车、不计其数的搬运工、大

> 量的驮马，再加上许多民工扛着大包小包，在街上来
> 152 来往往。到处都有孩子死在马蹄下和轮子下；年长者也未能幸免，他们有时也会被飞驰而过的骑马人、鲁莽的赶车人，或是全速争先的绅士（其所乘坐的马车撞上其他交通工具）给伤到。[21]

布里登博认为多数事故都是速度过快所致。一个更为根本的原因则是缺少街道交通管制。1765年，考虑到波士顿地区的镇乡读者的利益，四份当地报纸刊发了在城里骑马和驾车应该遵守的规章制度，其中尤为引人注意的一条这样写道："大家都要靠右行驶……欧洲所有秩序井然的城市都严格遵守这一条。"[22]实际上，欧洲城市的管理极为糟糕，极少有什么交通规则能被大家遵守。傲慢的贵族和富有的商人，骑着他们的马，坐着他们的马车，成了最坏的一批违法者。直到18世纪末期，巴黎当局才规定，所有马车都要配上车铃，好让行人事先得到提醒，能有一半的机会挽救他们的性命。[23]

不过，城市自然环境方面最让人恐惧的并不是交通，而是火——猛烈燃烧的、不受控制的大火，给了中世纪人

关于地狱的生动想象。在过去伟大的仪式性首都里，火一直都不是一种主要危险，因为许多建筑都是用不易燃的材料（比如石头和泥灰）制成的。而且，它们通常都建在四周比较宽敞的地方，火灾就算发生也不易蔓延。例如，在唐朝都城长安，把城市划分成许多坊的大道格外宽敞，约有六十六到一百四十四米，坊墙则由砖砌成。[24]这些坊墙和大道能够阻止火势蔓延。在宋朝（960—1279），随着城市人口变得更加密集，街道变得更窄，火开始成为一种常见的威胁，并成为城市平民区不安全感的一个特定原因。北宋都城开封只有一条宽敞的大街（御街），其余所有街道比起长安城的街道都要窄上很多。正是在这座狭窄拥挤的城市里，首先建立起了消防组织。南宋都城杭州甚至比开封还要拥挤。几乎没有一年这里不发生大火灾的，更常见的情况是，这里一年之内往往会发生好几起火灾。官员做了他们所能做的来对抗火灾威胁。闹市区建起了瞭望塔， 153
日夜有人守卫，一支由三千二百名战士组成的小队也得以成立，一旦发现城内城外有地方起火，他们就会紧急出动。

火灾的阴影经常在这些城镇居民的脑子里萦绕不去，因为他们心里很清楚，他们的房子是用木头和竹子建成的，这些房子阻塞在狭窄的巷道中，一旦遇火极易燃烧。恐慌经常发生。一项皇家法令禁止人们传播火灾谣言，警告人们不许讲述以前发生的火灾。对火灾的恐惧，使得人们到迷信中去寻找安慰。1282年，一条鲸鱼在杭州附近搁浅后，杭州就发生了一场火灾；人们极力将这两件事联系到一起。人们建起寺庙，祭献河神和龙王，希望这些水神能够保护首都免于火灾。[25]火象征着愤怒和凶猛。在为迎合民间信仰而设立的寺庙中，凶猛的佛教神灵被描画成有一圈带火的光晕环绕。

公元1世纪的罗马有着与此相似的情形。房屋很容易着火，因为它们是用轻薄的木料建成的。给屋内升温的可移动火炉，以及夜里点燃的灯和火把，更是增加了几分着火的风险。最后，水比较稀缺，经常输送不到廉租房的顶层。

公元6年，奥古斯都大帝创建了一支由七个小队组成的消防队，每个小队一千到一千二百人，由一名长官指挥。这一职位非常重要，级别仅次于城市最高长官。[26]在图拉真王朝统治时期（98—117），尽管皇帝非常关注城市安全，但是火灾仍然每天都有。富人因为担心他们的豪宅和其他财产，可能会特意蓄养一队奴隶来防御来犯的大火。穷人恐惧火，富人也一样。为了避开火灾，尤维纳利决定离开罗马："是的，没错，我必须生活在一个没有火灾的地方，这样夜里才不会再被警报惊醒！”[27]

1183年，威廉·菲茨·斯蒂芬（William Fitz Stephen）评论道：“伦敦仅发生两次的瘟疫是无节制饮酒的傻瓜和经常发生的火灾。”[28]中世纪的房屋和店铺极易起火燃烧。事实上，欧洲大多数历史时期的城镇居民都生活在对火灾的忧虑中，火灾一旦发生，就会沿着挤在一起的住所迅速蔓延，吞噬掉有着茅草屋顶的木制建筑。极少有房子有石墙。12世纪的富人建造的少数石头房子被认为十分坚实，以至于他们骄傲地把他们的建筑材料登记成一种财产。甚 154
至教堂的屋顶也由芦苇或茅草搭成。[29]理查一世统治时期（1189—1199），伦敦市长曾下令要求房子的公共围墙都得用石头砌成。不用说，这道法令并未被严格执行，尤其是在穷人居住的区域。

茅草屋顶是易燃物。从13世纪起，瓦片屋顶开始取代茅草屋顶。1302年，伦敦的法律严格执行瓦片屋顶的规定，但是后来这一规定的执行力度又逐渐放松。[30]官员鼓励市民用石头和砖建造房屋，但极少有人有能力或意愿这样去做。人们之所以如此不情愿，原因之一是15世纪的房子都在往上扩展，不仅伦敦是这样，热那亚、巴黎和爱丁堡也都是这样。在“必须想法容纳越来越多的人”的压力下，房子的高度从较早时期典型的两层增加到四层甚至是六层。砖头并未被用作建筑材料，因为与其相比，用木头垒砌高墙要更容易。

最终，在伊丽莎白女王统治期间，伦敦开始用砖来做建筑材料，但是直到1666年那场大火毁掉四分之三的市区后，这一转型才算彻底完成。同一时期的巴黎也开始变成一座由石头砌成的城市。不过，实际的建造过程非常缓慢，许多巴黎的房子直到18世纪仍然只有一个石头铺出的地基，其顶层仍由木头制成。在1727年4月27日爆发的佩蒂特桥（Petit-Pont，又译“小桥”）大火中，木制房屋熊熊燃烧，就像“一座巨大的石灰窑，可以清楚地看到房屋的横梁坠入火中”[31]。

在殖民地时期的美国，波士顿看上去尤其容易发生“大”火。第一场大火发生在1653年3月14日，导致了镇上第一部消防法规的通过。另一场火灾发生在1676年11月27日，促使波士顿从英国购买了一辆消防车。早在1649年，波士顿市政委员就仿照英国实施宵禁，并雇有专职人员在晚上九点到次日凌晨四点半之间敲铃预警。在这七个半小时内禁止点灯，以降低发生火灾的风险。新阿姆斯特丹与其他村庄都有与此类似的规定。[32]不过，随着城镇变得越来越拥挤，在18世纪早先几十年间，火灾的威胁只增不减。虽然房屋建造有所改善，但是许多房屋的烟囱排烟效果都不好，这是殖民地时期最常见的火灾原因。由于纽约和费城的多数房屋都是用砖头和石头建造而成，这两座城市相对来说也就免去了发生火灾之虞。 155

当然，对火的恐惧并不仅仅是一个从过去传下来的噩梦。我们的报纸前几版中几乎每天都有关于着火的报道：昨天某某地方着火，烧毁了多少人家和商店。偶尔也会发生一场比较严重的火灾。我们可能会在早间新闻中听说，烟雾和火焰吞噬了一个有着很多人的剧院或俱乐部，恐慌不已的人们伤亡惨重。像《火烧摩天楼》[1]这样的影片，喜欢利用工作或居住在高层建筑中的人们的恐慌心理，这些人很容易想象发生火灾时自己被困在大楼第十五层上，没有任何逃生的希望。疾驰而过的消防车的声音，车上警报器的尖叫声，是现代城市音频环境中一个非常熟悉的场景。虽然我们今天极少听说有哪场大火会毁掉整座城市，但在火势被控制住之前已经蔓延数个街区的情形则并不少见。1972年，美国的火灾导致一万二千人死亡，超过三十万人

---

① 《火烧摩天楼》(*The Towering Inferno*)，1974年美国经典灾难影片。——译注

重伤，并造成约二十三亿美元的经济损失。[33]

对作为一种物理环境的城市的恐惧，与对城里人的恐惧不可能被完全分开。对我们具有启发意义的是，许多西方孩子都梦想长大后去当消防员或警察，从而表达出了一种需求获得权威感，并克服他们在物理环境与陌生的成年人面前感受到的无能和忧虑感。同样对我们具有启发意义的，还有这样一个事实：最初设立宵禁制度不只是为了防范火灾，也是为了防范陌生人。火和难驾驭的人群有许多相似之处。按照小说家埃利亚斯·卡内蒂（Elias Canetti）的说法，火是人群或暴民的象征。火会极其突然和猛烈地在任何地方发生并立马开始它的破坏过程，很难预测。它的运动，先是在一个方向，然后突然转向另一个方向，与愤怒的暴民极为相像。火和暴民是界限的无情破坏者：城市里精心设计的界限，包括物理界限和社会界限，统统都给烧得粉碎。[34] 16世纪的纽伦堡人用来制伏大火的步骤，就像是在对付一个人类的敌人："值得注意的是，一旦有房子不慎着火……负责瞭望的人们就会敲起警钟。城门紧闭，所有人全副武装，在队长的率领下……各就各位，严阵以待，就像是敌人的大军已经进入城中。"[35]

我们可以考虑一下关于城市的一个共同意象，即“丛林”。这一隐喻可能是指城市的物理环境，比如纠缠在一起的街道，或者也可能是指街道上偏常的或危险的人群。这两个组成部分往往兼而有之，极难截然分开。在小说家亨利·菲尔丁（Henry Fielding）关于18世纪伦敦和西敏寺的描述中，我们可以看到这两者很自然地融合到了一起： 156

> 不论是谁想到……城里杂乱无序的建筑，多得不可计数的街道、巷子、庭院、广场，都必然会认为，如果最初人们建造城市的目的就是为了让人隐藏其中，那么可能极少会有比这里更好的地方。依照这种观点，整座城市看起来就像是一片巨大的森林，窃贼藏在这里要多安全就有多安全，就像野兽藏在非洲或阿拉伯荒漠中一样安全。[36]

从亚里士多德学派和社会学的视角来看，城市并不是“棍棒和石头”，而是一个复杂社会，在这个社会中，许多异质性的人生活在一起。比较理想的情况是，不同背景的人和谐相处，发挥各自的聪明才智，创造一个共同的世界。不论什么时候，只要这一点会发生，在这段时间内，城市就是人类取得的一项杰出成就。但是，异质性也可能会激发冲突。纵观城市发展史，城市一直背负着解决暴力和周期性混乱威胁的重担。在这个故事的众多复杂主题中，下面几个尤为引人注意：城市权贵之间的暴力冲突和城堡的恐惧化的景观的创造；城市环境中陌生人带来的威胁及对陌生人的忧虑；对无政府状态和革命的恐惧，即害怕不可同化和无法控制的大众彻底抛弃现有秩序；厌恶和害怕穷人，将其视作道德败坏和疾病的一个潜在来源；贫穷移民生活中对城市的恐惧。

就像前面已经说过的那样，权贵和他们的随从可能会参与报复性的流血争斗，弄得乡下人心惶惶。这种世仇在中世纪晚期和文艺复兴时期的意大利城市也有发生。实际上，1450—1500年间罗马涅地区城镇中发生的暴力，经常都是缘起于乡村，是乡下地主之间的世仇一直延续到了城市，尽管当时所说的“城市”并不是现今真正意义上的城市，而只不过是一些比较大的乡村。在伊莫拉（Imola）和福提（Forli）这样的罗马涅社区，敌对家族争斗不休，完全是出于家族恩怨，而不是为了争夺政治权力。[37]

意大利文艺复兴时期，暴力和犯罪在所有阶层都有发生。在佛罗伦萨，每个社会阶层在刑事法庭都有自己的一席之地；不过，犯罪率最高的仍是社会阶层的上下两个极端。贵族要人和末路穷人的脾气最为火爆，稍被触犯就会拼死一搏。小店主和商人因为要保护自己辛苦挣得的财富而较少动怒。两个极端的社会群体采取暴力的原因不尽相
同。贵族培养了一种看重个体尊严和魄力的精神气质，这 157
种气质与有序的社会交换的要求难以相容，而后者是正在兴起的商业世界（多数人都生存其中）极为看重的。他们的好战经常是为了满足其肉欲或自尊。与其相反，平民的暴力行为则更多是偶然机缘的结果。在威尼斯，像两艘船不小心撞到一起这样的事件，就有可能导致双方打斗致死。街上行人偶然挤到一起，同样可能出现这一后果。“哪怕是一些琐事，比如争论海员食堂是否应该上鱼或肉，在公共场合两个人非要去抢同一把椅子，或者马夫向在其马圈里小便的路人发动攻击，都可能以闹出人命收场。”[38]

文艺复兴时期的意大利城市的典型特点，是它各个地区和社区的社会与经济异质性。没有哪个区是专为富人而设，也没有哪个地方住的全是穷人。每个区都是宫殿和村庄相混杂，工厂和零售店相混杂，教区教堂和修道院相混杂。贵族、银行家和实业家，与贫困的工人和妓女住在同

一条街道。这一模式的出现，部分是社会需要，后来随着时间发展则变为一种传统延续下来。在12和13世纪，显赫的家族在城中各有各的地盘，依靠他们的政治及物质力量，既得到亲人帮助，也得到住在同一个地方的朋友、仆人和随从的支持。贵族家庭和他们的附庸由此紧紧结合到一起，以保护自己不受竞争对手家族的攻击。像热那亚、佛罗伦萨和罗马这样的城市，都有数百个这样的家族核心，其中每个都是经济与军事力量的中心。两个敌对家族成员之间一次偶然的争吵，甚或是两个家族仆人之间的争吵，都可能引发流血事件。

无政府状态经常威胁到城市管理。当时的城市建筑证实了那个时代是不安全的。在热那亚长久的冲突争斗中，到处建起的壁垒堵塞了热那亚的街巷。防御塔通常设置在中央广场和它防守最弱的入口之间，其高度远远超出市政府规定的二十四米的最高限度。在13世纪，佛罗伦萨的贵族家庭继续生活在又高又窄的堡垒般的房子里，它们看起
158 来很像中世纪的塔楼。这里不仅窗户极少，而且小得仅够给底楼提供最低限度的阳光和空气。[39]德国历史学家格雷格罗维乌斯（Ferdinard Gregorovius）笔下13世纪的罗马，就像是一个战场——这是一道让人恐惧的风景：

> 随处望去都可看到阴沉、高耸、带有城垛的塔楼，建在古代的纪念碑外，多数都有带着最独特形状的雉堞的城墙，它们是用大理石、砖块和碎石建成的。这些是教皇党和皇帝党贵族的城堡与宫殿，他们渴望在古代的山丘上进行战斗，仿佛罗马不是一座城市，而是一片开阔区域，谁都可以拥有它。当时罗马贵族都有属于自己的塔楼……贵族家庭与他们的亲戚和附庸住在废墟中，一个让人感觉不舒服的地方，沉重的粗铁链保护着塔楼，他们不时会一拥而出，挥舞着武器，与世仇混战一团。[40]

敌对家族之间这样的冲突，是地中海城市的典型特征，但在中世纪阿尔卑斯北部的城镇则没有任何类似程度的冲突。所有城市中心一个更常见的混乱源头是陌生人或地痞。与有世仇的家族不同，没有组织的陌生人经常是在天黑后发动袭击。防范这些人以及当地居民自身喧闹的一个可能措施，就是实施宵禁。一旦敲响宵禁钟声，人们就不得不待在室内，或者就像1467年的一道莱切斯特法令所说："夜里宵禁钟声一响就没人再在外面走动，没有正当理由而在外逗留者会被处以监禁。"当局尽其最大努力将夜行的诱惑降到最低。店铺和小酒馆在钟响后必须关门，尽管对它们来说很容易就能不去理会这一禁令。英国城镇冬天宵禁的时间是八点，夏天则是九点。有时伦敦人会被允许在外待到十点，这是法令允许的最晚时间。

所有的法令在用到陌生人身上时都会变得更加严厉。在英国的贝弗利，他们要比当地人早一小时退入屋内不许出来，他们的房东要担保他们不做坏事。在伦敦，早在1282年，每位市议员都要带着两个最好的随员对每家旅店进行查看，检查住的都是什么人。赶夜路者若是无法给出一个让人满意的理由，就会被送入监狱，或是关到一家酒
159 馆，第二天由执法官对其进行审问。[41] 在1445年的剑桥，政府警告市民不得保护任何形迹可疑者。中世纪的德意志地区几乎没有保护外来者的法律条款。奥格斯堡有钱的居民若是违法，在被拘捕或受审时都会受到礼貌的对待。陌生人若是违法就享受不到这样的礼遇，他们会被粗暴地拘捕和处罚。而且，当地市民可以虐待甚至杀害一个多管闲事的陌生人而不受惩罚。一个在城外为市民所伤的陌生人，不可能在城里的法院为自己讨回公道。伴随强烈的群体道德而来的，是对所有陌生事物（包括陌生人在内）的恐惧。[42]

北美殖民地时期的城镇对陌生人抱有很深的怀疑。

1636年，波士顿为排斥穷人和不受欢迎的外来者树立了样板，市政委员会规定，未经官方批准，禁止任何居民收留非本地居民超过两个星期。1685年，查尔斯城和费城也都采取了类似的办法。在这前一年，纽约出台了反对外来者的法律。治安警察负责查找所有外来者，并将其列成一个名单呈交市长。[43]

中世纪欧洲和早期美国殖民地时期的城市都是一些小地方，人口不足一万人。它们可以采取宵禁措施，因为只有极少数可疑的陌生人会在夜里出行，他们的一举一动都会受到监视。在一个大都市，比如公元2世纪的罗马，或是18世纪的伦敦，在没有充足警力的支持下，采取宵禁毫无用处。相反，随着夜幕降临，市民自己就明白还是待在家里比较安全，黑暗的巷子是窃贼和有勇无谋的酗酒狂欢者的天地，那里是不安全的。在没有月亮的晚上，罗马那些密集交错的街巷无疑显得极为阴森可怕。有地位有身份的人会在家门口设置障碍；商店打烊，商人会用安全链来锁上大门。富有的赴宴者走在街上，往往会有奴隶点燃火炬在前面开道。卡尔柯比诺写道：

一般人冒险外出时没有不感到内心惶恐的。朱文

> 纳尔曾感叹，出去吃晚饭而不立遗嘱，实在是再粗心不过的。他认为，他那个时代的罗马，比加利纳里亚森林或庞蒂内沼泽还要危险。[44]

18世纪伦敦的犯罪极为猖獗。天黑后，市民都不愿在
160 灯光昏暗的街道上行走。1718年，伦敦城司法官注意到，

> 小酒馆、咖啡馆及其他店铺的店主都在抱怨，顾客害怕天黑后到他们店里。他们担心他们的帽子和假发会被人摸黑顺走……或是他们可能会被蒙上双眼，打倒在地，被刀剑刺中；就算坐马车，也不能保证他们就是安全的，他们在大街上同样有可能被刺伤和抢劫。[45]

1751年，伦敦弓街（Bow Street）的行政官菲尔丁报告说："清白的人生活在恐惧中，深受威胁和诅咒的侮辱惊吓，随时有可能挨枪子，遭棒打，被刀砍，挨剑刺，结果就是健康受损，肢体被残害，甚至丢失性命；所有这一切，不分年龄、地位和性别，谁都有可能摊上。"菲尔丁评论说，街道抢劫多发生在夜里，坐轿子和车子的人受到袭击

的可能性并不比步行者少。[46] 尽管塞缪尔·约翰逊喜欢大都市的混乱并把弗利特街上的喧嚣视作生命的活力，但他心里非常清楚夜晚的街道有多危险：每次外出他都随身携带一根结实的短棒。[47] 许多市民都是带着武器出门。朋友们从咖啡馆或酒店返家时会结伴同行，以便相互照应。许多人因为担心回程的路太危险而拒绝晚上去看戏。英国旅行家兼慈善家乔纳斯·汉韦（Jonas Hanway）在1775年抱怨说："我与朋友共进晚餐后，经常会在有人用手枪顶着我胸口的情况下回到我的家，甚至是回到我的马车上。我在伦敦五十里外有座别墅，为了安全到家，我不得不雇了一支武装力量来护送我。"[48]

罪犯在伦敦市中心一样胆大妄为。很多地段都成为他们的地盘。不仅是普通市民，就连官员也不太敢进入这些区域——18世纪叫"罪犯窝"（Alsatias），一百年后则叫"白鸦巢"（Rookeries）。罪犯窝起源于中世纪的圣所，中世纪的欠债人只要躲入圣所就可以不被抓，罪犯在被抓起来之前也会藏身于此。[49] 1623年的一项法令废除了圣所，但实际上它仍然存在，只是换到市镇中不同的地方，作为犯罪区域。窃贼和强盗发现，由废弃的院落和巷道（主要出现在伊丽莎白和克伦威尔统治时期）构成的迷宫，可以

说是一个天堂。到17世纪末期，伦敦出现了几个臭名远扬的犯罪区。“罪犯窝”提供了一个通用的名字，但是“萨瑟
161 克铸币厂”的名声则更坏。另外像“鲍德温花园”“格雷旅馆小径”等都是被通缉的窃贼舒适的藏身之所。[50] 18世纪的《改良法》清除了一些犯罪窝点，但是新的窝点很快就在别的地方又冒了出来。

在19世纪的利物浦、曼彻斯特和伦敦，贫民窟是肮脏环境的一个重要组成部分。霍尔本的圣基拉斯（St. Giles）是伦敦最糟糕的贫民窟之一。狄更斯曾描述过它：

> 这是一条很不像样的街道，房屋破烂倒塌，而且被煤烟熏得污黑，体面的人都绕道而行。在这里，有些大胆的无业游民趁那些房子破烂不堪的时候搬了进去，把它们据为己有，并且出租给别人。现在，这些摇摇欲坠的房子到了晚间便住满了穷苦无告的人。正如穷人身上长虱子那样，这些破屋子也住满了倒霉的家伙，他们从那些石头墙和木板墙的裂口爬进爬出。①[51]

---

①［英］狄更斯著，黄邦杰等译：《荒凉山庄》，上海译文出版社，1979年版，上册第16章，第288页。——译注

统治者、官员和富有的公民面临的周期性恐惧，是公众混乱和暴力，这两者都可能会导致爆发革命和陷入无政府状态。看到大批民众聚在一个地方，并且主要都是穷人，没有什么家庭牵连和财产束缚，很容易让人心生不安。所有政府都认为必须维护公共秩序，但它们采取的控制方法则有很大不同。古代中国城市可以称得上严格控制的一个极端例子。事实上，在有些学者眼里，汉唐都城长安几乎是在按照一种仪式化的军营模型进行管理，甚至在某种程度上可以说它是一座文明的监狱。多重城墙和由士兵把守的城门，看上去很像一座监狱。修筑的城墙看似为了保护城里居民不被匪徒和外敌袭击，实则也是对内进行监视的一种有效设施。

汉朝之所以能在公元2年对其巨大的人口进行了一次统计，是因为它有一部强大的官僚机器来记录国民（其中大多数都生活在城墙内）的往来迁变。我们可以看看那个外形像盒子一样的长安城。城市有一个不规则的外墙。城墙内部被细分成一百六十个区，每个区都只有一个门可以进出。在每个确定的区域内，每户家庭又都有各自的出入口：住宅门朝向狭窄的胡同，而不是直对街道。因此，想要从自己家中赶往乡下的人，必须穿过三重门：家门、区

162 门和城门，而所有这些门天黑后都会关闭并由专人把守。

唐朝的规则比较宽松，高级官员住所的门可以直对街道。放松管制的一个进一步的标志是，多数坊都有四个门，而不是像汉朝那样只有一个。[52]不过，唐都长安的生活受到严格管制。宵禁强加给所有人一种生活节律。直到636年，每天都是一到黎明时分，先是军事巡逻小队的喊声，随后是街上的敲锣声，之后才打开坊门。《新唐书》中记载了首都的警务：

> 日暮，鼓八百声而门闭；乙夜，街使以骑卒循行嚣襜，武官暗探；五更二点，鼓自内发，诸街鼓承振，坊市门皆启，鼓三千挝，辨色而止。[53]

不过，这种城市管控体系在不断扩张的市集经济面前是无法长期存在的。甚至早在8世纪，在长安的“西市”上就已可以明显看到这一点。汉学家谢弗（E. H. Schafer）描述它是“一个繁忙的、喧闹刺耳的、多语言的市集和仓库汇聚处，来到这里的人们可以看到许多国家的变戏法者和魔术师，至于说书的、演戏的、玩杂耍的，更是不用多说”。9世纪晚期，随着货币经济持续扩张，妓院公开出现在人流汇集之地附近，包括城门、市场和寺庙。一些胡同小巷更是成为妓院的专有之地。[54]

管控城市的规则日渐削弱。各个市集首先获得了晚上开市的权利；它们不怕处罚，不断向外扩张，进入市民居住区；最终，市集的围墙都给拆掉了。[55]到了11世纪，监控人口的系统已经不再起什么作用。整个宋朝时期，繁忙嘈杂的商业市集侵入越来越大的首都区域，毁掉了那里的安宁与阶层秩序。在北宋都城开封，贵族人家和平民、政府建筑和市集混杂在一起，并无不寻常之处。[56]在南宋 163
都城杭州，走在御街上就可以听到不远处传来的杀猪声。

欧洲在控制人口方面从未像古代中国那般严格，但是这里的政府一样害怕叛乱。中世纪广泛实行的宵禁，主要是防范可能出现的地方暴乱和大规模反叛。政府限制人们在白天或晚上携带武器，尤其是严禁陌生人这样。市民被警告不许穿盔甲，除非他们拥有至少是骑士或乡绅的头衔。在14世纪，伦敦市政府制定法令，禁止人们在圣诞节和其他容易群情激昂的时间内，在公共场合戴面具或其他面部遮挡物。

这些看似有些神经质的标志，经常会被一些周期性发生的事件证明是有道理的。叛乱时有发生；既有政权可能摇摇欲坠，然后倒台。文艺复兴时期佛罗伦萨的城墙很好地保护了佛罗伦萨人不受外敌侵犯。严格的宵禁在和平时期确实创造出一种安宁的表象，但是这些时期不会无限制地持续下去。在1342年6月到1343年8月这一段特别动荡的时期里，公共政权三次被推翻。而更大的混乱威胁还在后头。1378年夏天，无政府的幽灵在许多富裕的佛罗伦萨人心中徘徊不去，他们看见到处都是饥饿的穷人和失业工人，其中许多人都带着武器，而政权力量则太弱，无法控制局势。6月最初的混乱出现以后，富有市民纷纷逃往乡下，商店关门，工厂停工，几乎所有商业活动都停止了。谣言四起，有人说工人将要洗劫城市。布鲁尼（Leonardo Bruni）在其写于1415年的史书中，明确表达了他所处那个时代统治阶级共有的恐惧："无法无天的暴徒不受约束的欲望永无终结之日，他们渴求富人和贵人的财产，他们心中所想的只有抢劫、屠杀和压迫。"[57]

城市官员在看到穷人聚集到他们的管辖区时会变得极为紧张不安，这一点在过去甚至比在现在还要严重。在16世纪，伦敦城向外扩展，时任官员对此深感不安。约有一百年时间，从伊丽莎白一世开始，政府制定了许多措施，以限制在新扩展的地方上盖房子。这项政策并未真正执行；

事实上，它主要的成功在于创造了许多成为罪犯藏身之所的贫民窟，而这正是当局忧惧之处。巴黎在“伟大世纪”[1] 164
之前的四百年间扩展极为缓慢。17世纪初，菲利普·奥古斯都（Philips Augustus）建于12世纪的城墙依然挺立在塞纳河左岸。巴黎仍是一座非常普通的城市。路易十三在位期间（1610—1643），人口的快速增长在官员中引起一种不安，他们担心首都可能会变得太大，难以有效管理。国王宣称，城市近来不断扩张，使及时清理垃圾和保证食物供应变得困难。国王同时也声称，这也是偷窃、抢劫和谋杀难以得到有效控制的起因之一。

在路易十四的统治下，巴黎开始认真组织起来以整治犯罪现象。巴黎设立了警察厅长这一职位。1667年，首位警察厅长亲率二百名武装人员和一队工兵，对巴黎最臭名昭著的犯罪窝（“奇迹殿”）发动攻击并将其一举消灭。同年，市政街道照明系统开始启用，巴黎第一次摆脱了夜间的幽暗。以前，商人一到冬天就得在天快黑前急匆匆地往家赶，现在他们再也不用这样做了。白天，随着第一批公共广场的建成，阳光得以进入原本狭窄的街区，巴黎看上

① “伟大世纪”（Grand Siecle），17世纪下半叶是法语文学与艺术的黄金时期，深深影响了整个欧洲。——译注

去显得更加明亮。[58]尽管照明和执法能力有所改善，但是随着乡下人涌入城市，对公众混乱的恐惧依然存在。1724年和1726年相继出台了一系列皇家法令，并于1728年和1765年先后被修订，巴黎试图通过禁止在一个固定地方的周围建造房屋来控制城市扩张；对政府来说，最让人担心的事情就是食物供应不足和饥民暴动。[59]

拿破仑三世在19世纪对巴黎进行的变革有几个目的，其中之一就是促进公共安全。当时的批评家认为拿破仑三世下令修建直道是为了给他的炮兵部队提供更有效的视野，批评他使大道变得宽广旨在设置路障，批评他让大道穿过拥挤的工人阶级居住区，认为这么做是为了进行破坏，以便有必要时快速包围这些潜在的叛乱和抵抗区域。现今的历史学家则认为这些批评不够公正。拿破仑三世想要迎合巴黎民众安全地生活在他的统治下的期望，但他希望通过建造一个有序而美丽的城市（而非武力威胁）来做到这一点。另一方面，这些策略性考虑中必定有一些战略考虑，就像历届政府的计划一样。毕竟，1827—1848年间，他曾先后八次在城市东半部密集的居住区设置路障，其中有三
165 次都阻止了革命的发生。[60]

在18世纪的美洲殖民地，城镇快速扩张，对陌生人及

公众混乱的恐惧极为常见。印第安人和黑人，以及奴隶和自由民，被视作对法律和秩序最大的威胁。1740年，纽约的黑人居民占到城市总人口的五分之一。因为害怕白人市民苛刻地对待他们，他们变得越发躁动不安。1741年，对黑人的忌惮促使“黑人阴谋”的歇斯底里式谣言达到了高潮。当地紧急叫来一队民兵。数百人逃离城镇。黑人被包围起来，在狂热的情绪平缓下来之前，他们烧死了十三人，吊死了八人，另有七十一人被流放。虽然偶尔也有黑人犯罪和闹事的事例，但是所谓“阴谋”本身可能仅仅存在于那些忧心不已的市民的想象中。[61]

按照历史学家约翰·亚历山大（John Alexander）的说法，“费城”一词的本意是“兄弟互爱之城”，在现实生活中它却成了“兄弟互惧之城”。18世纪末期，费城人对陌生人和穷人充满恐惧。费城是一个世界性城市，说着外来语言的陌生人在这里随处可见。德裔居民的人数多到连路标都同时使用德语和英语。爱尔兰移民是另一大族群。在这一时期快要结束时，伴随法国大革命和海地黑人暴动而来的难民大批涌入。当地居民有理由害怕穷人和新来的移民，后两者因为找不到工作而陷入绝望。“城市法院记录显示，1794—1800年间，至少68.3%的犯罪事件是由爱尔兰移民或黑人干的。不足12%的罪犯出生在宾夕法尼亚，不足6%出生在费城。”

城市从空间上是被隔开的：有钱人住在市中心，穷人住在郊外荒废的住房中。有地位的市民经常抱怨街道的混乱，尤其在城郊居住着许多穷人。正统的费城居民也在哀叹各种各样的“恶人”，包括那些“粗野、缺少管教的孩子”，他们越来越多地出现在公众面前。在一些家境不错的商人和户主看来，对穷人和火灾的恐惧混杂到了一起：穷人总是被人怀疑为了掠夺烧毁的废墟而放火，以便趁火打劫。[62]

美国上层阶级和知识分子对城市的恐惧则比较复杂。
166 有段时间，当市政府的权力仍然掌控在精英阶层手中时，他们对没有资产的暴民和能够引发暴乱的煽动者充满疑虑。1789年、1820年、1848年及其后在巴黎发生的暴乱，证实了对不守规矩的人群的恐惧是有道理的。19世纪下半叶，随着移民涌入美国城市并逐渐发展起强有力的政治组织，贵族失去了对市政府的控制。随后，他们的政治恐惧与种族敌意混合到了一起，所谓种族敌意就是一种发自内心的憎恶感，不喜欢新美国人的小集团方式和粗俗言论。贵族一向都以他们拥有保持镇静和理性思考的能力而自豪，所以他们看不起城市大众那种忙乱而强烈的情绪表达。

欧洲政府和富裕的市民也对他们所在城市不断增长的人口感到日益警觉和恐慌。这么多人聚到一起意味着什么呢？泰勒（Cooke Taylor）在1842年路过曼彻斯特时观察到，没人能“在看到这些‘拥挤的蜂巢’时，心里不生出一种近乎沮丧的忧虑感。人口每小时都在增加，不仅是在数量上，也是在力量上……我们谈论他们，就像海平面缓慢而平稳地上升，在不太遥远的未来，社会中的所有元素终会离根漂起，至于最终会漂往哪里，只有天知道”。[63]商人和正在崛起的中产阶级成员都对他们所不能理解的这一现象感到厌恶。对他们来说，底层社会是危险的，底层人所在的小巷和廉价公寓中“充满各种各样的罪行”。一个向四周扩张的大城市，或是一个工业化城镇，经常会被人们描述成是奇怪的、耸人听闻的、隐晦难解的。它的人民与营养充足的上层中产阶级成员相比显得黝黑和发育不良，一眼就可以看出是外来者、异教徒和有着敌意；他们讲俚语，听起来就像是一些原始而陌生的外来语。从19世纪60年代起，有文化修养的英国人开始谈论“最黑暗的伦敦”和“最黑暗的英国”，就像他们谈论“最黑暗的非洲”一样。他们把伦敦东区看成一个有待去探索的“未知”区域。[64]他们前所未有地感觉到，来自原始人的威胁并不仅仅存在于大英帝国遥远的角落，而且也存在于他们中间。维多利亚女王时代进行的社会改革，在某种程度上是由基督教的热忱所促成的，但这里面也含有对一个新的人类“亚群体”的恐惧，害怕后者会玷污中产阶级社会或是会对中产阶级采取暴力行为。

当然，城市中产阶级里的这种不安感并不仅限于英
167 国。它也明显地影响到了法国人、德国人和美国人：法国作家欧仁·苏（Eugene Sue）受到英国人恐慌事例的影响，在1843年写出了小说《巴黎的秘密》①，1877年，美国社会改革者兼慈善家查尔斯·布雷斯（Charles Brace）出版了他的社会学小册子《纽约的危险阶层》（*Dangerous Classes of New York*）。19世纪早期的法国人几乎无法区分罪犯和劳工。报纸上和小说中的例证都倾向于认为，这两类人群都由那些野蛮而虚荣的人组成，稍有不快他们就会进行报复。[65]布雷斯所描述的危险阶层，主要包括爱尔兰移民和德国移民的下一代，他觉得这些人要比他们的农民祖先行事更为残暴。布雷斯带着几分炫耀色彩评述道，“强烈的美国气质”使得美国的坏孩子要比来自欧洲的坏孩子更难自制。[66]

---

① 书中描写了19世纪三四十年代上流社会、贫民窟、黑社会等的内幕。——译注

除了害怕穷人的暴力和厌恶穷人的审美，欧洲中产阶级之所以回避穷人，是因为他们相信穷人会传播疾病。前面我们已经看到，当时的医学观点是怎样压倒性地将传染病的扩散归因于腐败的自然环境，尤其是糟糕的空气，而不是被传染的人群。这是一种瘴气学说。但到19世纪，一种竞争理论“接触致病论”开始得到越来越多的支持。对认为毒气会致病的人来说，必须清除贫民窟或至少将其隔离起来，以免他们的疫气毒害中产阶级居住区。对认为接触会致病的人来说，穷人自身有致病的嫌疑。人们会尽力避开那些浑身散发着臭味的穷人，认为他们的血液、呼吸和衣服中都带有致命的病毒。狄更斯在描述“托姆独院”这一贫民窟时主要关注一种腐败的血液，这种血液到处“繁殖传播”。“今天晚上，它就要玷污一个贵族公馆里的人的高贵血液（化验师如果进行化验的话，就会发现这血液含有真正的贵族成分），而这所公馆里的公爵阁下也没法否认这种不体面的关系。”与贫民窟居民有关系的每件事都具有威胁性：“托姆身上的每滴黏液、身边的每平方英寸臭气、周围的每种下流堕落的现象，以及他所做的每个愚昧的、邪恶的和残暴的行为，都能够从社会的最下层一直惩罚到社会上最高傲、最显赫的人士。真的，托姆用玷污、霸占和腐蚀的手段达到了报复的目的。”①[67]

暴民、乌合之众、群氓、“大贱民”，这是当地居民和
168 官员看到陌生人拥入他们所在的城市时用来表达他们的憎恶和恐惧的一些称呼。一个秩序井然的世界受到混乱的威胁，会做出各种努力来消解它。我们已经看到过去的人们对秩序崩溃的恐惧，而且我们今天仍能看到这一点。它们主要是拥有财产的上中层阶级的恐惧。对那些从乡下或外国新来的贫困者来说，城市又是什么样的呢？面对一种陌生有敌意的环境，他们会有什么样的恐惧呢？我们很难获得更早历史阶段的信息。我们可以从英国都铎王朝和法国路易十三时颁布的法令与相关文献记载中得知那时的城市恐惧。19世纪社会改革家和小说家的作品中，记录了大量大都市中产阶级对人群拥入城市的厌恶。另一方面，穷人和受压迫者经常只能默默承受痛苦；或者，如果他们痛苦得无法忍受而大声呼喊，他们的呼喊也大都不会被注意，更不会被记录下来，除非伴随着绝望之举。

尽管来自弱势群体口中的直接证据比较少，但是我们

① [英] 狄更斯著，黄邦杰等译：《荒凉山庄》，上海译文出版社，1979年版，下册第46章，第803页。——译注

仍然可以从他们被迫居住生活的方式中推测出他们的恐惧。这一间接证据极为丰富，可以让我们知道，（例如）都市移民在19世纪晚期对城市有何感受。关于纽约城的记录尤为丰富，那里是进入美国的主要港口。对多数移民来说，来到美国和在那里找到一个立足之地，是一种悲惨经历，其中简短的希望很快就会过去，随之而来的是一个抑郁和强烈的震惊交织在一起的漫长阶段。即便在19世纪60年代，一趟横跨大西洋的旅程也要花上一个月时间。拥挤、疾病、缺乏食物和淡水及其他匮乏，使得坐船变得更像一种惩罚，而不是一种交通方式。第一眼看到纽约港和“天际线”，会给人一种飘飘然的幸福感，但是紧跟着，当新来的人面对移民官员和健康官员的盘问时，就会骤然生出许多强烈的焦虑。他们是否会在最后一分钟被拒绝入境？有些人确实会遭遇这一不幸时刻，尽管绝大多数人都会克服最后的障碍进入这片“希望之地”。一个移民家庭可能会遇到一位同乡，所谓“跑腿者”，他会提供马车，把他们携带的东西运往寄宿处。这一友善的欢迎之举自然让人心里充满希望，但当新来的人看到寄宿处的真实一面，整个心都会破碎：房屋摇摇欲坠，苍蝇、臭虫和老鼠是那里永久的住户。看门人不仅会收取高得离谱的租金，还会收取货物运送的费用及托管费。如果不能按时支付，他们就会被撵走，他们的物品则被当成抵押金。

从1885年起，随着一些有效率的移民援助团体和中央
169 接收站（例如城堡庭院和埃利斯岛）的创立，“跑腿者”欺压、敲诈新来移民的现象大为减少。不过，新来者仍然必须找到一个便宜的落脚点，而这样的住处经常是由老旧私人住宅改成的廉价公寓。这些廉价公寓密集地排在一起，里面不太透风，潮湿不堪，只有一条阴暗的小通道，一间小屋子内可能住着一户有着四五个孩子的人家。对从爱尔兰乡下或德国南方来的农民来说，缺乏流通的空气和阳光让他们极为震惊。廉价公寓四周工厂的喧闹和肮脏则给了人们另一种冲击。曼哈顿下城区的这些工厂、屠宰场、马场、木料厂、煤厂、修船厂和造船厂，都会威胁到生活其中的移民家庭。离机器太近有可能发生意外伤亡并让人致残，木料和商品的繁忙运输也会产生这种效果。木头和砖块有时会从不结实的房顶掉下来，墙壁会坍塌，整栋楼都可能垮掉。火灾经常发生，这往往是由在廉租屋中烧煤炉引起。哪怕是着火的谣言都会引起极大的恐慌，因为住户知道他们住的屋子很容易起火，他们知道前门和窗户是唯一逃生的出口，他们同样知道许

多屋子根本就没有窗户。[68]

社会环境看上去同样具有威胁性。通过艰辛的体力劳动获得的收入，极难支撑移民家庭的开支。许多工作都是临时性的。“建筑工人干完一个项目后，发现自己重又回到了起点——带着微薄的积蓄去寻找一份新工作。不过，这次他们的岁数要稍稍更大一些，身体也会更加虚弱一些；在每个项目中，他们都有受伤的可能；一旦受伤，他们就可能再也无法从事任何工作。”在世纪之交拥入纽约“下东区”的俄国人和波兰犹太人，提供了“都市技能”，从事“针织贸易”，做各种各样的衣服。尽管他们能拿到手的报酬已经够少的了，但雇主仍然会鸡蛋里挑骨头，进一步减少工资，例如以干活时发笑或是往窗外偷看为由，扣除一部分薪水。[69]房客害怕被房东赶走。对那些仅有一点个人财产的人来说，被赶走就意味着灾难降临。付不起房租，房客的财物就会被房东没收。因为房东有权这样做，所以房客宁可节衣缩食，不买燃料，也极少会欠租。[70]

对于在污秽的少数民族居住区内奋力谋生的移民来说，外面的世界既充满诱惑又极其可怕，既充满财富也充满敌意。少数民族居住区尽管又肮脏又拥挤，但至少可以提供一种同类的慰藉，这些人讲着同一种语言，信奉同一种宗 170

教。另一方面，移民自发形成的少数民族居住区还远远算不上一个社区。严酷无情而又时时存在的生存压力，会损伤所有的社会纽带关系，包括家庭关系。有些做丈夫的会突然消失，因为无法面对不断发生的争吵，或是无法承受看到自己的家人挨饿的痛苦，或是耻于与比他们挣得多的妻子住在一起。许多婚姻都以破裂收场。1903年，下东区的离婚率在纽约所有区中是最高的。赌博、酗酒、犯罪和患精神病，是逃离苦难生活的其他路径。[71]

相比之下，欧洲移民至少还可以做一下梦，期盼他们的孩子有一天步入上层，变得富有。即使在对移民的偏见最为严重的时候，美国人也从未认为每个欧洲人都危及美国的生活方式。攻击目标主要对准欧洲的“残渣”和“糟粕”，这就表明也有例外。不过，对东方人的敌视则倾向于将其视作一个被蔑视的种族而对他们全体排斥。甚至在1900年，当时中国人已停止移民，也不再与美国人竞争同一份工作，一家工会仍在提及中国移民时说他们“比野外游荡的野兽还要奴性和野蛮”[72]。中国移民生活在屈辱和恐惧中。“约翰中国佬”（John Chinaman）每天都会被他人残暴以待。排队时故意插在中国人前面是恶霸最喜欢的行为，中国移民冒险走进白人社区常会招来一阵石头雨。“没人知道有多少中国人在加利福尼亚被谋杀；在最广为人知的一次暴行中，即1871年某一天深夜，在洛杉矶一个村庄约有二十名熟睡的中国人被射杀和绞死。”中国人不可能通过上法庭来讨回正义，因为西方陪审员固执地认为：“中国人生性就爱说谎。”[73]

从1880年起，中国人开始搬离加州，生活在美国不同地方的大都市。由此也开始出现散落各处的唐人街，现今最大的唐人街位于圣弗朗西斯科和纽约。由于禁止中国移民进入的行业和职业是如此之多，他们只能指望在较大的城市中谋生——在这样的城市中，卑微的服务和普通小生意，例如洗衣店、中餐馆和古玩店的工作，吸引着许多美国顾客。

中国人往往会聚集在城市里的某个区域，因为他们不被允许或害怕住在别处。他们在自己人中寻找安全。他们 171
的社会传统更多是逆境而非骄傲的产物。唐人街不仅在过去，就连现在也仍是少数民族居住区。这一事实往往会被混杂在公众矛盾中的认知而被忽略。19世纪末期，美国人把唐人街看成一个充满诱惑、腐败和恐惧的地方。他们相信那里尽是赌徒、烟馆、妓女、匪徒和贩奴者。20世纪以来，尤其是第二次世界大战结束后，则出现了一种相反的看法：同一民族居住区是一个欣欣向荣的群体，在这里，传统儒家美德占据主导地位，家庭和睦，恪守孝道，极少有犯罪事件发生，青少年犯罪更是少之又少。

如果说将唐人街视作罪恶之地是一种扭曲的看法，那么后来这种视其为玫瑰色的神话同样是一种扭曲的看法。无疑，唐人街中肯定存在幸福的家庭和好的社区服务，但是，这里同样也会有周期性发生暴力的派系斗争。秘密社团之间的冲突，其中有许多都是在华人人口以男性为主时扎根的，并没有像一般人所认为的那样在20世纪20年代停止。二十甚至是三十年后，互助组织和宗族组织（被秘密社团成员所渗透）仍会为工作和势力而打斗。出于敲诈和骚扰目的雇用恶棍依然占据主导地位。[74]不过，在面对来自外界的威胁时，相互敌对的竞争群体也会团结起来一致对外，所以至少有段时间唐人街确实也像一个真正的社区。

同病相怜的纽带关系也会在同民族聚集区涌现。我们可以参考下面这个例子，20世纪70年代初，女裁缝是唐人街任一单个行业中雇用劳动力最多的群体。毫无疑问，她们的工资偏低，并会被她们的中国雇主利用其他方式剥削。而她们自己也会私下抱怨她们的雇主。双方之间肯定会存在对抗与冲突，但是同样也存在强烈的团结，因为女裁缝和店主都清醒地意识到，外面是一个强大的、有敌意的世界，在这个世界面前，这两个群体尽管有着不平等的地位，却都是受害者。[75]

同民族聚集的居民极少会走出他们所在的小世界。20世纪伊始，圣弗朗西斯科唐人街上的住户被限制在七条街的范围内。若要跨越由卡尼街（Kearny）和百老汇这样的街道确立的界限，就要冒着人身虐待的风险。唐人街的居民偶尔离开同民族聚集区去联合广场购物时，不得不随身 172
携带一个警哨，尽管在受到恶棍攻击时，吹口哨很少能得到警察帮助。在开明得多的20世纪40年代，中国工人阶级家庭实际上可能会搬出同民族聚集区，跟美国白人居住在一起，但是他们依然生活在恐惧中。即使白人邻居看上去非常宽容和友好，也总是会让人有这样一种感觉，即他们随时都有可能变得充满敌意。为了预防这种可能性，中国家庭可能会在节日期间送些食物以便安抚当地人，就像邻居的理发师和酒保是某些小神仙一样。[76]

对穷人和受压迫者来说，同民族聚集区既是他们的家，也是一个极其危险的地方。实际上，对生命和财产的直接威胁，来自生活在或“停留”在同一区域有着共同种族的人那里，而不是来自白人社会，后者虽说强势而霸道，却相距甚远。当唐人街发生帮会斗争时，安全感主要来自一个人的近邻，包括其宗族成员和街坊邻居。在一个黑人居住区，人们的安全感可能会被限制在一个很小的区域或是街角，甚或是减少到主要是自己家。一个黑人可能会感到自己是如此无能为力和易受伤害，以至于他会退缩到唯一的空间，即自己家中，只有在这里他才会感到自己对事情还有一些控制感。在黑暗的屋子里，一个人独自坐在闪烁的电视屏幕前，手里端着啤酒，就是安全的；光秃秃的四壁外就是重重要求和威胁，不断地提醒一个人的孤立无依和无能为力。

同民族聚集区经常会给人一种带有欺骗性的、虚假的团结一致的印象。房屋、街道、人群和活动都有独一无二的印记，局外人可能会认为这里存在一个利益共同体，一种广泛的社会纽带，而实际上这里并没有。美国同民族聚集区的特点是，社会纽带破碎不堪，警惕心四下弥漫，这种情绪可能会在分裂的群体中转化成公开的敌意。这一现象最强烈的表现就是帮派斗争。敌对帮派把同民族聚集区划分成许多地盘，并为争夺对荒废街道、垃圾遍地的停车场、破败的运动场、学校和家庭的统治权而互相打斗。他们不断恐吓当地人，不分男女老少。地理学者大卫·列伊（David Ley）在其对费城黑人居住区的研究中注意到："青春期的孩子非常害怕在上学和放学的路上遇上那些帮派成员。"男孩子们害怕去地方剧院，担心"半路上或在剧院里受到那些帮派成员的骚扰"[77]。

罪行只要能限制在同民族聚集区内，社会权威当局就 173
会对其睁一只眼闭一只眼。例如，"唐人街里的一切都十分和谐"这一神话之所以会出现，部分原因可能就在于暴力受害者主要是华人而不是白人，部分原因则是唐人街领导更喜欢自己解决冲突从而获取更大的权力，而不是与外面的司法系统合作。不过，同民族聚集区里的恐惧和失望显然是包不住的。20世纪60年代，圣弗朗西斯科的中国青少年帮派不仅有内部斗争，还与黑人帮派和白人帮派打斗。1965年8月发生在洛杉矶的沃茨暴乱，促使美国人意识到在城市里的黑人中间存在普遍而强烈的不满。尽管在那个场合中黑人的愤怒被限制在沃茨，受到损伤的仅仅是白人的财产而不是白人，但美国中产阶级白人仍然感到自己受到了很大的威胁。[78]

当现有社会的领导者感觉到这样有威胁的混乱来自他们不想同化也不可能同化的人群时，他们会做些什么？历史上，他们会诉诸恐惧景观的创造：早期是公开刑讯逼供、酷刑和处决，晚些时候则是采取一种更加微妙的做法——禁闭，至于这到底是恶魔行径还是文明行为，那就全看你
174 对它们持有什么样的看法了。

# 第十三章　公开羞辱和行刑

部落社区（tribal community）并没有供那些生活在其内部，可能扰乱治安的陌生人居住的永久天地。关于社会网络内部的偏常者，通常流放就足以使其就范。女巫确实是来自内部的敌人，有时必须杀死她们，但这种杀戮并未被证明是一种正当的威慑办法。因为部落成员会对一些更加微妙的暗示做出反应，所以也就无须公开进行司法制裁和处罚。不过，如果无根的“陌生人”形成了社会的很大一部分，那么社会约束就会失去效力。统治者会因为恐惧他们的世界可能被打得粉碎，而用武力把秩序强加于人们头上。由于想要使武力成为一种有效的威慑，当局者曾相信它一定得是严厉的和可见的。结果就是人们创造出了形形色色的惩罚，而在中世纪晚期到18世纪末期的欧洲，惩罚手段变得尤为突出和残忍。

当人们相信死后还有一个来生世界，并相信他们的统治者有掌握今生和来世的力量时，采取严厉的身体处罚也就不是必不可少的。在埃及旧王国时期，一个人若是违反了寺庙禁忌，就会失去公民地位及死后按照神圣仪式下葬的权利。这意味着违规者不仅失去了此生的自由，也失去了来世歆享福乐的可能。不过到新王国时期，人们的这些形而上学的恐惧消减得如此厉害，以至于它们需要借助对肉体处罚的恐惧（包括鞭打、断肢和刺死）来得以增强。[1]

古罗马提供了关于这一进程的另一个例证。共和时期
175 对叛国罪的处罚是剥夺公民权，其效果足以让叛国者陷入生不如死的境地。流放看上去可能要比死亡更糟糕。不过，到帝国时期，像被剥夺公民权和判处流放这样的惩罚，尤其是在其比较温和的形式下，已经不再让人感到恐惧，甚或是不再给人造成极大的不便；违规者可能会被放逐外省，但在亲友的帮助下，生活还能过得去。想要制造恐惧，处罚必须更加严厉。犯有各种违抗国家律法的罪行的罗马帝国公民可能会被驱逐到某个荒岛，在那种地方，他们的生存机会微乎其微，或者他们也可能会被处以死刑。到公元

222年，所有的叛国罪一律处以死刑，仅有最轻形式的叛国罪除外。[2]

罗马在帝国时期引入严苛法律的原因有很多。其中一个原因是那种可被称为“军事化类比”的思维对罗马社会的渗透。作为一位公民，罗马人在家中享有广泛的保护措施，可以反对行政官的武断判决，但作为一名战士，在纪律问题上，他要无条件服从长官的判断。在这一点上，他仅享有最低限度的法律保障。[3]随着逐步获取指挥战争的独断权力，皇帝不再把罗马人看成公民，而是将其视作应受纪律管制的臣民和士兵。因而，最严厉的惩罚（包括断肢和死亡）同样适用于自由民。

人们之所以能够容忍日益增多的严刑，另一个原因是奴隶所受的残暴成为一种日常景观。保护公民的法律不适用于奴隶，他们的主人通过让其感受到痛苦和死亡，教导他们顺从听话。罗马人（不论是自由民还是非自由民）经常可以看到奴隶被当众鞭打或是被钉死在十字架上，为此还出现了一个专门服务于这一目的的地方——埃斯奎林郊原（Campus Esquilinus）。相似的行刑地在罗马帝国每个大城市都能看到，其间布满了十字架和其他刑具；这些地方既是一种对奴隶和所有违法者的警告，又是一种严密和残忍统治的标记。[4]在这种情况下，任何尊重公民权的感情也都会自然地衰退。对那些当权者来说，一开始很有必要采取严厉办法来控制奴隶，然后是控制低层阶级（或下层社会）的人，最后则是控制公民，尤其是在帝国境内的公民极大地增加以后。恐惧景观是被有意创造出来的，因为当权者逐渐相信，痛苦和死亡的处罚必须公开执行，这样它才会对潜在的反叛者和罪犯起到威慑作用。正如昆体良
176（Quintilian）所说："无论我们在哪里，把有罪的人钉上十字架时，都会选择一条人流最多的路，在那里，多数人都能看到这一恐怖场面并为之所动。惩罚更多取决于其示范效应，而不是有罪者应得的报应。"[5]

与罗马人相比，帝国边缘的日耳曼人对待他们的违规者的方式要更加人道一些。我们从塔西佗那里了解到，只有那些反对整个社会的罪行，比如叛变投敌和临阵脱逃，才会被处以死刑；至于对个体的最严重侵害，比如杀人，仅仅会被罚没一定数量的牛羊。[6]在每个有战斗力的人都是无价资产的一个社会里，对谋杀犯和盗窃犯处以死刑和断肢，并不会被认为是一种适当的做法。英国也建立起了一套与此相似的惩罚系统。肯特的埃塞尔伯特国王（King Ethelbert of Kent）在7世纪颁布了若干法律，规定了从通

奸到谋杀的各类犯罪的罚款。每个案件中的罚款数目，都会根据受害者和犯人的地位高低做出详细的调整。

到10世纪中期，处罚变得愈发严厉。之所以这样，部分原因是当权者更加清楚地意识到了偷窃问题和其他社会混乱的征兆。当艾特尔斯坦（Athelstan）把苛刻的法律引入他的王国时，他自己的行政官员和主教齐声称赞他。越来越多的罪行，都用死刑和断肢取代了物质赔偿。根据艾特尔斯坦颁布的法律，如果巫术和魔术引起了死亡，就会招致死刑判罚。按照卡努特（Canute）颁布的一条法律，通奸的妇女会被割掉“鼻子和耳朵”[7]。

尽管征服者威廉废除了死刑，但取而代之的却是同样可怕而且通常更为严酷的身体伤害的处罚。如果有人犯了某些罪，他的眼睛会被挖出来，或者他的某一部分肢体会被砍去，或者他只会剩下头和躯干。按照一位现代作家的看法，威廉的法律“使得这个国家到处都是一些像鬼一样的人，只有头和身体。他们没有眼睛，没有胳膊，没有腿，只能凭借无方向的打滚来移动。他们的生命通常都比较短暂，而且还得依靠亲友的仁慈帮助，如果他们有这样的亲友的话”。[8]

到16世纪，身体伤害的刑罚已经变成一种奇怪可笑或者多少有些怪异的公开仪式。为了砍断一个人的手，可能需要半打或更多的官员。首先，堆木场的军士会拿来捆绑犯人的木桩和绳子。然后，大厨会把刀子递给肉类贮藏处
177 的军士，后者用它来行刑。禽畜部军士带着一只雄鸡站在一旁待命，准备用来包裹犯人的断掌。其他参与者还有碗碟室文书卫士、军士马医、主军医、杂货室下士、马匹下士和餐具室卫士。[9]这样精心制定程序，意在突出强调法律的庄严和罪行的极恶。

与其他惩罚形式相比，断肢这一古老实践可能会让现代人感到更难以接受。这一惩罚形式存在了很长时间。在欧洲，它作为某些非杀人的罪行一直使用到18世纪。当局认为断肢至少有两个优点：相对花费较少；经此处理的犯人可以代为宣传法庭、国王和国家的权力。

中世纪所有的城镇乡村，以及每座封建城堡，都有其长期保留的惩罚工具。与现今时代的惩罚工具不同，中世纪的惩罚工具都是展示在外：它们醒目地立在路边，靠近公共建筑，位于集市广场。它们是风景的一个正常组成部分。从早期中世纪印刷品可以看出，英国依靠足枷这一刑具来惩罚众多犯罪行为。它们被立于城镇入口或是法院门前。足枷是专门用来处罚逃跑的奴隶和工人的；由于无法

移动，他们只能等着主人来将其带回。被怀疑犯有刑事罪的嫌疑人，在接受审讯前也会被带上足枷；其中有些人等不到审判就已死去，其他人则可能由于血液循环受阻而失去一只脚。1351年颁布的一项劳工法令规定，凡是没有足枷的村庄，都要设立。[10] 1405年的一条新法令规定，不设置足枷的镇或乡将被降级为小村庄。直到1890年，在一些偏远村庄仍可看到足枷，而最后一次记录在案的足枷使用则发生在1872年伯克郡的纽伯里，当时有一个人因为在教区教堂里喝醉酒并且胡闹而遭受了这一古老的刑罚。[11]

颈手枷示众也是欧洲城镇一个极为显眼和熟悉的场景。可能除了足枷，没有什么惩罚能比它更为常用。几乎每个市场都有颈手枷，这是因为地方当局若是忽略了及时给犯人套上颈手枷，就有可能失去控制市场的权力。在伦敦，有数十种罪行都被判以戴颈手枷，包括使用巫术，伪装乞讨，假造信件、债券和契约。但是，戴颈手枷的人经常是因为有虚假的贸易行为。因此，在市场上设置这一刑 178
具也就再合适不过了，在场的买家和卖主都会事先受到警告。在伦敦契普大市场，犯罪行为的本质会被清楚地展现出来。例如，一个卖坏肉的屠夫，除了被上枷，人们还会把他卖的发臭的肉堆在他面前烧掉。[12] 与足枷相比，颈手枷带给它的承受者的痛苦要更加巨大。双手和脑袋都被卡在两块木板之间，有时耳朵也会被向后翻起钉在框架上。长时间暴露在围观者面前，被那些人嘲笑并投掷物品，很容易导致受枷者死去。法国也用颈手枷来处罚不诚实的商人，但主要是惩罚渎神者。1347年颁布的一条法令要求给渎神者一律戴上颈手枷，同时明确允许人们朝其脸上扔污秽之物。[13]受到这种虐待的话，戴颈手枷的人非常容易死去。

与足枷有所不同，颈手枷有时会被连到大型物体上。16世纪巴黎市场中心的颈手枷与一座壮观的十八米的高塔连在一起。与足枷一样，颈手枷也有很长的使用历史；它是欧洲不断改变的风景中极为稳定的元素之一。近至1830年，英国官员仍在用颈手枷来惩罚造假者。1837年，英国议会才通过一道法案将其彻底废除。

从中世纪晚期到约1600年，处罚方法既恶魔般的残暴，又多种多样。一些看似无足轻重的罪行，一旦威胁到地主的利益或是损及城市的尊严，犯罪者就会被处以死刑。在中世纪末期的德国（约1400年），一个人若在环剥树皮时被抓住，他的肠子会被掏出来缠在树上。对破坏界石的人的处罚是用犁头让其痛苦地死去。每个市镇的习俗都有所不同。德国南部的处决方式包括轮子轧死、肢解、火钳烫烙、活埋和烧死。一些刑具是如此残暴，就连刽子手都认为它们实在有些过头。1513年，纽伦堡的行刑官抱怨说，他们的工作让人感觉不舒服，尤其是在需要活埋人的时候。他们无疑会想到一个惯偷伊丽莎白·舍伦-克劳斯（Elizabeth Schellen-Claus）的极惨死状，她在1497年被活埋在一个绞刑架下。“这个可怜的家伙一直挣扎个不停，直到她手上脚上的皮都裂成碎片，围观者都对她生出许多同情。”与这样的野蛮程度相比，吊死应该算是一种仁慈的举动。不过，不同于肢解和活埋（这两者很快就都不见了踪 179
影），挂着在风中摇晃的尸体的绞刑架，是欧洲风景一个长期存在的特征；在德国南部，它们就直挺挺地出现在重要法庭（尤其是城市法庭）附近。[14]

同一时期的英国的惩罚方法同样残暴且多样。当然也存在地区差异，这些差异既反映了罪行的本质，又反映了极深的地方传统。历史学家约翰·贝拉米（John Bellamy）写道：

> 三文治的习俗裁决，所有杀人者都应被活埋在俗称“贼场”的桑当。在佩文西，任何得到从轻发落的“有特权”的杀人者，将会被带到镇上大桥，在大浪到

来时被抛入水中。在朴茨茅斯，杀人者会被烧死。在哈利法克斯，对窃贼的惩罚是将其送上古老的断头台。[15]

类似这样个体性的身体惩罚方法并未让英国那些国王感到满意，他们想要把权力都集中到自己手上。如果没有得到古老地方风俗的认可，他们不愿采取任何特别的处决办法。他们更喜欢的是绞刑，从威慑效果来看，绞刑具有持续可见的优点。

塔西佗注意到，日耳曼人会把他们的奸贼吊死。至少从公元1世纪起，公开处决最常见的方法就是，把罪犯吊在树上或高杆上。绞刑架和绞台像教堂的塔楼和城堡一样无所不在，因而它们成为欧洲装饰和艺术品的主题也就不足为奇。在英国的城镇和乡村地区，绞刑架上或树上吊着一个人的景象是如此常见，以至于它几乎被认为是自然风景的一部分。[16]诗人和艺术家在他们的作品中描述绞刑架和摇摆的身体，就像弗朗索瓦·维庸（Francois Villon）的《绞刑犯之歌》，或是荷兰画家希罗尼穆斯·波希（Hieronymus Bosch）的《流浪的傻瓜》（*Wandering Fool*）中所描绘的那样。[17]

处决刑具是一种封建权利。法王查理五世（1337—1380）会授予某些区域使用两根支柱的绞刑架的权力，支柱的数量是声望或地位的标志。有权使用八根支柱绞刑架的地主，会看不起只有资格使用两根支柱的绞刑架的贵族。[18]
从中世纪到18世纪，法国死于绞刑架的罪犯远多于死于其 180
他方法的。结果就是，在每个城镇和几乎每个村庄，都有绞刑架，而按照习俗，尸体会一直吊在上面，直到腐朽变烂，化为尘土。

从12世纪起，巴黎成为绞刑的中心所在地。一个巨大的绞刑架挺立在圣马丁和先贤祠之间的蒙福孔。这一巨大的建筑由重石制成。十或十二层粗砺的石头，组成一个九乘十二米的封闭堡垒。十六根柱子耸立在基石上，每根都有约九米高。柱子与柱子之间用双木梁相连。木梁上缠有铁链，用来吊挂罪犯的尸体。蒙福孔不仅被用来执行死刑，也被用来展示从全国各地运来的尸体。1466年，它展示了五十二具罪犯的尸体。新尸体与那些被煮熟的、肢解或砍头的罪犯的残骸挂在一起，后者被装在皮革和柳条制成的大袋子里。我们很容易就能想象出那幅让人恶心的场面：巨型绞刑台，微明的天色，阴暗的暴风云不断从天上涌过，上万只乌鸦啄食着绞刑架上的尸体。[19]

在14世纪的英国，绞死违法者已是一个被接受的惯例。其后它的广泛使用，可以从当时的道路指南和旅行指南书中推断出来，在那些书里，绞刑架成了路标。下段引文出自约翰·奥格尔比（John Ogilby）的《英国行记》（*Itinerarium Angliae*），该书首版于1675年，并在18世纪的前20年里有多种版本重印发行：

> 到了绞刑架和三座风车那里，就进入了约克郡郊区……过了郊区（德汉姆），有一条小的上坡路，介于绞刑架和克洛克哈尔之间……走过哈尔街和埃平森林三十四里处，左边有一个绞刑架……穿越潘米尼斯霍尔、希尔德拉瓦特，登上一座小山丘，右手有一个绞刑架……离开弗兰普顿，沿着威尔伯顿和谢贝克右边走，到一个绞刑架左拐，过一个石桥……从诺丁汉登
> 181 上小山，路过一个绞刑架。[20]

为了防止“谋杀的恐怖罪行”，1752年通过的一项法律，使得用柏油涂抹重犯尸体以延长其展出时间成为合法行为。结果就是，英国乡村地区出现了越来越多进入分解阶段的涂抹柏油的身体，地方居民深受其吓，以至于到了

夜晚，人们宁可绕远多走几里路，也不愿撞见这样的景象。不过，想要完全避开并不总是很容易。英国执法官员极为看重行刑地点所具有的意义；他们想要让绞刑架接近犯罪现场，或是在罪犯家乡的视线内。可见性是一个重要的考虑因素。威廉·莱文（William Levin）于1788年被处决，他被用铁链悬吊在赫尔斯比的最高处，距离切斯特将近二十里。在那个地点，尸体可被邻近几个郡看到。绞刑架也会被做得尽可能高。当局建起一个六米高的柱子来展示威廉·乔布林（William Jobling）的身体，他因谋杀法官而于1832年在德汉姆被处决。[21]

伦敦是英国的死刑中心，泰伯恩（Tyburn）刑场则是伦敦和米德塞科斯的绞刑中心。现存最早的泰伯恩行刑记录是1177年。在1220年，因为要绞死的人日益增多，又另外增加了两个绞刑架。当时泰伯恩可能是该国首要的绞刑场。在玛丽女皇统治时期，泰伯恩有如此多的活计，以至于需要在城外其他地方，如梅费尔、弗利特街等处增设绞刑架。伊丽莎白一世期间，泰伯恩刑场的压力不断增大，以至于需要增添一个不同寻常的绞刑架：一个三角形框架，一次至少能绞死二十四个重罪犯。[22]泰伯恩的刑具由此获得一种壮观的色彩，尽管还无法与巴黎蒙福孔刑场的规模相比。1783年，泰伯恩刑场关闭，在其六百五十年的使用年限内，至少有五万人被吊死。

已有许多人描写过18世纪英国园林和风景的魅力；而我们容易忘记的是惩罚这一丑陋的风景。关于18世纪伦敦某些地区高雅建筑的描写也有不少，我们可能不记得的是，伦敦那时有了一个比较残忍的绰号——“绞刑架之城”。锡德尼（W. C. Sydney）相信，这一称号是公正的：

> 不论外来者通过什么途径进入伦敦，由于随处都
> 182 能看到绞刑架，他对英国刑法的严厉性会有一种痛苦的感受。如果他由北部郊区进入伦敦，他会路过芬奇利公地，在很短的距离内就会遇到肯定不是一个而是五六个的绞刑架。如果他坐在一辆公共马车的外面或里面，通过西区去往霍尔本或皮卡迪利，他在路上就会看到臭名远扬的泰伯恩刑场。如果他是从外国港口出发，沿着泰晤士河前往伦敦港，他肯定会看到靠埃塞克斯一边的珀福利特下方的沼泽地及另一边伍尔维奇下方沼泽地的许多绞刑架，上面悬吊着一些反叛者或公海海盗的骷髅。如果他是徒步穿越城边任一荒地或公地，除非他拥有超乎常人的坚强神经，否则突然

听到铁链的响声，看到某一个绞刑架上拦路强盗或拦路盗贼慢慢腐烂的尸体，他准会吓个半死。[23]

独行夜路突然看到绞刑架，没人会不为之心颤。他害怕的不是违反法律的可怕后果，而是尸体。此时他会体验到一种极为原始的恐惧。不过，设计公开行刑和绞刑架的目的并不是为了产生一种奇异感；其本意是想威慑平民大众，让他们对现有权力保持尊重和敬畏。

绞刑是一个公众事件。昆体良呼吁“要让尽可能多的人都来观看”，约翰逊博士抱有同样的态度。对他来说，“绞刑意在吸引观众。如果吸引不到观众，它也就失去了存在的意义”。[24] 18世纪和19世纪早期，绞刑吸引了极大的人流。下层阶级把泰伯恩的行刑日视为一个节日。这一场合激发出了一种欢乐的心情和一种喧闹粗暴的状态，因此，它被称作“泰伯恩节”（Tyburn Fair）和“绞刑比赛”。城中不同区域的工匠都会放下他们的工作，去参观一次重要的绞刑。随着日子一天天临近，来自四面八方的人们聚集在纽盖特监狱和泰伯恩之间的八九里地内。他们或者步行，或者骑马，或者坐车，接踵而至。他们塞满附近的房屋，挤满毗邻的道路，爬满了梯子、平台和围墙，泰伯恩刑场

内更是人挤人。[25]人群变得非常庞大和难以驾驭，正常的
183 交通和商业被严重中断，以至于当局最后决定放弃“将犯人押赴刑场”这一过程，改在关押这些人的纽盖特直接行刑。即使这样，人也没有减少多少。约有四万五千名观众观看了1807年2月23日对约翰·霍洛威（John Holloway）和欧文·哈格蒂（Owen Haggerty）的绞刑。人们阻塞在纽盖特监狱前和所有毗邻街道的空地上。由于剧烈的身体碰撞，死了二十七个人。1824年在方特勒罗伊执行的绞刑，约有十万人围观。在地方进行的绞刑与在伦敦的一样受欢迎。在市镇中观看观看绞刑的人，数量一点也不比伦敦的少；一听说要执行绞刑，四邻八乡的人都会蜂拥而至。[26]

南北战争前的美国南方上演着相同的病态戏剧。在南卡罗来纳州，没有什么景观能比绞死重犯招来更多的人并给其留下更深的印象。绞刑事先就会被人们很好地广而告之，有时甚至会提前数周，而到了行刑那天，市民会从该地区各个角落出现齐聚一处，就像是在参加一场巨大的联谊盛会。负责此事的当局想事比较周到，他们把绞刑架设在低平之地，四周有斜坡，就像一个圆形大剧场。自然坡度不足的地方，他们会修建木制平台，以便站在最后面的观众也能看得清清楚楚。[27]

公开行刑在吸引人群上做得极为成功，但并未实现其预想目的。法律的威严极少给人留下什么印象，其中许多人都利用这一场合来酗酒闹事、打架斗殴和偷盗。围观者并没有看轻那些因犯重罪而即将被绞死的人，他们极少会像对待那些戴足枷或颈手枷的轻罪者那样去嘲笑他们。事实上，人群经常向重罪犯致以热烈的欢呼，就像他们个个都是英雄。濒临死亡给他们涂抹上了一份别样的魅力。围观者把自身充满激情的兴奋及其醉酒享受都归功于他们。对死刑犯的敬畏甚至超出了对死亡的敬畏。在英国的不同地方，巫术般的力量都被归于绞刑犯的尸体。一种比较简朴的民间看法认为，触摸犯人的尸体能治好皮肤病、甲状腺肿瘤或出血的肿瘤。[28]

所有这些后果中，没有一样是法律官员预先想到的，他们把公开行刑看成一场世俗的道德剧，相信它对普通大众是一种强有力的威慑。英国小说家菲尔丁最早对公开行刑进行了雄辩的批判。他在1748年被任命为治安法官，这给了他从内部了解伦敦犯罪情况的机会。他确信，绞刑并没有阻止罪行，相反，它是中世纪抢劫案增加的原因之 184
一。如果想要让民众感到恐惧，最好不要赋予绞刑狂欢节的意味。“幕后凶杀，如果诗人知道怎样处理它的话，会比在人们眼前发生，让人产生更大的恐惧。”[29]怎样才能创造出一种更有效的恐惧景观呢？杰里米·边沁（Jeremy Bentham）这一位寻求缓和严刑峻法的改革者因此主张，不要私下行刑，而是应该采取一种更好的仪式，以便把恐惧刺入罪犯和旁观者心中。黑色的绞刑架，一身黑衣的执法官，一个戴面具的行刑官，庄重肃穆的宗教音乐，可能会“让围观者在接受一份重要经验前做好心理准备”[30]。

1868年，公开行刑在英国被废除。19世纪早期，有很多证据表明，恐怖的狂欢节促进了而不是阻止了社会混乱和暴力。如果说它吓唬住了一些人，那它也吓唬错了——它吓住的是那些敏感守法的公民，而不是那些冥顽不化的罪犯和恶棍。

狄更斯强烈倡导对公开行刑进行改革。他明确地讲清楚了越来越多的法律制定者所持有的观点，这些人谴责公开行刑的荒唐及其制造的恐慌。1849年，狄更斯目睹了在马贩巷监狱执行的对乔治·曼宁（George Manning）夫妇的处决。他看到，天快亮时，窃贼、妓女、恶棍和流浪汉一拥而入。成千上万张面孔抬头仰望，金色的太阳给它们镀上一层亮光，而在他看来，这些面孔展现出了残忍和说不出的恶心。人群的快乐显得非常可憎，以至于他认为

"人应该为他那副皮囊感到羞愧"。三年后，狄更斯再次回想起这一场面。他无法忘记吊在监狱大门上的两具尸体。"有好几个星期，一想到监狱外的场景，我就会不由自主地想到那两具悬吊在清晨空气中的尸体，不论我怎样想让自己不去想都不行。"[31]

在英国与在美国（要更早一些）一样，导致终止公开行刑的观念和情感有许多，其中之一就是日益壮大的中产阶级不断增长的情绪。这个阶段的成员越来越难以容忍他们认为粗俗和粗暴的东西。随着他们的品位变得更加文雅，他们便想把那些粗俗和暴力的东西统统从生活中清除掉。185
如果穷人、精神病患和违法者都不存在，那便再好不过了。次佳之举就是将他们加以区隔：穷人住在贫民窟和少数民族居住区，疯子和罪犯住在疯人院和监狱——一句话，离市区越远越好。186

# 第十四章　流放和监禁

复杂社会有着复杂的交换代码。其中一些代码被正式化为法律和规章制度；多数代码则经由社会统治机关反复灌输，或多或少被成功内化成个体行为模式。不过，复杂社会永远不可能完全避免无政府状态（或叛乱）的威胁。其人口的多样化和分层化，难免会包含一些出于不同原因而偏离了被普遍接受的规范，或是刻意寻求颠覆它们的元素。疯子不会服从礼貌行为的规则。流浪汉和闲散人士，以及通常所说的那种一无所有、居无定所的穷人，同样不会将其当回事。对成功阶层的成员来说，这样的人是不稳定的漂流物；他们没有稳定的住所、家庭和俗世财产。他们被视为暴力的，随时准备侵犯他人的财产和人身安全。

社会会怎样来应对这样的边缘成员呢？以前，如果他们不暴力并且有一些合法的谋生手段，社会便会容忍他们的存在。心智缺陷者、乞丐、无业游民和无助贫民，都生活在有地位的人和富人中间。如果社会边缘成员犯了罪，他们会迅速受到苛刻的惩罚。前面我们已经看到，在现代时期之前，刑罚方式有多么残酷。不过，多数社会还有另外两个强加秩序或阻止内部混乱的方法：流放和监禁。流放是把危险分子从共同体中驱逐出去；监禁则是将危险分子在空间上隔绝起来，从而使其不至于危害社会。

在古罗马和古中国，上等阶层的违法者会被流放到荒岛和穷乡僻壤，在家庭和朋友的帮助下，他们可能生活得相当舒适。底层重犯也会被流放，但他们必须戴着脚镣服 187
劳役。[1]在现代时期，流放异域是一种重要的惩罚类型。从17世纪到19世纪早期，英、法两国都把它们的欠债者和重罪犯流放到殖民地。这些故事大家都很熟悉，无须在此重复。人们较不熟悉的是本地层面的放逐，即将危险分子与社区隔开。

面对那些名声不好的人、无业游民和潜在的犯罪者，一个社区能有何应对措施？答案是，除非这些人能够以出生于此或是长居于此来证明自己是社区一员，否则他们就会遭到驱逐。小城镇畏惧陌生人，因为他们很可能成为一种经济负担并扰乱当地组织严密的社会秩序。城市相对来说会更加宽容一些，但即使一个大社区，也会有去除其寄生成员的压力（如果他们的聚集人数太多的话）。16世纪末期，巴黎有十万人，其中光乞丐就有约三万。显然，背负如此重担的城市不可能长期维持下去。1606年，巴黎高等法院下令将巴黎的乞丐抓到公共广场上进行鞭打，在其肩上打上印记，然后将其逐出巴黎。为了保护首都，不让他们返回，1607年颁布的一项法令要求，所有城门都要安排弓箭手。[2]

面对那些精神病患，社会又是怎样应对的呢？疯人是那些头脑有问题的人。由于头脑失去理智，他们的行为显得异常古怪，要么是人畜无害地四处游荡，要么就非常暴力。从古希腊时代到中世纪晚期，除了巫术或宗教性质的药物之外，对待疯子有两种基本办法：有暴力行为的会被用铁链锁在私人房子和宗教机构；不会伤及他人的则会稍稍受到监视，但仍被允许生活在人群中。当精神病患人数增多且引起众多麻烦，当局会将他们从城里赶出去，任由其在乡下游荡。中世纪晚期到16世纪之间，人们开始采取措施把精神病患流放到更远的地方。城市当局雇用水手和商人将其运至极其遥远的城镇，他们在那些地方是真的可能走丢。

显然，所有社会都希望能除掉其内部的疯子。在可以确定他们所来自的地方的情况下，他们经常会被遣返原籍。德国乡镇就是这样做的，而其他国家的乡镇也是如此。地方官员愿把精神病患送到多远的地方？1377—1397年间，188
纽伦堡市政委员用公费把十三个疯子送往班贝格、帕绍和雷根斯堡，最远则送到了维也纳和匈牙利。[3]还有种更仁慈的做法是，把他们放入小船，送往朝圣地的寺庙，例如靠近安特卫普的吉尔的圣戴姆法神庙。沿着莱茵河和佛兰芒运河，人们可以看到那些“愚人船”载着它们的“疯狂的货物”漂往遥远的地方。这种治疗办法在塞巴斯蒂安·布兰特（Sebastian Brant）知名的讽刺诗《愚人船》（*Dos Narrenschiff*）中有记载，它在15世纪的西欧达到顶峰。[4]在“愚人船”上，疯狂的意象与水恰当地连接到了一起：水，作为一种指示着不定状态的流动介质，是“疯狂”的一个恰当象征。相比之下，理智的状态，就成了发疯的心灵希望到达和下锚停驻的坚实大地。

依照我们的思考方式，面对那些难驾驭者带来的威胁，最简单的应对办法就是在空间上对他们进行限制，比如将其关入监狱和收容所。但在16世纪之前，这一想法并未被付诸实践。当然，古时候也有监狱，但它们并未被看成一种控制不守秩序者的设施，也没有被有意当成一种惩罚手段。希腊人极少使用监狱：只要有三个人作保，希腊法律就会禁止逮捕任何被指控犯有重罪的人。罗马人意识到可以采取监禁措施，但拒绝采用。按照3世纪早期的法学家乌尔比安（Ulpian）的看法，监狱可被用来关押人，但不是为了惩罚他们。它是一个在审判前拘留嫌犯和供死刑犯在被处决前待着的地方。[5]

在欧洲中世纪时期，关于监狱功用的这一看法基本没有发生改变。监禁是一种手段，而不是目的。例如，欠债者会被投入监狱，直到他们还完债务；重要的俘虏也会被关入土牢，直到收到他们家人缴纳的赎金。囚犯在一个黑暗和发霉的牢房里被关上一年或更久，可能会变得虚弱不堪。他无疑是受到了严厉惩罚，但是社会并不会这样来看待此事。这里的区别很重要，因为社会在将监狱视作惩罚之地的同时，也是将其视作了救赎之地。因此，残酷和理想、绝望和希望交织在一起，并造就了自相矛盾的监狱和收容所的景象，而这些景象持续不断地困扰着我们。想要

了解这一矛盾心理是怎样出现的，我们应该来看看欧洲创 189
造禁闭之地的第一个系统尝试——麻风病院。

1000—1400年间，麻风病在欧洲广为流行。麻风病隔离地多达一万九千处，一度让欧洲人的面庞布满麻斑。1226年，法国官方记录在案的这种地方超过两千个。15世纪，英国有三百六十二所麻风病院，其中二百八十五所都在英国。[6]这些地方都位于居民区以外；随着城镇边缘向着这些麻风病院扩张，它们也可能被迁走。这一机构的污名可以从下面这一事实看出：在罗斯托克、科隆和其他地方，麻风病院都建于处决犯人的地方。而且不论在什么地方，只要有可能，麻风病院都会建于城镇的下风处，以免其院内肮脏的空气沾染健康的居民。麻风病患者被孤立了起来。将他们与世界区隔开的那些宗教仪式，与对待死者的那种几乎没有什么差别。[7]

为什么当时人们如此畏惧麻风病患者？我们在现今时代对麻风病的恐惧，是建立在“这种病可能会传染”这种疑虑的基础之上的。中世纪人是否意识到这一点呢？1346年，爱德华三世颁布了一项法令，把伦敦所有的麻风病患者统统驱逐出城：他觉得他们可能会通过故意传染健康的人，让自己这样的病人增多来寻求安慰。[8]到15世纪末期，人们已不再怀疑，传染性是隔离麻风病患者最强有力的原因。尚不太清楚的是，是什么动机导致人们在中世纪早期建立麻风病院和隔离地。当时人们脑中在意的，似乎并非传染的危险。麻风病院的章程丝毫没有表明，人们建立它是为了迫切地阻止疾病传播。当时广为人知的是，感染者必须得到许可才能住院：允许入院被视作一种特权，不被接受则被视作一种惩罚。如果说人们害怕这种疾病，那么这种害怕并未强大到阻止老人和穷人到麻风病院里来寻找食物和庇护。而且，尽管受感染者与他人分开居住，但他们并没有被软禁在屋里。病人不用费太大劲儿就可以得到准许去参观邻近市镇，甚至还可以在那里过夜。[9]

某种对传染所抱有的恐惧始终存在，尤其是在可以看到其让人恶心的脓疮处的情况下；但在11和12世纪，把麻风病患者与他人区隔开的一个主要理由是，人们相信他们随身带有污秽的耻辱标记。麻风病被视为一种道德疾病，其受害者的邪恶行为，会和这种病本身的传染性一样，威胁到社会。中世纪的人认为麻风病与好色有关，麻风病患者是淫秽和好色的，是罪人。但与其他罪人不同的是，他
190 们在某种程度上又不用为自己的罪负责。教会宣称他们对世界来说是已死之人，但是他们的灵魂仍可获救。

从本质上来说，麻风病院属于宗教机构；甚至那些市镇自营的麻风病院也得到了教会的赞助。麻风病院的章程强调灵魂得救。有些地方宗教人员的数量超过了患者的人数。受到教会的影响，人们对待麻风病的态度很是矛盾：这种病既是受诅咒的罪人的外在标记，又是受到上帝特别恩宠（也就是有资格参与基督用自己的极度痛苦和屈辱来拯救世界的行为）的外在标记。林肯的圣休（Saint Hugh of Lincoln，1140—1200）狂热地将麻风病患者描述为天堂的花朵，永恒之王皇冠上的珠宝。[10] 比利时都尔奈的主教于1239年极力主张说，麻风病是来自上帝的一件礼物。麻风病隔离地确实是一个恐怖之地，一个“被诅咒之人的城市”；但在另一方面，通过神秘主义的视角，他们又被视作拥有来自上天的恩典。

大约在公元1400年，麻风病的毒性开始下降。受感染者也不再让社会大众感到恐慌。麻风病院残败朽烂，一种隔离的形式就这样宣告结束。但这并不意味着隔离本身就此结束。实际上，我们可能会把15世纪视作“监禁时代”的开始，直到现在我们仍然置身其中。是哪些力量和事件导致了这一变动呢？其中比较突出的那些可以简述如下。在15和16世纪，西欧经受了严重的社会和经济动乱。其中一些动乱标志着欧洲从封建经济转向资本主义经济。人口迅速上升，工资下降，失业普遍存在。城镇因为新的产业而繁荣起来，但与此同时也使得穷人和失业者聚集于此。在英国乡下，耕地被圈起，变成富有农场主放羊的地方。没有工作和土地的农民被迫四处流浪，进入城镇。战争导致社会混乱和暴力倾向。逃兵、复员军人、被遣散的私有军队的战士，加入了叫花子和流浪汉的队列。一边是对慈善机构的需求在增加，一边则是经营贫民院和医院的宗教机构陷入衰落状态，甚至就连最低限度地满足穷人和病患的需要都做不到。[11]

191 统治者和政府警觉地注视着这一规模逐渐扩大的浪潮。叫花子看上去很不悦目并让人讨厌；而更糟糕的是，许多保持着有组织联系的流浪者还会威胁到国家的安定。他们偷盗，掠夺，强奸，杀人，凡有红白喜事之地都能看到他们的身影；他们之中一些具有政治头脑的人更是会暗中煽动骚乱。[12]

英国都铎王朝将流浪汉视为对公共秩序的一个威胁，以及对其统治的一个挑战。它周期性地通过一些严刑峻法来限制那种无目的的流动。都铎王朝立法和政策的主要目的是把穷人限制在其家乡教区内。教区是基本的责任单位。

离开它的人都要回到它那里。1495年的一条法令要求所有地方警察，上到警长下到下级警员，将流浪汉抓捕起来关上三天两夜，只提供面包和水，然后强迫他们在六个星期内返回他们出生或成长地方的教区。1531年，一条法规对无照乞讨者予以重罚，流浪汉和难驾驭的游手好闲者则会被鞭打一顿，然后遣回他们的原教区。[13]

简而言之，穷人会被留在原地不动。当地社区会怎样对待他们呢？理想情况下，无力照顾自己的、受人尊敬的穷人可以在救济院得到照顾。有劳动能力的叫花子和游手好闲者则被安置在教养院，通过做工、祷告和养成有规律的习惯，变成社会中有生产力的一员。1556年，英国第一家教养院在伦敦出现。它由昔日爱德华六世的布赖德威尔宫改造而成。翻新后的宫殿接收了一些身体强壮的地痞和妓女，他们全都被迫参加工作：女人纺织；男人在面包房工作，在磨坊碾磨谷物，或是在铁匠铺做钉子。1576年，议会规定每个郡在自己的辖区内至少要设立一所“布赖德威尔宫”式的教养院来减少贫困现象。随之而来的是，出现了也许多达二百所的教养院。一开始，设置教养院的用意并不是作为惩罚之地。它的表面目的是雇用穷人，教给青少年一门手艺，以及改造流浪汉。其中一些教养院，尤其是在其成立初期，成功地让居住其中的人过上了一种稳定有序的生活，但到17世纪末期，它们已经变得与通常的监狱没什么区别。[14]

受到英国原型榜样的启发，17和18世纪的欧洲出现了
192 数百所教养院。其中出现最早的是阿姆斯特丹的管教所，它成立于1598年，建于一所废弃的女修道院中，它收留的人员非常复杂，从重罪者和被判无期徒刑者，到普通的行为不端者（比如叫花子和逃亡学徒），再到富裕人家不可救药的儿子。管教所的创建者原本计划将其建成一所感化院，让入住人员通过接受各种职业技能训练，学会勤劳和敬神。实际上，这些荷兰感化院很快就变成市属工厂，里面的人作为被囚禁的廉价劳动力，受到商人和工厂主残酷的剥削，以便为其赢利。荷兰的这类机构为欧洲其他地方相似的济贫院的建立提供了模型。1620年，第一家德意志地区的济贫院在汉堡建起。它的面积是教养院的两倍，足以容纳五百人入住。虽然该机构为有意愿的叫花子提供工作，但其根本目的则是将叫花子、酒鬼和闲散人员从街上收容进来，强迫他们通过艰苦劳作来维持生计。18世纪末期，德意志地区有六十个这样的机构。[15]

欧洲最大的监禁场所是巴黎的总医院（Hôpital

Général)。1656年成立后没多久，它的居住者就增加到令人惊讶的六千人，这意味着巴黎每一百个人中就有一个人在里面待过。尽管表面上总医院为穷人和病残者提供了一个遮风挡雨的地方，但其实际运作表明它完全与卫生保健无关。这一机构首要关注的是秩序——专制君主和上升的中产阶级理解的那种秩序。懒惰是所有罪恶的来源，罪恶可被简单定义为瓦解和混乱的力量。在持久的艰辛工作中，个人和社会都可以得到救赎；为此可以使用各种各样的强制手段，包括铁锁、铁链、鞭子和土牢。巴黎模式被认为是成功的。1676年6月16日，一项皇家法令要求每个城市都要设立一所“总医院”。[16]

在这样的监禁之地，一般谁会从中受益呢？似乎是从以各自方式进入总医院的巴黎居民中涌现出的格外众多的人物类型：重犯，淫乱者，放荡者，亵渎者，疯子，败家 193
子，败家子的儿子，孕妇，跛子，绝症患者，叫花子，弃婴，无家可归的青少年，无家可归的老人。虽然巴黎的这家机构试图通过性别和年龄大致区分一下它的入住者，但这项任务经常会变成一种非常随意的事情，因而，原本是供妇女和女孩使用的萨尔佩特里埃医院（Salpétrière），后来却又塞进了老人和年轻男孩，而在“女性”这一分类中，同样掺杂着从发疯的人到生病的母亲各色人员。[17]

在17和18世纪，西欧上层社会越来越无法容忍看到那些被它认为偏离常规和难以驾驭的人。被驱逐者和边缘人士，即使不是一种自然威胁，至少也是一种羞耻感的来源；他们是重犯还是欠债者，醉汉还是疯子，都不重要，因为他们都从上层社会的视线中被去除并监禁起来了。欧洲监禁场所的一种巨大罪恶，就像英国改革者约翰·霍华德在18世纪晚期指出的，就是不加区别地把各种各样不同的人关在一起。[18]

监禁的理论和实践充满了冲突、矛盾和反讽。我们已经注意到把宫殿或女修道院改建成教养院这一举措里面所包含的反讽意味。实际上，18世纪中期欧洲的多数监狱，不论从外部看还是从里面看都是可怕的地方。英国没有哪座建筑是出于安置恶徒异端的目的而建造的，除非是把城堡的地牢算进来。实际使用到的建筑物包括房子的地窖和城墙的门楼（例如纽盖特监狱）。另一方面，有些监禁之地则是带着一种集体自豪感修造而成，看上去很是宏伟。巴黎总医院就是一个极好的例子。它的规模和声望，激发伦敦在1676年新建成了收治精神病患者的伯利恒医院。这座疯人院（伦敦民间叫它新伯利恒）在当时获得了众多赞誉。日记作家约翰·伊夫林（John Evelyn）认为它“非常壮观”。国外游客更是对它赞不绝口。建成后没多久，一位民谣作家就创作了一首一百行的民谣，标题是“伯利恒的秀丽、伦敦的慈善和城市的荣耀”。[19] 然而，这一建筑本身却体现了刺目的矛盾。一个矛盾是，建筑外观堂皇华丽，内部却是腐败霉变的囚犯房间、锁链、烙铁和鞭子。另一个矛盾（同样令人痛苦，因为我们现在是意识到它的）源自这些疯人屈辱卑贱的状态与他们作为旅游景观的受欢迎程度之间的对比。17世纪和18世纪早期，疯子被当成最低贱的人对待，其中一些被贬低或几乎只有动物状态，尽管他们仍然拥有一个可被救赎的灵魂。罪犯在和疯子一起被关押监禁时，人们往往都会同情他必须跟疯子待在一起。 194
可是，不仅是下层社会，就连上层社会成员也喜欢涌入伯利恒找乐。就像现今的人们可能会残忍地戏弄被关在动物园里的动物一样，在早期那个时代，伯利恒的参观者也会故意触怒牢中囚犯，或是用杜松子酒将他们搞醉以便看到更加奇怪的举止。伯利恒医院最终于1770年关门，在这之前它平均每年接待九万六千名访客。门票收入维持着这一机构的运营。[20]

被关入监牢里的不体面者有许多不同类型，其中仅有疯子能够吸引大批好奇的参观者。牢里的重犯、叫花子和地痞并不引人关注。监狱被人们回避，它们在人们心中引起的即便不是恐惧，也是不安。在英国，至少从15世纪起，“监狱热”（即斑疹伤寒）这一术语就开始得到使用并为人们所害怕：它被用来宽泛地指称会几乎不出意外地压垮狱中囚犯的一系列疾病。议会曾在17世纪不冷不热地尝试降低“监狱热”的严重程度，但并未取得什么成效。直到一个多世纪后，它仍是一种常见病。为什么它会存在这么长时间，而且看上去也无法根除呢？为了找寻这一问题的答案，威廉·史密斯医生在1776年将其归因于监狱的设计及其管理的糟糕状态。有些监狱设在地下，在那里面，“囚犯必须弯着腰才能动弹，食物被从活板门中扔进来，由于老鼠较多，还得与老鼠抢食”。牢房经常都是潮湿阴暗，有时地板上会有近一米深的水。监狱没有烟囱，没有壁炉，没有床，只有麦秸堆，由于更换一次的时间实在过长，以至于它们散发着“肮脏的恶臭”[21]。从约翰·霍华德关于欧洲大陆情况的调查来看，那里的监狱显然也没好到哪儿去。

当然，人们有充足的理由对监禁心生恐惧：令人恐惧的事情都发生在监狱的高墙内。不过在18世纪中期，英国人和法国人突然把禁闭之地看成一种无法控制的邪恶的来源；它会四处传播并危及城市，即使重犯一直被关在监牢里。这是恐惧的对象一种无差别的腐败，它既是物理的，也是道德的。人们认为，监狱和收容所的暴力和退化产生的毒气，可能在围墙外几百米远的地方都嗅得到。这一“发酵”想法（当时科学界的新发现）加重了人们的怀疑。各种各样的有毒蒸气和腐蚀性液体都可能在监狱封闭的空间中生成，它们肯定会逸出围墙，攻击邻近社区。 195

不仅仅是“监狱热”让人恐惧。一个具体事件更是增强了英国人对“什么是无法控制的邪恶”的认识。1750年4月，来自纽盖特监狱的两个带病的囚犯在老贝利街的中央刑事法庭接受审判，在那里他们造成了传染，结果死了五十人，包括法官、陪审员、律师和许多听众。“这场灾难说服伦敦市法团着手与白厅协商，请求拨款进行经济援助，重建伦敦郡长詹森（Sheriff Janssen）所说的‘发霉和腐败的可恶温床’（纽盖特监狱）。”[22] 1780年，一场瘟疫横扫巴黎，市民都相信传染来自总医院，以至于他们谈到要去烧毁其下属比塞特医院的房子。[23]

古老的欧洲是辉煌和朽烂的混合物，大西洋对面则是一个初生的新世界。北美殖民时期及美国独立后最初数十年中，“监禁”这项权宜之计经历了怎样的演变呢？大卫·罗斯曼（David Rothman）精彩地讲述过这个故事；它与欧洲的体验有所不同，但仍有不少相似之处。[24]早期殖民时期，禁闭机构几乎不存在。17世纪下半叶开始在欧洲激增的教养院，在新世界也没有引起什么回应。主要原因是，贫困并非普遍存在；各家各户都是自己照顾自家无法自理的人。仅有几个镇建有贫民院，它们将其作为最后一招/应急之用。1736年，纽约开办了一个有多种用途的收容所。它是一个“救济院、囚犯工厂和教养院”。轻度精神病患者也可进入，与其他囚犯一道干活。其管教与通常的家庭几乎没有区别，事实上，这一机构的建筑，模仿的也是普通人的住所。这一点同样适用于波士顿救济院和其他地方一些相似的收容所。它们通常位于城镇的边界内，在外观上与管理程序上都看不出有什么特别之处。殖民地时期的监狱，在结构和日常惯例上也类似于家庭。设计它们的目的并不是用来威逼罪犯。因此，从中逃跑非常容易并频繁发生。

另一方面，殖民地美国仍然保留了许多旧世界对待罪犯、流浪汉和疯子的态度。身体惩罚非常苛苦，包括足枷、颈手枷和绞刑架在内，这三者是达到一定规模的定居点的必备物。政府通过严格的法令，限止叫花子和流浪汉的活动范围。在纽约殖民地，1683年颁布的一项法令授权治安官将流浪汉“从哪里来还撵回哪里去”。反对流浪汉的规章 196
制度在1721年得到进一步强化。

对待严重精神病患的方法与欧洲有些相像。1756年，殖民地美国的第一家综合医院宾夕法尼亚医院，正式开业。精神病患被关入地窖。人们经常用铁链将他们锁在固定于地板或墙壁的圆环上。监管者带着一条鞭子，随时都可使用。精神病患被视作狂暴的野兽。当地人带外地客人消遣的一种方式就是，带他们去观看和戏弄那些精神病患。那个时代一种残暴的离奇想法是，精神病患就像野生动物一样，对天气不够敏感，因此可以将他们光着身子关在牢中。本雅明·拉什（Benjamin Rush）医生曾向这种残暴行为开战，但他同样认为精神病患是低等人。例如，他相信，不让精神病患吃饭可以“驯服”他们，他援引了这样一个事实来支持自己的观点：在印度，人们驯服野象的方式就是不给它们喂食，直到它们饿得瘦骨嶙峋。他还建议用驯服野马的方法来驯服有暴力行为的精神病患。[25]

按照罗斯曼的看法，在独立战争和内战这两个时期之间，刑罚思想上出现了两个主要变化。从美国独立到19世纪头十年，受启蒙思想影响，美国人开始减少身体处罚，尤其是尽量不用绞刑架，而是更倾向于一套与罪行的严重程度相匹配的监禁体系。对特定监禁的恐惧而不是对绞刑架的应用才会阻止犯罪。该时期人们关注的重点放在改革法律制度上，并引入了监狱作为该制度的物质武器。但是极少有人去注意，监禁可能会怎样影响囚犯和监狱外的自由社会。

在19世纪20年代，美国刑罚思想的焦点从法律制度转移到了偏常者和监狱。从19世纪20年代到内战期间，监禁场所的基本理念和修建，都经历了一些革命性的、理想化的、富于反讽意味的变化。那时的一个重要观念是，是社会，而不是原罪，在助长犯罪行径。杰克逊时代的美国人是怎样看待他们所处社会的？他们确实感到骄傲，同时也深陷困扰：之所以骄傲，是因为他们摒弃了过去的残暴行径；之所以困扰，则是因为他们看到，更早的社会秩序中的美德（稳定的社区，固定的等级）为他们遥远的祖先所
197 享有，却在他们自己的时代受到了挑战。社会似乎处在了混乱的边缘。给人的感觉就像是，没有得到家庭支持和规训的年轻人，会很容易屈服于城镇中的许多诱惑：小酒馆，

充斥着放荡顾客的剧院，妓院，有着满是小偷和酒鬼的小餐馆的街道。[26]

面对此情此景又能做些什么呢？有人建议关闭小酒馆和妓院。另一种方案是给偏常者创造一个特别的地方：将他们从社会中清除出去，并放进一个不受腐化的环境，即监狱。这样一个理想设置所要求的几乎是最彻底的隔离和最严密的纪律。将罪犯从他们腐败的周围环境中清除出去，仅仅是为了让其受到其他罪犯的邪恶影响；这显然是一种愚蠢之举。必须将他们互相分开，就像必须将他们与外界分开一样；甚至就连他们的家庭都不应该去探监。顺从得是绝对的，谁不顺从就得挨鞭子。

在这个时代，改良派信念中一个突出的原则是，相信建筑可以改变人的个性。改革者不惜力气不惜代价地创造一种物理环境：他们觉得这种环境可以靠极度精准地管控那群堕落人士的时间和空间来对其进行再教育。建筑学被提升为一种重要的道德科学。监狱内部的复杂构造反映了对隔离和控制的需要。巨型的外观透射出一种力量感。杰克逊时代的监狱通常都是建造在田园般的环境中，看上去就像中世纪的城堡，而周围则是其领地。

毫无疑问的是，美国公民为他们的刑罚机构感到骄傲，这些机构不仅吸引了当地游人，还吸引了海外杰出的改革者和作家，包括托克维尔。到19世纪30年代，美国监狱已是举世闻名。[27]退一步说，这也是件奇怪的事：一个不断夸耀其自由的国家也提供了为世界羡慕的严格控制的监狱。事实上，监狱的一些拥护者对这一创造极为满意，建议将其作为一个值得广大社会模仿的模型进行推广。他们认为，救济院和济贫院明显会受益于理想化的监狱设置；此外，按照波士顿监狱纪律协会（Boston Prison Discipline Society）的看法，这样的设置也能“极大地促进大家庭、
198 男女寄宿学校和大学里的秩序、严谨性与纯洁性”。[28]

1800年之前，程度较轻的精神病患会在家中得到家人的照料，或是由政府出资在救济院与有病的叫花子住在一起。如果有暴力行为，他们会被当成罪犯严厉对待，或是被视作低等人类，需要通过被监禁在家中或是关入医院的地窖来得到驯化。启蒙的观念，以及贵格会的信仰和人道实践，最终改变了人们对待精神病患的态度。1792年，医师和改革者皮内尔（Philippe Pinel）在比塞特医院把精神病患从铁链下解放出来，这一年英国约克郡的贵格会信徒也建立了约克郡收容所（一家以人道方式对待精神病患的医院）。1817年，宾夕法尼亚的贵格会受到约克郡收容所的

启发，在弗兰克福开办了一家精神病院。[29]不过，直到约1820年，用来改进精神病院的举措大都是私人进行和偶尔为之；在那之后，它们开始变得更加系统化和公众化。到1850年，几乎东北部和中西部每个州的议会都资助了一所精神病院；1860年，三十三个州中有二十八个都设有公立精神病院。

是什么带来了这些改变？如果我们把改变看成杰克逊时代“用监禁解决社会问题”这一大方向的一部分，就不会对其感到太过吃惊。在启蒙运动和贵格会的影响下，精神病患受到更多的人道对待，但是美国人注意到，温和的关心并不一定会带来治愈，而到了19世纪30年代末，他们开始相信精神病患越来越多。原因何在？在医学上和政治上比较有影响的观点，并不怀疑精神病有器官方面和生物化学方面的原因，但是他们更加相信，其主要起因在于社会的混乱本质。欧洲人长期以来一直怀疑文明与疯狂之间有关系，而美国人则因有着很强的反对城市的态度，更是把这种怀疑变成一种教条。快速混乱的城市生活、巨大的社会流动性、政治参与的智力挑战、宗教自由上的选择痛苦——所有这些都给人的头脑施加了太大的压力。想要治愈疯子，就必须将其从新生的共和国有着惊人流动性的社会秩序中移除出去，然后安置到一个被隔绝、被特意创造出的有秩序、有纪律的环境里。

治疗精神病患，就像罪犯的改造一样，应该从建筑和行政管理上入手。精神病院数量倍增。它们从平坦的乡村风景和新郊区的小房子上方突然冒出。在内战前的美国，它们厚实的墙壁成为人们熟悉的地标。改善发生在精神病
199 院内部，监狱的建造者不再认为必须在地牢里设置黑暗的囚室。[30] 19世纪30和40年代，病人经常受到仁慈的对待。医疗管理者废除了鞭子和链子，取而代之的是受到高度管控的生活，具体管控程度取决于病人完成手工任务的表现。无疑，精神病院仍是一个极度让人感到压抑的地方。它那沉重的外观造型与普通房子有很大不同，象征着一种专制制度的权力。然而，这一权力意在恢复精神病患的正常状态；而这类医院在其物理设计和管理上都具有高度管制的“乌托邦社区”的某些特征，这种社区寻求将自己与外部世界持续不断的、矛盾的要求隔绝开来。

作为新世界中的一个新国家，美国可能有许多重犯和精神病患，但肯定没有很多流浪的穷人。17和18世纪的美国人并不怎么关心贫穷问题。也很少会有人依赖公共慈善团体为生。1814年，新闻记者赫齐卡亚·奈尔斯

（Hezekiah Niles）指出，费城的救济院中约有七百名贫民，但若是贫困状况在该市与在英格兰一样普遍的话，那么该院约有一万八千人需要照顾。[31]

19世纪早期，人们的认识发生了变化。美国人产生了一种新的敏感性，认为贫穷是一个社会问题，是不安定的一个来源。穷人多多少少必须受到管制，以便使其具有生产力。有社会地位的人极少会同情叫花子，会认为他们懒惰、意志薄弱、没有节制。社会尽管认为它应该为重犯和疯子的出现负责，但却并不认为自己应该为穷人的出现负责。从广泛的意义上说，社会当然是有罪的，它提供了多种形式的诱惑，像小酒馆、妓院和赌场，但是有地位的人相信，无论小酒馆有多少，或是赌场掩藏得有多好，穷人都会找到它们——他们在找工作时却从未如此勤勉。对此的解决办法是什么呢？毫不奇怪的是，对于这个问题，与在杰克逊时代存在的许多其他问题一样，答案依然是监禁。19世纪前三十年，济贫院迅速增多，先是在马萨诸塞和纽约，然后在新英格兰、东海岸中部、中西部州。在美国中西部，把穷人关起来的呼声是如此强烈，以至于在几乎没有穷人存在的地方也建起了济贫院。[32] 200

美国的监禁实验，从最好的方面来说也仅仅是获得了暂时的成功。一种理想的环境（在这种环境下，罪犯、疯子或叫花子可以通过有纪律的劳动得到再教育）只有在其规模较小且能得到社区热忱支持的情况下才有可能存在。现实生活中极少有这种情形。随着偏常者和叫花子增多，机构很快就人满为患，不得不改变自身特点。设立于1824年的哈特福德收容所可以容纳四十名患者，但在康涅狄格约有一千名精神病患需要照顾。成立于1823年的波士顿勤劳之家，原本是想成为一个为有能力的穷人提供就业的模范场所。但仅过了十年，它就成为病人、疯子和贫困儿童的栖身地。[33] 19世纪50年代，几乎所有的精神病院都失去其特色属性，而到19世纪70年代，几乎没有一家还能维持其原初宗旨不变。[34] 人们本想在围墙内创造出一个井然有序的世界，最后屈服了（可能受到威胁），取代这个世界的是一种混乱到威胁让位给混乱的情景。随着看管者越来越关注怎样确保安全，道德治疗与改革想法逐渐消失。到了19世纪末期，精神病院已不再披着理想主义的外衣，而是赤裸在风景中，成为一个让人尴尬和厌恶的对象。

把偏常者监禁起来并未解决社会问题。可以采用的更好的策略是什么呢？ 20世纪广为流行的看法是，让重犯（从20世纪50年代起，包括精神病患和疯子）重新回到社会的怀抱。[35] 有着城堡似的城墙和警戒塔的监狱仍是一个令人敬畏的标志，它提示着我们，较早时候的人们相信可以通过禁闭来改变偏常者。现在它被一个“不被见”的新理想所替换（在一定程度上，也是被“不被看见”的耻辱感所促成），因而现代监狱从远处看就像一所高中，或者建得很低，隐藏在山坡后，以至于人们行驶在高速公路上几乎看不到它。[36] 201

# 第十五章　开放的圆圈

我们既在寻找安全，又对外面充满好奇：不仅人是这样，所有的高等动物都是这样。“安全”（security）和“好奇”（curiousity）有一个共同的拉丁文词根cura，意思是“忧虑、关心、卫生保健和治疗”。在一个安全的地方，我们会得到照顾，什么都不用担心。但是我们从来也不会完全没有一点担心，因为我们生活的这个世界充满了惊奇。而且不仅我们知道，所有的高等动物通过它们的大脑和远距离传感器也都知道，不论我们所圈占、征服并安居其中的空间是什么样的，在它外面总是还有另一个世界。感到好奇，就会感到忧虑，就会需要通过进一步探究心来消解那种忧虑。暂时性的惊奇和忧虑是宜人的，只要我们最终能控制它们。婴儿从躺进安全的婴儿床中那一刻起，就开始享受惊奇并乐于玩捉迷藏游戏。小孩子把母亲作为出发点，寻找探险的兴奋。儿童喜欢失去方向的那种感觉，他们会从翻滚、摇摆或倒挂在树上的行为中得到乐趣。衣食无忧、工作稳定的成人，会寻求令人愉悦的压力，这种快感可以通过战胜爬山这类风险运动中的困难来获得。[1] 我们应该区分“风险”与“危险”。老练的登山者痛恨危险，但却喜欢风险，因为风险带来的困难是可以预测和控制的。

> 经常有人尝试攀爬［阿尔卑斯山的］艾格山北坡，尽管那里有许多登山者遇难，而事故原因主要是登山者自身能力问题。作为对比，马里纳利溪谷（那里的雪崩掩埋了许多登山者）就没有同样大的吸引力。一条线路的风险若是较易控制就会吸引登山者，若是无法控制就不会对登山者有多少吸引力。[2] 202

只要我们能存活，我们就能认识到什么是“安全”。这种“安全世界”的大小和特点，在人与人之间有很大不同。个体越是健康，其放心活动的舞台就会越大、越复杂。另一方面，对精神分裂症患者和其他精神疾病受害者来说，生命的支撑性舞台是狭窄而易碎的。关于恐惧景观的研究，若是缺少了对精神病患者所处的封闭世界的简要概述，将会是不完整的；对这些人来说，安全是一种他们迫切关注的东西，而想要冒险的冲动如果有的话也是极少。

在亨利·伊特尔森中心（Henry Ittleson Center），八到十二岁的精神分裂症儿童发现，很难体验到自我和世界在时空上是连续的。这些孩子感到迷茫和惶惑。他们不断尝试，想要让一个缺乏统一性、连续性和永久性的世界稳定下来。几乎没有什么事物对他们而言是理所当然的，也没有什么东西是他们真正熟悉的。很难向他们解释清楚各种与时间相关的线索。当天空变暗，屋内灯光亮起，这样的时刻是白天还是黑夜？对“时间”所产生的不安全感，迫使精神分裂症孩子变得对它过分在意。所有醒着的时间里他们都会暗自计数，一旦他们的时间表受到任何干涉、延迟或改动，就会引发极度的忧虑并经常会以愤怒的形式爆发出来。

对精神分裂症儿童来说，空间和视觉形式经常同样是变幻不定，让人难以捉摸的。他们无法理解最常见的视觉线索。尽管眼睛作为我们的远距离传感器能为我们展现世界并有效地构建空间，但是精神分裂症孩子似乎并不信任这种机能。他们只会不大情愿地使用视觉和形象思维，并且更喜欢触觉、嗅觉和味觉这些感觉器官带来的安全性。由于这些年轻患者感知的世界非常缺乏自然的稳定感和熟悉感，他们会尽力用广博的学识来进行补偿。他们会变成有强迫症的地理学者。他们全神贯注地关注地图和时钟，就“事情是在什么地方和什么时间发生的”提出无穷无尽的问题。他们会变成专家，对街道地图和公共汽车时刻表了如指掌。

任何帮助精神分裂症患者的机构，都没有大的露天公共场所（鼓励无目的的、旋转的、充满焦虑的运动的那种）。伊特尔顿中心大楼周围的空地事先都已被设计成用于推进有目的的活动。篱笆竖起，界定出了一个个小区域，每个区域都有明确分配的功用：这是自行车区，那是花园
区。内部空间也根据功能和目的做了细致的划分。在与精 203
神分裂症孩子的所有交流中，当涉及空间和时间时，这些孩子们感受到的压力相当明显。他们需要在自己身边画上闭合的、安全的圆圈；开放的圆圈、没有边界的区域、任何有着模棱两可边缘的空间，都会在他们心中激起忧虑，而不是让人感到愉悦的兴奋。[3]

有精神分裂症的成人有着相似的境况。一名精神分裂

症男子坐在一间简单装修的屋子里，望着窗外或灯具，突然发问："那是干什么的？"自我与环境之间的界限是不牢固的，幻想和认知之间的界限有时可能会交织到一起。一位精神分裂症妇女说："墙壁正在移动……我不知道我的手怎么了，但我就是无法让它们保持静止。"听起来就好像她的手跟墙壁一样，成了无法控制的无生命的物体。一名男性患者相信他已经好了，应该回到外界，但是每过上一段时间他都会感到恐慌，觉得自己所在的大楼会塌下来。他那脆弱的自我被投射到了外部的环境中。[4]

广场恐惧症患者要比重度精神分裂症患者的情况好上一些，因为对他们来说或多或少都还存在一个稳定的世界，也就是家；只要他们停留在那个温暖舒适的圈子里，他们就会充满自信——家外面就是让人恐慌的公共空间：广场。这种不幸的一大症状是，患者会害怕穿越任何大的露天场所。患者感到头晕眼花，好像他的身体（就像在它前面扩展的空间一样）将失去它的中心和边界。如果有墙壁，他可以贴着墙行进，内心的不安多少会得到缓解；同理，如果能让他打着伞在伞下那片小天地中行进，也会有类似的缓解效果。[5]广场恐惧症患者最恐惧的，是失去对自己的控制。在公共场所，不论是开放而空旷的，还是闭合但到处是人的，他都会害怕可能会昏倒、晕厥或是把自己弄得一团糟。坐着拥挤的火车进行长途旅行是一场噩梦，除非火车经常停下，并且患者知道自己随时可以去卫生间。[6]

在得精神分裂症前常会有一种先兆，就是觉得每样事情都有一种“奇怪”的感觉。事物看上去有“更深的意思”；它们显得既神秘又阴险。这并不是正常孩子和成人的世界，但它的确与天赋异禀者的世界有一些相似之处。他们会问一些非常奇怪的问题。我们觉得理所当然的事物，他们则会觉得有些可疑；我们视作稳定而闭合的东西，他们则会觉得是变化和开放的。不过，与精神分裂症患者不同，天才会欢迎（或者至少能够高度容忍）不确定性。圆圈是有缺口的，但 204
他们相信缺口能在更高的普遍化层次上愈合。

对天才来说，超越熟悉的圆圈去探险，当然会有把自己逼到疯狂边缘的风险。像帕斯卡这位天才，就写下了下面这句广为人知的话：“这些无边无际的空间永恒的沉默让我感到恐惧。”对处在一个极端的精神分裂症患者和处在另一个极端的帕斯卡这类人来说，世界是浩大、不确定而吓人的。帕斯卡写道：

> 我们航行在辽阔无垠的区域里，永远在不定地漂

流着，从一头被推到另一头。我们想抓住某一点把自己固定下来，可是它却荡漾着离开了我们；如果我们追寻它，它就会躲开我们的掌握，滑开我们而逃入一场永恒的逃遁。没有任何东西可以为我们停留。这种状态对我们既是自然的，但又是最违反我们的心意的；我们燃烧着想要寻求一块坚固的基地与一个持久的最后据点的愿望，以期在这上面建立起一座能上升到无穷的高塔；但是我们整个的基础破裂了，大地裂为深渊。①[7]

我们所有人都渴望找到的这一坚实基础在哪里呢？大多数人都不会有帕斯卡那样的形而上学的悲痛。单是为了生存，相信“我们所处的空间是可信赖的”这一信念很有必要。文化会强化这一信念。文化被用来强化这种信念的程度，在不同的群体中也是不一样的。某些群体必须建立一个表达明确的概念和物质框架才会感到安全。巴厘人是这方面的一个例子。他们极度需要方向感。他们的空间架构设定了基本方位，形象具体，也有足够的象征意义，并

① [法]帕斯卡著，何兆武译：《思想录》，商务印书馆，1997年版。——译注

影响到他们生活中的所有方面：例如，它规定着村庄的位置，每座房子和寺庙的位置，还有房子内部人们睡觉的位置。巴厘人害怕失去方向感。他们把生病的感觉称为失去方向感。虽然他们喜欢热闹的聚会和喝烈酒，但他们却厌恶喝醉，因为它意味着会失去关于生活框架（方向、日历、社会等级体系）的线索，这些线索会给成年人以安全感，并保证年幼的巴厘孩子沿着正规道路成长。当一个村民因搭别人的机动车而迷失了方向时，他很快就会焦虑起来，可能会难受几个小时或是进入沉睡状态。有意寻找“令人愉悦的压力”或是探索未知世界的想法，在巴厘岛村民看来，是离他们极为遥远的。[8]

在纳瓦霍族人的信条中，善就意味着可控制。恶就是不确定，不受仪式性的控制。极少有什么事情会是完全坏的，因为几乎一切事情都是可控的，而当它确实可控时，恶的作用就会消失。因此，明显是恶的事物，像蛇、闪电 205
和雷，也可以转变成好的，甚至可以作为服务神明的力量而被唤出。这样的想法具有广泛的共通性，很可能具有普世性。在将其明确表述出来这一点上，纳瓦霍人是独特的。他们有种仪式规定了对空间的控制。驱邪者用咒语把邪恶驱赶走，赶得越远越好，其想法是：包围邪恶的空间越大，其威力就会越小。单是把邪恶撵走并不够，还必须用神圣的话语把善引出来，填满空出的地方。不论什么样的东西，只要是陌生的和不确定的，只要超出纳瓦霍人的控制，那就是坏的。闭合的圆圈是完整的，令人满意；如果它们很小并受到控制，它们就是好的。画在地上用于医治的箍就是这样的圆圈，圆圈中心是患者能吸收的能量。但是纳瓦霍人也害怕闭合的圆圈。恶可能会被困在中间，而一旦被困其中，恶就出不去，善也无从进入。因为这一原因，纳瓦霍人更喜欢开放的圆圈。[9]

不同的文化定义空间的方式也各有不同，但它们都必须给其下一定义。安全的最低要求是确立一道界限，这道界限可以是物质的或概念性的，并得到仪式强化。界限无处不在，比较显眼的是篱笆、田野和建筑物，而它们在原始人的世界中同样存在。界限有不同的等级。最低限度也是最具普遍性的有三类：领地界限、房屋界限和身体界限。

在西方世界，领地界限是通过一种古老的实践来确定的，这种实践在英国被称为“敲区界”。传说罗马的建立者要求在城市附近画出一个有魔力的圆圈，把所有邪恶的力量都排除在外，包括狼和会引起不育的力量。这一仪式后来被称为“牧神节”，于每年2月15日举行庆祝活动。[10]

在基督教的支持下，这种由教区教士或村庄长老主持的“敲区界”仪式一直在西欧一些被隔绝的地方存续着，直到第二次世界大战。其他文化有着界定领地的相似方法。例如，在巴厘岛，龙舞会绕村一圈，从而创造出一个安全区域。

房子是一个有界限的空间，但它有供人进出的门，必须得到保护。希腊人在他们的门上涂抹沥青以预防疾病，反对鬼魂和邪魔；中国人使用吉利的护符和门神的画像；塞拉利昂的特尼人（Temne）使用kanta（由一种植物的根和表皮，以及《古兰经》中的神圣句子组成）来守卫的， 206
不仅有农场和房子，还有房子脆弱的进出口——门[11]；奥扎克族印第安人则是把马掌钉到门上，或是钉上三个钉子，形成一个三角形，代表圣父、圣子和圣灵。[12]

最后是人体自身，邪恶会从其开口处进入。最易暴露的是嘴。雅典人在安特斯特里亚节（Anthesteria，古雅典一种庆祝花开与新酒的春季节日）这一危险时期，会通过咀嚼鼠李来防止恶鬼侵入身体。巴厘人对嘴这一暴露之处尤为敏感。用棕榈叶遮挡嘴或是伸手掩盖嘴，表明他们经常感到需要守卫这个开口。嚼槟榔是减少开口的另一种方式，卷起烟草放入口中也是一种方式。[13]在西方社会，张着嘴吃东西是一种不礼貌之举。吃下去的食物是有营养的，但它也可能会导致消化不良和恶心反胃；15世纪的大人会告诉孩子，吃东西前要先在嘴边画个十字。

我们画出界限并保护它们的开口。然而，安全并不是绝对的。最让人恐惧的是突然意识到背叛和死亡就发生在我们自以为非常安全的内在密室中。爱伦·坡在其短篇故事《红死病的假面具》中巧妙地描述了这一恐惧。毫无疑问，坡所描述的这类事情在过去一再发生：鼠疫围攻一座城市，城门紧闭，射手守在城门四角，城内居民在安全的幻觉中载歌载舞，直到疾病突然出现在他们之间。

对背叛的恐惧和对被围困恶人的恐惧要远远超出这一类的历史经验。这完全可能是，因为我们内心深处都有一种自我毁灭的倾向，努力生活成长的渴望会周期性地被对死亡的渴望所侵蚀。更加可以肯定的是，背叛的想法是在幼儿期学到的一个不可磨灭的教训。母亲处在小孩子的世界的中心，是可依赖的存在，是爱与养分的来源。可是，让人难以理解的是，她也会变成一种具有威胁性和惩罚性的角色——女巫婆。

人类境况的一个基本事实是，儿童有脆弱性，得长期依赖父母；另一个基本事实是，成人需要相互合作，才能维持自身及世界的生存。只有在人们联手发力的情况下，自然界的许多挑战和威胁才可能得到解决。房屋、粮仓和水渠是人类努力控制自然的可见表征；人类的努力一直都 207
很成功，以至于在一个技术社会中，自然几乎不会引起人们的恐惧。美国的自然灾害，比如洪水和龙卷风，每年会导致约六百人丧生，与交通事故每年导致的五万五千人丧生相比，就是一个小数字。[14]这是人类劳动成就的一个醒目例证。许多人生活在一起并相互合作，就可以成功地征服自然，但是随着人们在一个地方聚集得越来越多，在其内部发生失序和暴力的可能性也在不断增多。房屋可以遮风挡雨，但若密集一处，同样会成为传染病的孵化器；同理，城墙可以抵御外敌，但也会把群体和个人置于来自内部的暴力叛乱中。人类的集体力量一旦控制了自然，也可能会掉过头来对抗社会的边缘分子和不稳定分子，并创造出一种惩罚景观，或是创造出一套更加隐蔽而巨大的官僚控制系统，而这一系统会像被征服前的自然本身那样强大、
专横和难以接近。 208

# 第十六章　过去和现在的恐惧

许多人都为恐惧所困扰，甚至在现代而富裕的西方世界也不例外。几乎每天我们都会听到关于抢劫和谋杀的消息，还有住在市中心的老年人因太过害怕而成了实际上被困在自己家中的囚犯。受过良好教育的青年人通常并不害怕有形的暴力，困扰他们生活的是更为无形的恐惧。他们经常担心未来，既包括他们自己的未来，也包括人类的未来。他们有种“事情正在变得越来越糟”的不适感；未来肯定会带来的不仅是市中心贫民区的衰败，还有生态危机、种族冲突、世界饥荒和核灾难。

类似这样的当代恐惧，使得许多人都倾向于假设存在一个更好的（至少也是更加安全的）世界，有时是在遥远的过去，有时则是在极其遥远的受到保护的地方。在极端的反应中，我们可能会忽略当今社会取得的一些真正成就（比如公共卫生系统），而去遥远的过去中找寻一些让人恐惧的事情来加以崇拜（比如无处不在的痛苦，以及人们忍受这种痛苦的能力）。约翰·韦恩（John Wain）在他所写的塞缪尔·约翰逊传记中，充满向往地描写了18世纪风景的魅力，并认为与其相比，现代英国的风景又丑陋又污秽，是对昔日风景的一种亵渎。不过，韦恩必须承认，在那个壮丽的、已经消失的秀丽世界中也存在着一种不协调因素，即大量有病和难看的人和动物。[1]当今社会中的许多人道主义者，都在哀叹现代城市消除了所有死亡的痕迹。过去那些散落在生者的房屋院落间的如画的墓园，而今何在？那些鲜活而健康的标记着死亡的东西又在哪里？但是这些人道主义者忘了，墓园之所以位于古老欧洲村庄的中心， 209
是因为死亡占据了当时生活的中心舞台。[2]

我们希望知道过去的恐惧是否在种类、强度和频率上与我们现今时代的恐惧有所不同。但我们很难回答这一问题。恐惧不仅是客观情况，而且是主观反应。客观上来说，含有绞刑架的景观是一种恐惧景观。当然，竖立绞刑架的目的原本就是为了制造恐惧，我们也确实听说过，人们在夜里旅行时会尽力避开它们。但另一方面，在欧洲多数地方，这些阴森可怕的刑具也逐渐被人们视为都市和农村场景的正常组成部分。在过去的交通指南书中，它们被当成路标，就像村庄池塘和磨坊一样。历史学家怀特注意到，15世纪的“巴黎人喜欢到城外的蒙福孔刑场野餐，在那里，他们在绞刑架上死者的残骸下狂欢作乐”[3]。这让今天的我们感到震惊和难以理解。不过，类似这样的野蛮事例数不胜数。如果我们对“西方历史中有过道德进步”这一点有所怀疑，我们就应追问：我们今天视作规范的什么行为，会深深地冒犯我们祖先的道德感？是荒芜丑陋的养老院？是漫长的有期徒刑？是贫民窟？是电视上的暴力场面？当然不，他们对这些东西一点也不陌生，可能除了它们的规模。

先前的恐惧可能与我们现今认为“善”的价值观紧密相连。我们设法对过去的恐惧与现在的恐惧进行对比的时刻，是混淆产生的一个可能原因。例如，我们有时会哀叹自然失去了其早先的神圣性。森林、山脉和河流，都曾是精灵居住之地，并由此赢得人们的尊重乃至恐惧。例如，前面我们已经看到，古希腊风景中到处都是供奉自然神祇和死去英雄的圣祠。将它们与风景相分离对我们来说可能是一种损失，以至于它们的特点现在仅仅剩下“让人喜欢”而不是“令人敬畏”。我们在幻想中渴望着守护一方的神灵的回归，但在没有妖魔鬼怪存在的情况下，它们是否可能单独进入自然和我们的生活中呢？在基督徒传统中，对天使的坚定信心总是与对撒旦的恐惧相伴。过去那些生动的景象既有明亮的阳光，也有深深的阴影。

在对比早先时期的恐惧与当今时代的恐惧时，混淆产生的一个进一步的可能原因是，我们没能认识到那种理想共同体的深刻矛盾本质。我们经常哀叹现今社会人际纽带 210
关系松散，并渴望能够拥有那种（我们觉得）过去存在于家庭、邻里、村庄或乡镇成员之间的亲密人际关系。我们忘记了，恐惧不仅过去是而且现在也仍是编织亲密人际关系的一个共同原因。去除了环境带来的威胁（不论它们是自然力量还是人类敌人）的话社区纽带关系都会倾向于减弱。作为例证，我们可以参考一下中世纪法国梅肯郡家庭纽带的本质。历史学家乔治·杜比注意到，9世纪的家庭只有最简单的表现方式：夫妻关系。血缘联结非常松散，因为它们无助于防御或进攻的目的。“老法兰克王国的和平机制仍然强大到足以允许自由民独立居住生活，如果他愿意的话，他完全可以将他的朋友和邻居，而非他的亲戚，视作关系更近的伙伴。”但在公元1000年后，这个国家解体了，从而迫使人们形成更加紧密和排外的群体来保护自己。贵族和骑士在家族谱系和血缘纽带中寻求庇护，农民则通过强化同一个村庄中的社会网络来找寻安全。[4]在城市层面，我们已经看到，中世纪晚期的某些意大利城市是怎样由家族网络构建而成。毫无疑问，中世纪罗马或佛罗伦萨每个受到保护的社区内都有很强的忠诚感，但是这一纽带关系显然是出于需要和恐惧。在国家层面，在外敌入侵的威胁下，公民会发展出凝聚力与保家卫国的激情。因此，从家庭到国家，群体纽带关系都是随着恐惧程度在变化。逐渐冷却的激情和逐渐松散的群体关系（并不必然是个体间的友谊），似乎是我们的生活在一个更加安全的世界上而必须付出的代价。

毫无疑问，在现今世界，对狂野自然的恐惧已经极大地减少。“荒野”过去曾是一种超越人类控制力量的恶魔般的力量，现在它则是一张脆弱的生命之网，需要人们的呵护关照。我们发现，很难将植物视作一种威胁。但在原始农夫眼里，它就是一种威胁，需要不断将其从地中清除。在当今世界，野生动物得到保护。只有当某个美国国家公园里的一头熊攻击了一个对其毫无戒备的访客时——这是极少有的事情——它才会让我们想起过去仅在童话中感受到的熊的危险和对熊的恐惧。暴风雨和洪水仍会带来极大的财产损失，但在西方发达国家，很少有人会因此丧命，以至于很难劝服人们采取基本的防备措施。现在可能只有 211
一次大地震或者“可能发生地震”的威胁，还能激起过去几乎所有自然狂暴行为可能引发的恐惧。当大地自身都在颤抖时，我们会突然感到自己被剥夺了安全感的一个终极来源。不过，大地震极少发生。许多加州人的房子都建造在地震活跃带上，但他们还是更可能害怕经济地震而不是地质地震。如果说西方世界中受过教育的人们仍然可能畏惧自然，那也是一种荒谬的恐惧，即担心动植物，甚至担心河流湖泊可能会在人类对自然的滥采滥伐及污染和破坏中消亡。现在是自然的脆弱性，而不是它的力量，使得我们经常焦虑不安。

人类所取得的每一项成就看上去都伴随着一种不安全感，仿佛成功可能会激起众神的嫉妒（只有它们拥有创造权）；或者仿佛那是以牺牲自然为代价（被创造出来），而最后自然会对人类进行复仇。城市就是人类在这方面取得的一个成就。建造人为世界必然要以牺牲自然环境为代价，这在古时候激起了人们的忧虑感和负罪感。我们可以看看中国商朝的都城。它既是给活人建造的一座城市，也是为死人建造的；死者成为人牲，被埋在每座重要建筑下——实际上每座重要建筑的每根柱子下都埋有人牲。随着建筑物不断向天空升高，大地的精灵必然会被触怒。[5]古希伯来人似乎也曾怀疑，巨大的建筑会让神明不高兴。我们在《创世记》中看到，当诺亚的后裔想要凭借自身力量在示拿之地建造一座通天塔时，满怀嫉妒的上帝出面进行了干预。他不仅拆散了建造者，还让他们说起相互之间谁也不懂的语言，好让他们永远也凑不齐足够的人，去构建一个他们可以引以为豪的伟大社会。

成功让人骄傲，骄傲则迟早会遭到报应。当代所有的技术胜利都未能根除这一古老的信念。使我们远离我们在自然中的固有位置的每一步，都在一些人心中引起了不安。当煤气灯使人第一次“征服”黑夜时，一份1816年的科隆报纸声称，它违背了上帝和自然法则：“人为照明是尝试干涉神对世界的规划，后者已经规定夜间是黑暗的。”[6]类似
212 这样充满疑虑的表述，自从进入工业革命后频繁出现。不过，对过分骄傲的恐惧极少像现在这样强烈和普遍。在带给现代人不安的技术进步中，最主要的是利用核能。它是人类通天雄心的最新尝试，它把仅在太阳中存在的自然过

程复制到了脆弱易碎的人造容器中。在出现过许多预警事件后，我们是否最终释放出了一种我们无力控制，将会摧毁地球和我们自身的力量呢?

另一种古老的恐惧就是对他人的恐惧，尤其是对陌生人的恐惧。与对自然的恐惧一样，这一恐惧在现今时代也已减弱，至少在国与国之间没有发生战争时是这样。对陌生人的忧虑减少的一个原因是，对于人类的“我们”/“他们”这一划分，出现了一种新的、更加灵活的态度。与多数没有文字和传统的群体相比（这些人倾向于强调“我们”和“他们”之间的不同之处），现代社会倾向于把这些差异减到最小，因此，“我们”并不是一个一成不变的亲密关系网，“他们”也不是一群永久的局外人。为了在现代社会顺利生活，现代人必须学会应对匿名机关和来自陌生人的帮助。此外，因为邻里之间和家族之间的联系现在不怎么强烈，对背叛的恐惧也减少了。对巫婆和鬼魂的忧虑更可能发生在一个有着紧密联系的共同体中，而不是一个有着松散结构的群体中；在后者中，人与人之间的关系，甚至是亲人之间的关系，都十分冷淡，以至于人们不会想要通过巫术阴谋来达成，或是追求在死后还能延续。

陌生人，甚至是那些语言不通的陌生人，都可能被宽容和友善以待，特别是在和平年代的复杂社会中。不过，“将其他人看成有敌意的和低人一等的”这一诱惑也总是存在，尽管它可能会隐藏在人们的内心深处。在紧张的情况下，强烈的妒忌感、仇恨感和恐惧感，很容易夸大并扭曲人与人之间细微的文化性和生物性区别，将人分成善人和恶人、天使和野兽。然后陌生人就变成敌人，他们可能会被当地人问心无愧地杀害，他们的住所可能会被明目张胆地拆毁。潜藏在我们头脑中的那些东西，一旦遇到合适的时机，有许多都会被付诸实践。而也正是因为这样，人类这一地球上的过客才会遭受许许多多冷酷无情的战争、征服和大屠杀。

摧毁的欲望一再得到展现。例如，在古美索不达米亚
213 战争中，城市被夷为平地，以至于就连当地的一众神灵都必须出逃。4世纪的中国北部被游牧民族征服，他们把历史悠久的农业国变成了一片贫瘠的草原。不仅像长安这样的历史名城被烧毁并且人口锐减，就连农田也因被农民抛弃而荒芜。狼和老虎在长安附近曾经富饶的渭河河谷觅食。剩下没有逃走的平民因为害怕虎狼而向游牧民族首领苻生请求帮助，苻生拒绝了，并嘲笑道：“野兽饥则食人，饱当自止。”[7]在我们这个时代，我们面对着大国之间核冲突带

来彻底毁灭的可能性。我们焦虑的恐惧，因有过去的历史做证而变得更加严重。我们知道，我们新近赢取的毁灭性力量，仍然建立在一种怙恶不悛的毁灭意志和把人分成不可调和的“自己”和“他人”两个阵营的持久冲动的基础之上。

自从人类有了文明以后，残酷的战争已经周期性地毁灭了众多城市和国家。不过我们却将这样的事件视作例外。在它们之间延伸着众多（我们想象的）漫长的平静时期，在这些时期中，早期人类过着一种没有变化的生活。与这样一幅往昔景象相比，我们这个时代则缺乏稳定性：自然环境和社会文化价值观经常变个不停。不管是对于居住地点还是人际关系，我们都感觉不到持久性。到底是什么原因使得我们认为现今世界要比过去那个世界更缺少稳定性，有着更多预料之外和具有威胁性的事物呢？19世纪的中国农民生活在传统世界中，这里的“传统”暗示着惯例和可预测的循环周期。可是极少会有什么人的生活能比他们的生活更缺少安全感。他们的世界，有“在哪怕短短五年的期限内不受天灾人祸严重影响”的可能吗？一些历史学家想要让我们相信，17世纪的英国生活着教养好、知满足的人，不受现代生活中那些令人紧张的不确定性和冲突的影响。但从神父兼农夫约瑟林的日志来看，实际情形远非这样。约瑟林缺乏安全感，忧心忡忡，几乎不断地提到事故、痛苦和死亡。虽说生活富足，但他有充足的理由为他自己和家人担忧。实际上，他的世界缺少稳定性：天气威胁到他的庄稼，大火可能不仅会烧死他的孩子，还会使他一夜之间变成乞丐，因为那时当然没有火险，也没有现代的救
214 济，即使一个很小的不幸事故，比如手指头扎到蓟，都有可能导致坏疽和痛苦的死亡。[8]

在更早的时代，如果自然环境不安全，那至少人际关系还具有持久性，而这是现代世界所不了解的。那是信心和幸福感得以产生的基石。我们天真地这样认为。然而，这可能不过是一个美丽的神话。死亡如此频繁地打破人际关系纽带，以至于人们可能不会在这上面投入过多过深的感受和共情。我们已经注意到，18世纪之前，欧洲的父母是怎样地时常显示出一种明显对他们的婴孩缺乏喜爱的态度。婴儿死亡率极高。为什么要在一个可能很快就会死去的孩子身上投入时间和爱呢？从童年的事故和疾病中幸存下来的年轻人，只有少数能活到很大岁数（那些成功活到很大岁数的人也的确会获得他人的尊重）。我们忘记了，两三个世纪前，对父母来说，能活到看到他们子孙结婚的年

龄是极为罕见的。婚姻本身是神圣而永久的，但是永久性是什么意思呢？在18世纪的法国，一对农民夫妇若是在二十七八岁结婚，他们可以合理地期望一起生活五到十年，然后死亡就会带走其中一位。鳏夫很快会再婚，寡妇则较少再嫁。死亡发生得如此频繁，以至于根本没什么离婚的情况。[9]

觉得现今时代变化太快是一种错觉。有两个因素促使我们认为我们这个时代比过去发生了更加巨大的变化。一个因素是，我们清楚地意识到我们的生活中存在的不确定性，相比之下，那些生活在极其遥远的时空或是在很久以前的人则不会有这种感觉：单是遥远的时空距离就足以产生一种稳定不变的幻觉。另一个因素是时代自我中心主义（chronocentrism），即我们会夸耀我们所处时代的活力和进步，认为过去的时代循环往复，其中并未出现真正的新事物。人们普遍抱有的一种观念是，技术发明的数量在最近几十年突飞猛进，史无前例。例如，一个1920年出生的人，到现在为止可能已经见证了电视、计算机、核电站和宇宙飞船的出现。这是真实的。另一方面，一个生于1860年而死于1920年的人将会看见电话、电灯、汽车、飞机、收音机和戏院。而一个生活在1800—1860年间的孤僻保守

派人士则会不快地看到下列创新：铁路、汽船、电报、汽
215 灯、工厂制造的衣物和家庭用品。[10]即使我们可以确认19世纪早期科技进步的速度非常缓慢，但那个时代的人们仍然可能会对这一切感到头晕眼花。

在社会层面，我们可能会对美国最近二三十年内发生的巨大变迁感到高兴或是表示哀叹。另一方面，它们是否真比杰克逊时代发生的变迁更加巨大呢？（在那个动荡的岁月中，人口快速增长，社会流动性加剧，致使一些理想主义者想要回到早前时代“固定的”社会秩序中。）要想矫正我们的“时代自我中心主义”，我们应该翻阅过往时期的史册，从中我们将会发现社会变革、经济变革和技术变革给人们造成巨大压力的充分证据。[11]

人的心智天生就是矛盾的。它既向我们呈现出一个宏大、有序、美丽的世界，又向我们呈现出各种混乱、罪恶、死亡的画面。当今的许多恐惧与昔日并无两样，比如害怕在入夜后的城市里被抢劫。当然，也有一些恐惧是新的，它们反映出人们拥有更多的知识和警觉意识，比如人口爆炸、世界粮食危机、全球生态危机、富国与穷国发生公开冲突的可能性，还有技术灾难带来的种种阴郁场景。[12]人们早已知道食品短缺和饥荒，但他们通常都是地方性的，

而不是在全球浩劫的层面来感受现实。因而，那些放眼全球和未来的视角是全新的。越来越多受过教育的公民都对我们生活的这个世界及其未来充满忧虑，即使他们并不怀疑他们的孩子将会过上舒适的生活。生活安定和富有的人总是对穷人充满恐惧。再次，恐惧的范围和程度都已改变。1661年的一个巴黎人感到害怕，是因为他看到乞丐围攻城门。而今天，一个巴黎人相当焦虑，则可能是因为他在内心深处看到，西方国家的城门将在未来某一时刻被愤怒和饥饿的第三世界国家所围攻。

在私人和个体层面，不受传统束缚的批判性心灵，揭开了曾给予现代人安慰的许多信仰的真面目。人是脆弱的、易碎的，他们在地球上的逗留受到偶然性的支配。默多克说过，事故，而不是苦难，是对“我们终有一死”最地道的提醒物。它们提醒我们注意我们的偶然性。任何时候，我们珍爱和熟悉的生活方式，都可能会被一些完全意想不到的和恐怖的事情而终结。我吹着口哨走在路上，一个花 216
盆碰巧滑落窗台砸到我头上，置我于死地或是让我变成植物人。人类总是会意识到这种偶然性，所以他们会寻找信仰和方法来加以预防，这些方法既可怜又精巧，其范围从兔子脚到占星术，不一而足。具有批判精神的人不会在这

样的信仰中寻找避风港，而是学会在统计学意义上的不确
定性中生活。至于死亡本身，多数人都不敢正视它，只会
用些安慰人的谎话将其遮蔽。我们知道将世事看得清晰透
彻是有回报的，但其代价则是有可能陷入绝望。不过，这
217 正是人类的悖谬之处：拒绝被假象所安慰，也可能成为慰
藉和力量的一个来源。

# 注　释

## / 第一章 /

[1] James J. Gibson, The Senses Considered as Perceptual Systems (Boston: Houghton Mifflin Co., 1966), p. 174.
[2] T. Allison and D. V. Cicchetti, "Sleep in Mammals: Ecological and Constitutional Correlates," Science 194, no. 4266 (12 November 1976): 732.
[3] Alex Comfort, The Nature of Human Nature (New York: Avon Books, 1968), pp. 70—71.
[4] Konrad Lorenz, King Solomon's Ring (London: Methuen & Co., University Paperbacks, 1961), pp. 140, 185.
[5] Bertrand Russell, Power: A New Social Analysis (London: George Allen & Unwin, 1963), p. 14.
[6] Gustave Cohen, Histoire de la mise en scène dans le théâtre religieux français du Moyen Age (Paris: Honoré Champion, 1906), pp. 148—152.

## / 第二章 /

[1] Vladimir Nabokov, Speak Memory: An Autobiography Revisited (New York: G. P. Putnam's Sons, 1966), p. 24.
[2] John Bowlby, Attachment and Loss, vol. 1, Attachment (New York: Basic Books, 1969), p. 199.
[3] D. G. Freedman, "The Infant's Fear of Strangers and the Flight Response," Journal of Child Psychology and Psychiatry 2 (1961): 242—248.
[4] G. A. Morgan and H. N. Ricciuti, "Infants' Responses to Strangers During the First Year," in Brian M. Foss, ed., Determinants of Infant Behaviour (New York: Barnes & Noble, 1969), 4: 253—272.
[5] S. Scarr and P. Salapatek, "Patterns of Fear Development During Infancy," Merrill-Palmer Quarterly 16 (1970): 59—90.
[6] A. T. Jersild and F. B. Holmes, Children's Fears (New York: Bureau of Publications, Teachers College, Columbia University, 1935), p. 87.
[7] H. E. Jones and M. C. Jones, "Fear," Childhood Education 5 (1928): 137—138.
[8] J. van Lawick-Goodall, "The Behaviour of Free-Living Chimpanzees in the Gombe Stream Reserve,"

Animal Behaviour Monographs (London: Bailliere, Tindall & Cassell), vol. 1, 1968, pp. 173, 175—176.
[9] R. Morris and D. Morris, Men and Snakes (New York: McGraw-Hill Book Co., 1965), p. 211.
[10] Ibid., pp. 201—206.
[11] Quoted in Malcolm A. Smith, The British Amphibians and Reptiles (London: William Collins Sons & Co., 1951), pp. 7—8.
[12] Jersild and Holmes, Children's Fears, pp. 118, 124.
[13] Ibid., p. 131.
[14] Adapted from Carole Klein, The Myth of the Happy Child (New York: Harper & Row, 1975), p. xxi.
[15] Alfred Kazin, A Walker in the City (New York: Harcourt, Brace & Co., 1951), p. 17.
[16] Reported in Los Angeles Times, March 2, 1977, and Time, March 14, 1977.
[17] Jean Piaget, The Child's Conception of the World (Totowa, N.J.: Littlefield, Adams & Co., 1969), pp. 91—112.
[18] John E. Mack, Nightmares and Human Conflict (Boston: Little, Brown & Co., 1970), p. 60.
[19] L. E. Ucko, "A Comparative Study of Asphyxiated and Non-asphyxiated Boys from Birth to Five Years," Developmental Medicine and Child Neurology 7 (1965): 643—657.
[20] J. A. Hadfield, Dreams and Nightmares (Harmondsworth, Middlesex: Penguin Books, 1954), p. 184.
[21] C. W. Kimmins, Children's Dreams (London: George Allen & Unwin, 1937), p. 22; Mack, Nightmares and Human Conflict, p. 67.
[22] Iona and Peter Opie, Children's Games in Street and Playground (Oxford: Clarendon Press, 1969), pp. 106—108.
[23] Klein, Myth of the Happy Child, p. 37.
[24] Bruno Bettelheim, The Uses of Enchantment: The Meaning and Importance of Fairy Tales (New York: Alfred A. Knopf, 1976), p. 66.
[25] The Complete Grimm's Fairy Tales (New York: Pantheon Books, 1972), p. 217.
[26] Max Luthi, Once Upon a Time: On the Nature of Fairy Tales (Bloomington: Indiana University Press, Midland Books, 1976), p. 45.
[27] Ibid., pp. 59—70; Bettelheim, Uses of Enchantment, pp. 44—45, 50—53.
[28] Scarr and Salapatek, "Patterns of Fear Development," p. 85.
[29] M. J. Konner, "Aspects of the Developmental Ethology of a Foraging People," in N. G. Blurton-Jones, ed., Ethological Studies of Child Behaviour (Cambridge: University Press, 1972), pp. 297—298.
[30] Anna Apoko, "At Home in the Village: Growing Up in Acholi," in Lorene K. Fox, ed., East African Childhood (Nairobi: Oxford University Press, 1967), p. 56.
[31] Marjorie Topley, "Cosmic Antagonism: A Mother-Child Syndrome," in Arthur P. Wolf, ed., Religion and Ritual in Chinese Society (Stanford, Calif.: Stanford University Press, 1974), pp. 234—238, 245.
[32] Margaret Mead, Growing Up in New Guinea (New York: Blue Ribbon Books, 1930), pp. 7—8, 121, 126.
[33] Beatrice Whiting, "Discussion" [Differences in Child Rearing Between Foragers and Nonforagers], in Richard B. Lee and Irven DeVore, eds., Man the Hunter (Chicago: Aldine Publishing Co., 1965), p. 337; see also H. Barry, I. Child, and M. K. Bacon, "The Relation of Child Training to Subsistence Economy," American Anthropologist 61 (1959): 51—63.
[34] An example of individual training technique in Charles A. Eastman (Hakadah), Indian Boyhood (New York: Dover Publications,1971), pp. 43—44.
[35] George Devereux, "Institutionalized Homosexuality of the Mohave Indians," Human Biology 9 (1937): 498—527; Sue-Ellen Jacobs, "Berdache: A Brief Review of the Literature," Colorado Anthropologist 1 (1968): 25—40.
[36] William Kessen, ed., Childhood in China (New Haven, Conn.: Yale University Press, 1976), pp. 69—70, 106.
[37] Ibid., pp. 83—84; David C. McClelland, "Motivational Patterns in Southeast Asia with Special Reference to the Chinese Case," Journal of Social Issues 19 (1963): 6—19.

## / 第三章 /

[1] Seneca, Moral Essays, trans. J. W. Basore (Cambridge, Mass.: Harvard University Press, 1963), p. 145. References to Aristippus and Seneca in Lloyd deMause, "The Evolution of Childhood," in deMause, ed., The History of Childhood (New York: Harper Torchbooks, 1975), pp. 26, 27.

[2] Marcus Aurelius, Meditations, bk. 10, sec. 35.

[3] Philippe Ariès, Centuries of Childhood: A Social History of Family Life (New York: Vintage Books, 1965), pp. 38, 39.

[4] M. Dorothy George, London Life in the XVIIIth Century (London: Kegan Paul, 1925), p. 43.

[5] Thomas McKeown, The Modern Rise of Population (New York: Academic Press, 1976), p. 147.

[6] William L. Langer, "Infanticide: A Historical Survey," History of Childhood Quarterly 1, no. 3 (1974): 359.

[7] Ibid., p. 353.

[8] Maria W. Piers, Infanticide: Past and Present (New York: W. W. Norton & Co., 1978), p. 49.

[9] Ariès, Centuries of Childhood, pp. 365—366.

[10] Claude Lévi-Strauss, Tristes Tropiques (New York: Atheneum Publishers, 1967), p. 170.

[11] W. J. Bouwsma, "Christian Adulthood," Daedalus 105 (Spring 1976): 78.

[12] Clifford Geertz, "Myth, Symbol, and Culture," Daedalus 101 (Winter 1972): 7.

[13] DeMause, History of Childhood, p. 10.

[14] Ariès, Centuries of Childhood, pp. 315—319.

[15] DeMause, History of Childhood, pp. 37—39.

[16] Morton Schatzman, "Paranoia or Persecution: The Case of Schreber," History of Childhood Quarterly 1, no. 1 (1973): 67—70.

[17] Margaret Mead, "Children and Ritual in Bali," in Margaret Mead and Martha Wolfenstein, eds., Childhood in Contemporary Cultures (Chicago: University of Chicago Press, 1955), p. 42.

[18] Joseph A. Lijembe, "The Valley Between: A Muluyia's Story," in Lorene K. Fox, ed., East African Childhood (Nairobi: Oxford University Press, 1967), p. 17.

[19] Hamed Ammar, "The Aims and Methods of Socialization in Silwa," in John Middleton, ed., From Child to Adult: Studies in the Anthropology of Education (Austin: University of Texas Press, 1976), pp. 237, 240.

[20] Dorothea Leighton and Clyde Kluckhohn, Children of the People: The Navaho Individual and His Development (Cambridge, Mass.: Harvard University Press, 1947), pp. 40, 51, 52.

[21] Dio Chrysostom, Discourses, trans. J. W. Cohoon (London, 1932), p. 36; quoted in deMause, History of Childhood, p. 11.

[22] Brigid Brophy, Black Ship to Hell (New York: Harcourt, Brace & World, 1962), p. 361.

[23] DeMause, History of Childhood, p. 14.

[24] Ibid., p. 12.

[25] John Bowlby, Attachment and Loss, vol. 2, Separation (New York: Basic Books, 1973), pp. 226—227.

[26] John Newson and Elizabeth Newson, Four Years Old in an Urban Community (Chicago: Aldine Publishing Co., 1968).

[27] Ibid., p. 471.

[28] John Russell Taylor, Hitch: The Life and Times of Alfred Hitchcock (New York: Pantheon Books, 1978), p. 28.

[29] M. J. Tyerman, Truancy (London: University of London Press,1968), p. 39.

[1] In "Notes on the Original Affluent Society" Marshall Sahlins has written: "The traditional dismal view of the hunter's fix is pre-anthropological. It goes back to the time Adam Smith was writing. But anthropology, especially evolutionary anthropology, found it congenial, even necessary theoretically, to adopt the same tone of reproach. Archeologists and ethnologists had become Neolithic revolutionaries, and in their enthusiasm for the revolution found serious shortcomings in the Old (Stone Age) Regime. Scholars extolled a Neolithic Great Leap Forward." In Richard B. Lee and Irven DeVore, eds., Man the Hunter (Chicago: Aldine Publishing Co., 1968), p. 85.

[2] Colin M. Turnbull, The Forest People (London: Chatto & Windus, 1961); "The Lesson of the Pygmies," Scientific American 208, no. 1 (1963): pp. 28—37; "Mbuti Pygmies of the Congo," in James L. Gibbs, ed., Peoples of Africa (New York: Holt, Rinehart & Winston, 1965), pp. 281—310; The Mbuti Pygmies: An Ethnographic Survey, American Museum of Natural History, Anthropological Papers, vol. 50, pt. 3 (New York, 1965), pp. 149—212; "Legends of the BaMbuti," Journal of the Royal Anthropological Institute 89 (1959): 45—60. See also Paul Schebesta, Les Pygmées du Congo Belge, Institut Royal Colonial Belge, Classe des Sciences Morales et Politiques, Mémoires, vol. 26, 1952. Schebesta puts greater stress on the division of labor among the Pygmies and less on the unique character of the spirit of the forest.

[3] Turnbull, "Mbuti Pygmies of the Congo," pp. 308—309.

[4] John Nance, The Gentle Tasaday (New York: Harcourt Brace Jovanovich, 1976); D. E. Yen and John Nance, eds., Further Studies on the Tasaday, Panamin Foundation Research Series, no. 2 (Makati, Rizal, Philippines, 1976); C. A. Fernandez II and F. Lynch, "The Tasaday: Cave-Dwelling Food Gatherers of South Cotabato, Mindanao," Philippine Sociological Review 20 (1972): 279—313.

[5] D. E. Yen, "The Ethnobotany of the Tasaday: III. Notes on the Subsistence System," in Yen and Nance, eds., Further Studies on the Tasaday, p. 173.

[6] D. E. Yen and Hermes G. Gutierrez, "The Ethnobotany of the Tasaday: I. The Useful Plants," in Yen and Nance, eds., Further Studies on the Tasaday, p. 98.

[7] Nance, The Gentle Tasaday, pp. 60—61.

[8] Paul Schebesta, Among the Forest Dwarfs of Malaya (Kuala Lumpur, Singapore: Oxford University Press, 1973).

[9] Iskandar Carey, Orang Asli: The Aboriginal Tribes of Peninsular Malaysia (Kuala Lumpur, Singapore: Oxford University Press, 1976), p. 99.

[10] See Ivor H. N. Evans, The Negritos of Malaya (Cambridge: University Press, 1937), pp. 256—265, for different versions of the idea of paradise.

[11] Richard B. Lee, "What Hunters Do for a Living, or How to Make Out on Scarce Resources," in Lee and DeVore, eds., Man the Hunter, pp. 30—43.

[12] Lorna Marshall, The !Kung of Nyae Nyae (Cambridge, Mass.: Harvard University Press, 1976), p. 308.

[13] Lee, "What Hunters Do for a Living," p. 37.

[14] Jiro Tanaka, "Subsistence Ecology of Central Kalahari San," in Richard B. Lee and Irven DeVore, eds., Kalahari Hunter-Gatherers: Studies of the !Kung San and Their Neighbors (Cambridge, Mass.: Harvard University Press, 1976), p. 115.

15] On neurological disease and suicide, see A. Stewart Truswell and John D. L. Hansen, "Medical Research Among the !Kung," in Lee and DeVore, eds., Kalahari Hunter-Gatherers, p. 171; on stealing, see Lorna Marshall, "Sharing, Talking, and Giving," in Lee and DeVore, eds., Kalahari Hunter-Gatherers, p. 370.

[16] Elizabeth Marshall Thomas, The Harmless People (New York: Vintage Books, 1965), pp. 126—127.

[17] Lack of strife in the sense of war, witchcraft, and sorcery, but not in the sense of "kidding" and fighting without malice. Colin Turnbull noted: "In some cases, a Pygmy camp may be characterized by innumerable disputes, many of which are almost deliberately created." In Lee and DeVore, Man the Hunter, p. 91.

[18] Gina Bari Kolata, "!Kung Hunter-Gatherers: Feminism, Diet, and Birth Control," Science 185 (September 13, 1974): 932; Richard B. Lee, "Introduction," in Lee and DeVore, eds., Kalahari Hunter-Gatherers, p. 5.

## / 第五章 /

[1] Glynn Isaac, "Stratigraphy and Cultural Patterns in East Africa During the Middle Ranges of Pleistocene Time," in Karl W. Butzer and Glynn Isaac, eds., After the Australopithecines: Stratigraphy, Ecology, and Culture Change in the Middle Pleistocene (The Hague: Mouton, 1975), pp. 495—529; "The Food-Sharing Behavior of Protohuman Hominids," Scientific American 238, no. 4 (1978): 90—108; Carl O. Sauer, "Seashore—Primitive Home of Man?" Land and Life, ed. John Leighly (Berkeley and Los Angeles: University of California Press, 1963), pp. 309—312.
[2] Kwang-chih Chang, The Archaeology of Ancient China, 3rd ed. (New Haven, Conn.: Yale University Press, 1977), pp. 48—49.
[3] Grahame Clark, World Prehistory in New Perspective (Cambridge: University Press, 1977), p. 36; Alexander Marshack, "The Art and Symbols of Ice Age Man," Human Nature 1, no. 9 (1978): 32.
[4] Grahame Clarke and Stuart Piggott, Prehistoric Societies (London: Hutchinson & Co., 1965), pp. 64—97.
[5] Peter Freuchen, Book of the Eskimos (Greenwich, Conn.: Fawcett Crest Books, 1965), p. 145.
[6] Edward M. Weyer, The Eskimos: Their Environment and Folkways (New Haven, Conn.: Yale University Press, 1932), p. 132.
[7] Freuchen, Book of the Eskimos, p. 153.
[8] Kaj Birket-Smith, The Eskimos (London: Methuen & Co., 1936), pp. 160—174.
[9] Knud Rasmussen, Intellectual Culture of the Iglulik Eskimos, Report of the 5th Thule Expedition, 1921—1924, The Danish Expedition,
vol. 7, no. 1, 1929, pp. 56, 62.
[10] Ibid., p. 74.
[11] Knud Rasmussen, The Netsilik Eskimos, Report of the 5th Thule Expedition, 1921—1924, vol. 8, 1931, pp. 225—226.
[12] Carl O. Sauer, Agricultural Origins and Dispersals (New York: American Geographical Society, 1952); J. E. Spencer, Shifting Cultivation in Southeastern Asia, University of California Publications in Geography, vol. 19 (Berkeley and Los Angeles, 1966), pp. 125, 160.
[13] Pierre Gourou, The Tropical World, 4th ed. (London: Longmans, Green & Co., 1966), p. 34.
[14] Colin M. Turnbull, Wayward Servants: The Two Worlds of the African Pygmies (London: Eyre & Spottiswode, 1965), p. 21.
[15] W. T. Harris and Harry Sawyer, The Springs of Mende Belief and Conduct (Freetown: Sierra Leone University Press, 1968), pp. 39, 47.
[16] William F. Nydegger and Corinne Nydegger, Tarong: An Ilocos Barrio in the Philippines, Six Culture Series, vol. 6 (New York: John Wiley & Sons, 1966), p. 73.

## / 第六章 /

[1] James H. Breasted, A History of Egypt (New York: Bantam Books, 1964), p. 134; Karl W. Butzer, Early Hydraulic Civilization in Egypt (Chicago: University of Chicago Press, 1976), p. 41.
[2] Thorkild Jacobsen, "The Cosmos as a State," in Henri Frankfort and others, Before Philosophy (Harmondsworth, Middlesex: Pelican Books, 1951), p. 139.
[3] Samuel N. Kramer, The Sumerians (Chicago: University of Chicago Press, 1963), p. 262.
[4] Georges Roux, Ancient Iraq (Harmondsworth, Middlesex: Pelican Books, 1966), pp. 360—361.
[5] Wolfram Eberhard, A History of China, 2nd ed. (Berkeley: University of California Press, 1960), p. 23.
[6] Marcel Granet, Chinese Civilization (New York: Meridian Books, 1958), pp. 191, 208.
[7] Jacques Soustelle, Daily Life of the Aztecs on the Eve of the Spanish Conquest (Stanford, Calif.: Stanford University Press, 1970), pp. 95—102; Bernard R. Ortiz de Montellano, "Aztec Cannibalism: An Ecological Necessity?" Science 200 (May 12, 1978): 611—617.
[8] Ch'ao-ting Chi, Key Economic Areas in Chinese History, 2nd ed. (New York: Paragon Books, 1963), p. 6.
[9] S. Wells Williams, The Middle Kingdom, rev. ed. (New York: Charles Scribner's Sons, 1907), 1:

467—468.
[10] W. R. Aykroyd, The Conquest of Famine (London: Chatto & Windus, 1974), pp. 52—54.
[11] Ping-ti Ho, Studies on the Population of China, 1368—1953 (Cambridge, Mass.: Harvard University Press, 1959), pp. 231—235.
[12] Aykroyd, Conquest of Famine, p. 55.
[13] Ho, Population of China, pp. 228—229.
[14] Kalhana, Rajatarañgini, trans. Ranjit Sitaram Pandit (New Delhi: Sahitya Akademi, 1968), p. 209.
[15] Ho, Population of China, p. 231.
[16] China Famine Relief Committee, The Great Famine (Shanghai, 1879), p. 5.
[17] Jack Belden, China Shakes the World (New York: Monthly Review Press, 1970), pp. 61—62.
[18] Jan Myrdal, Report from a Chinese Village (New York: Pantheon Books, 1965), p. 135.
[19] O. H. K. Spate, India and Pakistan (New York: E. P. Dutton & Co., 1954), pp. 158—159.
[20] Gregory of Nazianzen, Patrologia Graeca, ed. J. P. Migne, vol. 36, col. 541; quoted in Keith Hopkins, "Economic Growth and Towns in Classical Antiquity," in Philip Abrams and E. A. Wrigley, eds., Towns in Societies: Essays in Economic History and Historical Sociology (Cambridge: University Press, 1978), p. 46.
[21] W. H. Mallory, China: Land of Famine (New York: American Geographical Society, 1926), p. 30.
[22] Lynn White, Jr., "Death and the Devil," in Robert S. Kinsman, ed., The Darker Vision of the Renaissance: Beyond the Fields of Reason (Berkeley and Los Angeles: University of California Press, 1974), pp. 26—27.
[23] Georges Duby, Rural Economy and Country Life in the Medieval West (Columbia: University of South Carolina Press, 1968), p. 295.
[24] Pierre Goubert, Louis XIV and Twenty Million Frenchmen (New York: Pantheon Books, 1970), pp. 178—181; quotation on p. 216.
[25] Peter Laslett, The World We Have Lost (New York: Charles Scribner's Sons, 1965), p. 119.
[26] Andrew P. Appleby, Famine in Tudor and Stuart England (Stanford, Calif.: Stanford University Press, 1978), p. 113.
[27] Alan Macfarlane, The Family Life of Ralph Josselin: A Seven-teenth-Century Clergyman (Cambridge: University Press, 1970), pp. 71—76.
[28] Olwen H. Hufton, The Poor of Eighteenth-Century France, 1750—1789 (Oxford: Clarendon Press, 1974), pp. 355—356; Jan de Vries, The Economy of Europe in an Age of Crisis, 1600—1750 (Cambridge: University Press, 1976), pp. 11—15.
[29] Tao Teh Ching, trans. John C. H. Wu (New York: St. John's University Press, 1961), p. 7.
[30] M. J. Merk, a resident in Punjab, quoted in W. G. Kendrew, The Climates of the Continents (London: Oxford University Press, 1937), p. 146.
[31] Evon Z. Vogt, Modern Homesteaders (Cambridge, Mass.: Harvard University Press, 1955), pp. 90—91.
[32] Kwai-shing Poon, "A Historical Geographical Study of Natural Disasters and Minor Agrarian Riots," unpublished M.A. thesis, University of Minnesota, 1976, pp. 57—65.

## / 第七章 /

[1] Johan Huizinga, The Waning of the Middle Ages (Garden City, N.Y.: Doubleday Anchor Books, 1954).
[2] Peter Brown, "Society and the Supernatural: A Medieval Change," Daedalus 104 (Spring 1975): 133—151.
[3] Ernest Brehaut, An Encyclopedist of the Dark Ages: Isidore of Seville, Columbia University Studies in History, Economics, and Public Law, vol. 48, no. 1 (New York, 1912), p. 71.
[4] Norman Cohn, Europe's Inner Demons: An Enquiry Inspired by the Great Witch-Hunt (New York: Basic Books, 1975), p. 70.
[5] Kenneth Clark, Landscape into Art, rev. ed. (New York: Harper & Row, 1976), p. 6; Lewis Mumford, Technics and Civilization (New York: Harcourt, Brace & Co. 1934), pp. 28—29.
[6] Carolly Erickson, The Medieval Vision: Essays in History and Perception (New York: Oxford University Press, 1976), p. 19.

[7] M. D. Chenu, Nature, Man, and Society in the Twelfth Century: Essays on New Theological Perspectives in the Latin West (Chicago: University of Chicago Press, 1968), pp. 102—103.
[8] Marc Bloch, Feudal Society (Chicago: University of Chicago Press, 1961), p. 83.
[9] Erickson, The Medieval Vision, p. 90.
[10] Richard Cavendish, The Powers of Evil (New York: G. P. Putnam's Sons, 1975), p. 93.
[11] Peter Hunter Blair, Northumbria in the Days of Bede (London: Victor Gollancz, 1976), pp. 67, 197—198.
[12] G. G. Coulton, From St. Francis to Dante, 2nd ed. (London: David Nutt, 1907), p. 78.
[13] Heinz von Foerster, Patricia M. Mora, and Lawrence W. Amiot, "Doomsday: Friday, 13 November, a. d. 2026," Science 132 (November 4,1960): 1291—1295.
[14] Bloch, Feudal Society, pp. 84—85.
[15] C. S. Lewis, The Discarded Image (Cambridge: University Press,1964), p. 118.
[16] Malleus Maleficarum (1489) trans. with an introduction, bibliography, and notes by Montague Summers (1928; reprint ed., New York: Benjamin Blom, 1970), p. 147.
[17] Ibid., p. 190.
[18] H. R. Trevor-Roper, The European Witch-Craze of the Sixteenth and Seventeenth Centuries and Other Essays (New York: Harper Torchbooks, 1969), pp. 103, 106—107.
[19] Gavin Rylands de Beer, Early Travellers in the Alps (London: Sidwick & Jackson, 1930). Reference to Pilate's Lake, p. 16, and dragons, pp. 89—90.
[20] Roderick Nash, Wilderness and the American Mind (New Haven, Conn.: Yale University Press, 1967), p. 2.
[21] Quoted in ibid., p. 29.
[22] Robert Steele, ed., Medieval Lore . . . Being Classified Gleanings from the Encyclopedia of Bartholomaeus Anglicus on the Properties of Things (London: Elliot Stock, 1893), p. 92.
[23] G. G. Coulton, Life in the Middle Ages (Cambridge: University Press, 1930), 4: 45.
[24] Coulton, From St. Francis to Dante, pp. 39, 60.
[25] Fernand Braudel, Capitalism and Material Life, 1400—1800 (New York: Harper Colophon Books, 1975), p. 34.
[26] G. G. Coulton, Medieval Village, Manor, and Monastery (New York: Harper Torchbooks, 1960), pp. 115—116; A. Feillet, La Misère au temps de Fronde et S. Vincent de Paul (Paris, 1862), p. 72; see also Elias Canetti, Crowds and Power (Harmondsworth, Middlesex: Penguin Books, 1973), p. 67.
[27] Edward A. Armstrong, Saint Francis: Nature Mystic (Berkeley and Los Angeles: University of California Press, 1976), p. 7.
[28] G. G. Coulton, Medieval Panorama: The English Scene from Conquest to Reformation (New York: Macmillan Co., 1946), p. 112.
[29] Armstrong, Saint Francis, p. 203.
[30] G. Carson, "Bugs and Beasts Before the Law," Natural History 77, no. 4 (1968): 6—19; Walker W. Hyde, "The Prosecution and Punishment of Animals and Lifeless Things in the Middle Ages and Modern Times," University of Pennsylvania Law Review 64 (1915—1916): 708—709.
[31] Coulton, Medieval Panorama, p. 108.
[32] Ernest Jones, On the Nightmares (New York: Liveright, 1971).
[33] E. J. Becker, A Contribution to the Comparative Study of the Medieval Visions of Heaven and Hell (Baltimore: John Murphy, 1899), pp. 2—3.
[34] Ibid., p. 83.
[35] William Fitz Stephen, A Description of London (Descriptio Lon-donie), trans. H. E. Butler, in F. M. Stenton, Norman London, Historical Association Leaflets, nos. 93—94 (London, 1934), p. 31.

## / 第八章 /

[1] Forrest E. Clements, Primitive Concepts of Disease, University of California Publications in American Archaeology and Ethnology, vol. 32, no. 2 (Berkeley, 1932), pp. 185—252.
[2] Clarence Maloney, ed., The Evil Eye (New York: Columbia University Press, 1976).
[3] J. B. Loudon, ed., Social Anthropology and Medicine, Papers from a Conference, Canterbury,

England, April 1972 A.S.A. [Association of Social Anthropologists] Monographs, no. 13 (New York: Academic Press, 1976).
[4] Maurice Freedman, "On the Sociological Study of Chinese Religion," in Arthur P. Wolf, Religion and Ritual in Chinese Society (Stanford, Calif.: Stanford University Press, 1974), pp. 19—41.
[5] Guido Majno, The Healing Hand: Man and Wound in the Ancient World (Cambridge, Mass.: Harvard University Press, 1975), pp. 238—244. See also I. Veith, Huang Ti Nei Ching Su Wen [The Yellow Emperor's Classic of Internal Medicine], rev. ed. (Berkeley: University of California Press, 1966); also Manfred Porkert, The Theoretical Foundations of Chinese Medicine (Cambridge, Mass.: MIT Press, 1974).
[6] J. J. M. De Groot, The Religious System of China (Taipei: Literature House, 1964), 6: 1110—1111; also Heinrich Wallnöfer and Anna von Rottauscher, Chinese Folk Medicine (New York: Bell Publishing Co., 1965), pp. 96—99.
[7] Ibid., pp. 944—946.
[8] E. R. Dodds, The Greeks and the Irrational (Berkeley: University of California Press, 1951), pp. 29, 39.
[9] Martin P. Nilsson, Greek Folk Religion (Philadelphia: University of Pennsylvania Press, 1972), p. 18.
[10] Quoted in Paul F. Russell, Man's Mastery of Malaria (London: Oxford University Press, 1955), p. 88.
[11] Dodds, The Greeks and the Irrational, pp. 41—42.
[12] L. W. Sambon, "A Medico-literary Causerie: The History of Malaria," The Practitioner 66 (1901): 348—359.
[13] Norman Longmate, King Cholera: The Biography of a Disease (London: Hamish Hamilton, 1966), pp. 86, 179.
[14] Charles E. Rosenberg, The Cholera Years: The United States in 1832, 1849, and 1866 (Chicago: University of Chicago Press, 1962), p. 42.
[15] Ibid., pp. 49, 121.
[16] Hippocrates, Of the Epidemics, bk. 1, sec. 2: 11.
[17] Russell, Man's Mastery of Malaria, p. 84.
[18] J. F. C. Hecker, The Epidemics of the Middle Ages, 3rd ed. (London: Trübner & Co., 1859), p. 15.
[19] Walter George Bell, The Great Plague in London, 1665 (London: John Lane, 1924), p. 1.
[20] J. H. Powell, Bring Out Your Dead: The Great Plague of Yellow Fever in Philadelphia in 1793 (Philadelphia: University of Pennsylvania Press, 1949), p. 2.
[21] Rosenberg, Cholera Years, p. 15.
[22] Quoted in James Leasor, The Plague and the Fire (New York: McGraw-Hill Book Co., 1961), p. 125.
[23] Sir Fred Hoyle and Chandra Wickramasinghe, "Does Epidemic Disease Come from Space?" New Scientist 76 (November 17, 1977): 402—404.
[24] Anna Montgomery Campbell, The Black Death and Its Meaning (New York: Columbia University Press, 1931), p. 41.
[25] Hecker, Epidemics of the Middle Ages, pp. 14—15.
[26] Longmate, King Cholera, pp. 73—74.
[27] Classical writers were sometimes more precise. Varro, for example, warned against swampy grounds because "certain minute animals, invisible to the eye, breed there, and, borne by the air, reach the inside of the body by way of the mouth and nose, and cause diseases which are difficult to get rid of." Quoted in Russell, Man's Mastery of Malaria, p. 12.
[28] Longmate, King Cholera, p. 166.
[29] Charles Creighton, A History of Epidemics in Britain (Cambridge: University Press, 1891), 1: 175.
[30] Saul Nathaniel Brody, The Disease of the Soul: Leprosy in Medieval Literature (Ithaca, N.Y.: Cornell University Press, 1974), p. 67.
[31] Anthony D. King, Colonial Urban Development: Culture, Social Power and Environment (London: Routledge & Kegan Paul, 1976), pp. 108—111.
[32] Campbell, The Black Death, pp. 3, 61.
[33] Hecker, Epidemics of the Middle Ages, pp. 58—59.
[34] Campbell, The Black Death, p. 114.
[35] Bell, The Great Plague, p. 94.
[36] Roderick E. McGrew, Russia and the Cholera 1823—1832 (Madison: University of Wisconsin Press, 1965), p. 78.

[37] Rosenberg, Cholera Years, p. 37.
[38] McGrew, Russia and the Cholera, pp. 75—77.
[39] Philip Ziegler, The Black Death (New York: John Day Co., 1969), pp. 74—75.
[40] Quoted in Leasor, The Plague and the Fire, p. 125.
[41] Ibid., p. 126.
[42] Longmate, King Cholera, p. 5.
[43] Ibid., p. 85.
[44] Thucydides, The History of the Peloponnesian War, bk. 2, chap. 7: 52. Thucydides is often credited with presenting the first description of plague. It is more likely that he described typhus and possibly typhoid. See Wesley W. Spink, Infectious Diseases: A History of Their Control (Minneapolis: University of Minnesota Press, 1978), p. 144.
[45] From the Chronicum Henrici Knighton, quoted by R. B. Dobson, ed., The Peasants' Revolts of 1381 (London: Macmillan & Co., 1970), pp. 59—63.
[46] Bell, The Great Plague, pp. 158—159, 192—194, 281.
[47] Quoted in Longmate, King Cholera, p. 63.

## / 第九章 /

[1] E. H. Winter, "The Enemy Within: Amba Witchcraft and Sociological Theory," in John Middleton and E. H. Winter, eds., Witchcraft and Sorcery in East Africa (New York: Frederick A. Praeger, 1963), pp. 278—294.
[2] Clyde Kluckhohn, Navaho Witchcraft (Boston: Beacon Press, 1967), pp. 74—75.
[3] Lucy Mair, Witchcraft (New York: World University Library, 1969), pp. 36—37.
[4] H. Boguet, An Examen of Witches, first published in 1590, trans. E. A. Ashwin (London, 1929), p. 51; quoted by Geoffrey Parrinder, Witchcraft: European and African (London: Faber & Faber, 1963), p. 38.
[5] Robert A. LeVine and Barbara B. LeVine, Nyansongo: A Gusii Community in Kenya, in Beatrice B. Whiting, ed., Six Cultures: Studies of Child Rearing (New York: John Wiley & Sons, 1963), pp. 57—58.
[6] T. O. Beidelman, "Witchcraft in Ukaguru," in Middleton and Winter, eds., Witchcraft and Sorcery, p. 61.
[7] John Middleton, "Witchcraft and Sorcery in Lugbara," in Middleton and Winter, eds., Witchcraft and Sorcery, p. 262.
[8] R. G. Lienhardt, "Some Notions of Witchcraft Among the Dinka," Africa 21 (1951): 303—318.
[9] Ernest Jones, On the Nightmare (New York: Liveright Publishing Corp., 1971), pp. 233—234.
[10] Kluckhohn, Navaho Witchcraft, p. 137.
[11] H. R. Trevor-Roper, The European Witch-Craze of the Sixteenth and Seventeenth Centuries and Other Essays (New York: Harper Torchbooks, 1969), p. 94.
[12] Julio Caro Baroja, The World of Witches (Chicago: University of Chicago Press, 1965), p. 238. For witchcraft in the mountainous regions of the Savoy and the Jura, see E. William Monter, Witchcraft in France and Switzerland: The Borderlands During the Reformation (Ithaca, N.Y.: Cornell University Press, 1976).
[13] Nicholas Remy, Demonology (1595), trans. E. A. Ashwin (London: J. Rodker, 1930), p. 84.
[14] J. R. Crawford, Witchcraft and Sorcery in Rhodesia (London: Oxford University Press, 1967), pp. 265—266.
[15] Malleus maleficarum (1489), trans. with an introduction, bibliography, and notes by Montague Summers (1928; reprint ed., New York: Benjamin Blom, 1970), pp. 91—92.
[16] Baroja, World of Witches, p. 176.
[17] Kluckhohn, Navaho Witchcraft, pp. 25, 47.
[18] Mair, Witchcraft, pp. 54—56.
[19] Monica Wilson, "Witch Beliefs and Social Structure," American Journal of Sociology 56, no. 4 (1951): 307—313.
[20] Robert F. Gray, "Some Structural Aspects of Mbugwe Witchcraft," in Middleton and Winter, Witchcraft and Sorcery, p. 163.

[1] R. H. Nassau, Fetishism in West Africa (New York: Charles Scribner's Sons, 1904), pp. 223—224.
[2] Clyde Kluckhohn, Navaho Witchcraft (Boston: Beacon Press, 1967), pp. 104—105.
[3] T. O. Beidelman, "Witchcraft in Ukaguru," in John Middleton and E. H. Winter, eds., Witchcraft and Sorcery in East Africa (New York: Frederick A. Praeger, 1963), p. 66.
[4] J. R. Crawford, Witchcraft and Sorcery in Rhodesia (London: Oxford University Press, 1967), p. 88.
[5] A. Grimble, "From Birth to Death in the Gilbert Islands," Journal of the Royal Anthropological Institute of Great Britain and Ireland 51 (1920): 46—48.
[6] Clyde Kluckhohn and Dorothea Leighton, The Navaho, rev. ed. (Garden City, N.Y.: Doubleday Anchor Books, 1962), p. 184.
7] Gladys A. Reichard, Navaho Religion: A Study of Symbols (New York: Pantheon Books, 1963), p. 81.
[8] Kluckhohn and Leighton, The Navaho, pp. 184—185.
[9] W. T. Harris and Harry Sawyer, The Springs of Mende Belief and Conduct (Freetown: Sierra Leone University Press, 1968), p. 14.
[10] Crawford, Witchcraft in Rhodesia, p. 78.
[11] R. N. H. Bulmer, "The Kyaka of the Western Highlands," in P. Lawrence and M. J. Meggitt, eds., Gods, Ghosts, and Men in Melanesia (Melbourne: Oxford University Press, 1965), p. 139.
[12] M. J. Meggitt, "The Mae Enga of the Western Highlands," in Lawrence and Meggitt, eds., Gods, Ghosts, and Men, p. 111.
[13] Pausanias, Description of Greece, bk. 9: 31, trans. W. H. S. Jones, Loeb Classical Library (London, 1935), 4: 353, 355.
[14] Martin P. Nilsson, Greek Piety (Oxford: Clarendon Press, 1948), p. 9.
[15] Martin P. Nilsson, Greek Folk Religion (Philadelphia: University of Pennsylvania Press, 1972), pp. 91, 113.
[16] Arthur P. Wolf, "Gods, Ghosts, and Ancestors," in Arthur P. Wolf, ed., Religion and Ritual in Chinese Society (Stanford, Calif.: Stanford University Press, 1974), p. 141.
[17] Emily M. Ahern, The Cult of the Dead in a Chinese Village (Stanford, Calif.: Stanford University Press, 1973), pp. 199—200.
[18] Ibid., p. 171.
[19] Ibid., pp. 172—174.
[20] Wolf, "Gods, Ghosts, and Ancestors," pp. 146—147.
[21] Shen Chien-shih, "An Essay on the Primitive Meaning of the Character kuei," Monumenta Serica 2 (1936—1937): 1—20.
[22] Wolfram Eberhard, Studies in Chinese Folklore and Related Essays, Indiana University Folklore Institute Monograph Series, vol. 23, (Bloomington, 1970), pp. 69—71.
[23] Margery Wolf, The House of Lim: A Study of a Chinese Farm Family (New York: Appleton-Century-Crofts, 1968), pp. 15—16.
[24] James George Frazer, The Fear of the Dead in Primitive Religion (London: Macmillan & Co., 1934), vol. 2.
[25] Baldwin Spencer and F. J. Gillen, The Native Tribes of Central Australia (London: Macmillan & Co., 1899), pp. 498—508.
[26] G. M. Sproat, Scenes and Studies of Savage Life (London: Smith, Elder & Co., 1868), pp. 159, 160; Frazer, Fear of the Dead, p. 128.
[27] Alexander von Humboldt, Personal Narrative of Travels in the Equinoctial Regions of America (London: George Bell & Sons, 1852), 2: 487.
[28] Frazer, Fear of the Dead, p. 132.
[29] Ibid., pp. 32—36, 47—48.
[30] Ibid., pp. 17—18, 36.
[31] Cyril Bailey, Phases in the Religion of Ancient Rome (1932; reprint ed., Westport, Conn.: Greenwood Press, 1972), p. 39.
[32] Arthur F. Wright, The Sui Dynasty: The Unification of China, A.D. 581—617 (New York: Alfred A. Knopf, 1978), p. 67.
[33] Carolly Erickson, The Medieval Vision: Essays in History and Perception (New York: Oxford University Press, 1976), pp. 14—16; A. J. Grant, "Twelve Medieval Ghost Stories," Yorkshire

Archaeological Journal 27 (1923—1924): 365—366.
[34] Julia Briggs, Night Visitors: The Rise and Fall of the English Ghost Story (London: Faber & Faber, 1977).
[35] Katherine Wiltshire, Ghosts and Legends of the Wiltshire Countryside (Salisbury, Wiltshire: Compton Russell, 1973).
[36] Ralph Whitlock, The Folklore of Wiltshire (London and Sydney: B. T. Batsford, 1976), pp. 116—117, 126.
[37] Lacy Collison-Morley, Greek and Roman Ghost Stories (Chicago: Argonaut, 1968), p. 20.
[38] Whitlock, Folklore of Wiltshire, p. 125.
[39] Christina Hole, Haunted England: A Survey of English Ghost-Lore, 2nd ed. (London: B. T. Batsford, 1950), p. 139.
[40] Ibid., p. 4.
[41] William L. Montell, Ghosts Along the Cumberland: Deathlore in the Kentucky Foothills (Knoxville: University of Tennessee Press,1975), pp. 14, 22, 29.
[42] Vance Randolph, Ozark Superstitions (New York: Columbia University Press, 1947), p. 238.
[43] Montell, Ghosts Along the Cumberland, p. 6.
[44] Randolph, Ozark Superstitions, p. 71.
[45] Ibid., p. 217.
[46] Elmore Messer Matthews, Neighbor and Kin: Life in a Tennessee Ridge Community (Nashville, Tenn.: Vanderbilt University Press, 1965), pp. 68—69; Jack E. Weller, Yesterday's People: Life in Contemporary Appalachia (Lexington: University of Kentucky Press, 1966), p. 44.

## / 第十一章 /

[1] Put in the mouth of Pacatianus by Luke Owen Pike, A History of Crime in England (London: Smith, Elder & Co., 1873), 1: 30. He gives his reason for doing so on p. 431. Of the numerous villas in Roman Britain, only a few had palisades. See R. G. Collingwood and S. N. L. Myers, Roman Britain and the English Settlements (Oxford: Clarendon Press, 1937), p. 302.
[2] Edwin O. Reischauer, Ennin's Travels in T'ang China (New York: Ronald Press Co., 1955), pp. 138—139.
[3] Eileen E. Power, "Peasant Life and Rural Conditions (c. 1100 to c. 1500)," The Cambridge Medieval History (Cambridge: University Press, 1958), 7: 730.
[4] I. A. A. Thompson, "A Map of Crime in Sixteenth-Century Spain," Economic History Review 21, ser. 2 (1968): 244—267.
[5] Gwyn A. Williams, A Medieval London: From Commune to Capital (London: Athlone Press, 1970), pp. 21—22; R. H. Hilton, A Medieval Society: The West Midlands at the End of the Thirteenth Century (London: Weidenfeld & Nicolson, 1966), pp. 55, 218.
[6] James B. Given, Society and Homicide in Thirteenth-Century England (Stanford, Calif.: Stanford University Press, 1977), pp. 35—39, 175.
[7] John Bellamy, Crime and Public Order in England in the Later Middle Ages (Toronto: University of Toronto Press, 1973), p. 43.
[8] G. T. Salusbury, Street Life in Medieval England (Oxford: Pen-in-Hand Publishing Co., 1948), p. 151.
[9] W. G. Hoskins, The Making of the English Landscape (London: Hodder & Stoughton, 1955), p. 91; Alfred Harvey, The Castles and Walled Towns of England (London: Methuen & Co., 1911), pp. 1—2. "Medieval Europe abounded in castles. Germany alone had ten thousand and more, most of them now vanished." Friedrich Heer, The Medieval World (New York: Mentor Books, 1962), p. 32.
[10] Andrea Trevisano, A Relation of the Island of England, trans. C. A. Sneyd (London: Camden Society, 1847), 37: 34.
[11] J. S. Cockburn, "The Nature and Incidence of Crime in England, 1559—1625: A Preliminary Survey," in J. B. Coburn, ed., Crime in England, 1550—1800 (Princeton, N.J.: Princeton University Press, 1977), pp. 55—56.
[12] Thompson, "Map of Crime in Sixteenth-Century Spain," p. 244.
[13] Fernand Braudel, The Mediterranean and the Mediterranean World in the Age of Philip II (New

York: Harper & Row, 1973), 2: 734—756.
[14] Y. M. Bercé, "De la criminalité aux troubles sociaux: la noblesse rurale du Sud-Ouest de la France sous Louis XIII," Annales du Midi 76 (1964): 43.
[15] M. Dorothy George, London Life in the XVIIIth Century (London: Kegan Paul, 1925), p. 97.
[16] William C. Sydney, England and the English in the Eighteenth Century, 2nd ed. (Edinburgh: John Grant, 1891), 2: 29.
[17] Christopher Hibbert, Highwaymen (London: Weidenfeld & Nicolson, 1967), p. 13.
[18] Richard C. Cobb, Paris and Its Provinces, 1792—1802 (London: Oxford University Press, 1975), pp. 40—41.
[19] E. J. Hobsbawm, Bandits (London: Weidenfeld & Nicolson, 1969), pp. 24—33.
[20] Cobb, Paris and Its Provinces, p. 35.
[21] Henri Hours, "Émeutes et émotions populaires dans les cam-pagnes du Lyonnais au XVIIe siècle," Cahiers d'Histoire 9 (1964): 137—154; François Billacois, "Pour une enquête sur la criminalité dans la France d'Ancien Régime," Annales—Économies, Sociétés, Civilisations 22, no. 2 (1967): 345.
[22] Olwen H. Hufton, The Poor of Eighteenth-Century France, 1750—1789 (Oxford: Clarendon Press, 1974), pp. 360—363; quotation on p. 363.
[23] Richard Jefferies, The Toilers of the Field (London: Longmans, Green & Co., 1892), p. 109. First published in Fraser's Magazine in 1874.
[24] Ronald Blythe, Akenfield: Portrait of an English Village (New York: Pantheon Books, 1969), p. 170.
[25] Roger Lane, "Crime and Criminal Statistics in Nineteenth-century Massachusetts," Journal of Social History 2, no. 2 (1968): 156—163; quotation on p. 163.
[26] Jefferies, Toilers of the Field, pp. 90—91.
[27] Robert Coles, Children of Crisis, vol. 2, Migrants, Mountaineers, and Sharecroppers (Boston: Little, Brown & Co., 1972), p. 337.
[28] James Dickey, Deliverance (New York: Dell Publishers, 1971), pp. 51—52.
[29] Lowry Nelson, American Farm Life (Cambridge, Mass.: Harvard University Press, 1954), p. 56.
[30] The most famous and influential of these laments appears in Thomas More's Utopia, which was first published in 1516.
[31] W. E. Tate, The English Village Community and the Enclosure Movements (London: Victor Gollancz, 1967), pp. 67, 174.
[32] Blythe, Akenfield, pp. 47—48.
[33] Truman Moore, The Slaves We Rent (New York: Random House, 1965), pp. xi, 15—17, 36—37.
[34] Coles, Migrants, Mountaineers, and Sharecroppers, pp. 457, 459.
[35] Dale Wright, They Harvest Despair: The Migrant Farm Worker (Boston: Beacon Press, 1965).
[36] Coles, Migrants, Mountaineers, and Sharecroppers, p. 96.
[37] Ibid., p. 95.
[38] Raymond Williams, The Country and the City (New York: Oxford University Press, 1973), p. 46.

## / 第十二章 /

[1] Paul Wheatley, The Pivot of the Four Quarters: A Preliminary Inquiry into the Origins and Character of the Ancient Chinese City (Chicago: Aldine Publishing Co., 1971).
[2] Wolfram Eberhard, "The Political Function of Astronomy and Astronomers in Han China," in John K. Fairbank, ed., Chinese Thought and Institutions (Chicago: University of Chicago Press, 1967), pp. 33—70.
[3] G. M. Wyburn, R. W. Pickford, and R. J. Hirst, Human Senses and Perceptions (Edinburgh: Oliver & Boyd, 1964), p. 66; P. H. Knapp, "Emotional Aspects of Hearing Loss," Psychomatic Medicine 10 (July—August 1948): 203—222.
[4] Jérôme Carcopino, Daily Life in Ancient Rome: The People and the City at the Height of the Empire (New Haven, Conn.: Yale University Press, 1940), pp. 50, 180; Juvenal, Satires III, lines 236—259.
[5] D. C. Munro and R. J. Sontag, The Middle Ages (New York: Century Co., 1928), p. 345.
[6] Quoted in Hugh and Pauline Massingham, eds., The London Anthology (London: Phoenix House, 1950), pp. 447—448.
[7] Marjorie Rawling, Everyday Life in Medieval Times (London: B. T. Batsford, 1968), pp. 68—69.

[8] Carl Bridenbaugh, Cities in Revolt: Urban Life in America, 1743—1776 (New York: Alfred A. Knopf, 1955), p. 243.
[9] Rosamond Bayne-Powell, Eighteenth-Century London Life (London: John Murray, 1937), p. 33.
[10] John Betjeman, Victorian and Edwardian London (London: B. T. Batsford, 1969), pp. ix—xi.
[11] Carcopino, Daily Life in Ancient Rome, p. 31.
[12] Juvenal, "Against the City of Rome," Satires, trans. Rolfe Humphries (Bloomington: Indiana University Press, 1958), p. 40.
[13] M. Dorothy George, London Life in the XVIIIth Century (London: Kegan Paul, 1925), pp. 73—74.
[14] Charles Dickens, Bleak House, chap. 16, quoted in Aldon D. Bell, London in the Age of Dickens (Norman: University of Oklahoma Press, 1967), pp. 157—158.
[15] Petronius, The Satyricon, trans. William Arrowsmith (New York: Mentor Books, 1960), p. 84.
[16] G. Woledge, "The Medieval Borough of Leeds," The Thoresby Miscellany, 2 (Leeds: The Thoresby Society, 1945), p. 294; quoted in Walter L. Creese, The Search for Environment: The Garden City, Before and After (New Haven, Conn.: Yale University Press, 1966), p. 72; Gene A. Brucker, Renaissance Florence (New York: John Wiley & Sons, 1969), p. 11.
[17] Colin Platt, The English Medieval Town (New York: David McKay Co., 1976), p. 48.
[18] Sir Walter Besant, London in the Eighteenth Century (London: Adam & Charles Black, 1903), p. 90.
[19] David H. Pinkney, Napoleon III and the Rebuilding of Paris (Princeton, N.J.: Princeton University Press, 1958), pp. 16—17.
[20] Lewis Mumford, The City in History: Its Origins, Its Transformations, and Its Prospects (New York: Harcourt, Brace & World, 1961), p. 370; Jeffry Kaplow, The Names of Kings: The Parisian Laboring Poor in the Eighteenth Century (New York: Basic Books, 1972), p. 16.
[21] Bridenbaugh, Cities in Revolt, p. 34.
[22] Ibid., p. 243.
[23] Alex Karmel, My Revolution: Promenades in Paris 1789—1794, Being the Diary of Restif de la Bretonne (New York: McGraw-Hill Book Co., 1970), pp. 3—4.
[24] E. H. Schafer, "The Last Years of Ch'ang-an," Oriens Extremus 10 (October 1963): 137.
[25] Jacques Gernet, Daily Life in China on the Eve of the Mongol Invasion, 1250—1276 (London: George Allen & Unwin, 1962), pp. 34—38.
[26] H. F. Jolowicz, Historical Introduction to the Study of Roman Law (Cambridge: University Press, 1965), p. 347.
[27] Carcopino, Daily Life in Ancient Rome, p. 33; Juvenal, Satires III, lines 197—198.
[28] William Fitz Stephen, A Description of London (Descriptio Londonie), trans. H. E. Butler, in F. M. Stenton, ed., Norman London, Historical Association Leaflets, nos. 93, 94 (London, 1934), p. 30.
[29] D. M. Stenton, English Society in the Early Middle Ages (Harmondsworth, Middlesex: Pelican History of England, 1965), p. 193.
[30] Charles Pendrill, London Life in the 14th Century (London: George Allen & Unwin, 1925), p. 12.
[31] Fernand Braudel, Capitalism and Material Life, 1400—1800 (New York: Harper Colophon Books, 1975), pp. 194—195.
[32] Carl Bridenbaugh, Cities in the Wilderness: The First Century of Urban Life in America, 1625—1742 (New York: Capricorn Books, 1955), pp. 58—59.
[33] Howard Emmons, "Fire and Fire Protection," Scientific American 231 (July 1974): 21—27; Michael J. Munson, Urban Neighborhoods and the Fear of Fire, School of Architecture and Urban Planning, Princeton University, Working Paper no. 13, 1975.
[34] Elias Canetti, Crowds and Power (New York: Viking Press, 1963), pp. 20, 76.
[35] William Smith, "A Breeff Description of the Famous and Bew-tifull Cittie of Norenberg," Lambeth Palace Library, ms. no. 508; quoted by Malcolm Letts in his introduction to Theodor Hampe, Crime and Punishment in Germany (New York: E. P. Dutton & Co., 1929), p. 17. Smith lived in Nuremberg between 1568 and 1588.
[36] Henry Fielding, "An Enquiry into the Causes of the Late Increase of Robbers . . ." (1751), The Works of Henry Fielding (London: Frank Cass, 1967), 13: 83.
[37] John Lamer, "Order and Disorder in Romagna, 1450—1500," in Lauro Martines, ed., Violence and Civil Disorder in Italian Cities, 1200—1500 (Berkeley and Los Angeles: University of California Press, 1972), p. 39.
[38] Stanley Chojnacki, "Crime, Punishment, and the Trecento Venetian State," in Martines, ed., Violence and Civil Disorder, p. 214.

[39] Diane Owen Hughes, "Urban Growth and Family Structure in Medieval Genoa," in Philip Abrams and E. A. Wrigley, eds., Towns in Societies: Essays in Economic History and Historical Sociology (Cambridge: University Press, 1978), p. 111; Brucker, Renaissance Florence, pp. 11—13.
[40] Ferdinand Gregorovius, History of the City of Rome in the Middle Ages (London: George Bell, 1897), 5, pt. 2: 659—660.
[41] G. T. Salusbury, Street Life in Medieval England (Oxford: Pen-in-Hand Publishing Co., 1948), pp. 139—140.
[42] Carl Ludwig von Bar, A History of Continental Criminal Law (Boston: Little, Brown & Co., 1916), p. 108.
[43] Bridenbaugh, Cities in the Wilderness, pp. 66, 79—80.
[44] Carcopino, Daily Life in Ancient Rome, pp. 47—48.
[45] Quoted in George, London Life, pp. 10—11.
[46] Fielding, "An Enquiry . . .", p. 113.
[47] Bayne-Powell, Eighteenth-Century London Life, pp. 198—199.
[48] Quoted in J. J. Tobias, Crime and Industrial Society in the 19th Century (New York: Schocken Books, 1967), p. 24; see also Patrick Pringle, Hue and Cry (New York: William Morrow & Co., 1955).
[49] Luke Owen Pike, A History of Crime in England (London: Smith, Elder & Co., 1876), 2: 252—255.
[50] Tobias, Crime and Industrial Society, p. 25.
[51] Dickens, Bleak House, chap. 16.
[52] Ichisada Miyazaki, "Les villes en Chine à l'époque des Han," T'oung Pao 48 (1960): 376—392.
[53] Étienne Balazs, Chinese Civilization and Bureaucracy: Variations on a Theme (New Haven, Conn.: Yale University Press, 1964), pp. 68—69.
[54] Schafer, "Last Years of Ch'ang-an," pp. 138, 156.
[55] Balazs, Chinese Civilization, pp. 70—71.
[56] Ping-ti Ho, "Lo-yang, a. d. 495—534: A Study of the Physical and Socio-economic Planning of a Metropolitan Area," Harvard Journal of Asiatic Studies 26 (1966): 90.
[57] Gene A. Brucker, "The Ciompi Revolution," in Nicolai Rubinstein, ed, Florentine Studies (London: Faber & Faber, 1968), p. 314.
[58] Leon Bernard, The Emerging City: Paris in the Age of Louis XIV (Durham, N.C.: Duke University Press, 1970), pp. 156—166.
[59] Kaplow, The Names of Kings, p. 13.
[60] Pinkney, Napoleon III, pp. 35—37.
[61] Bridenbaugh, Cities in the Wilderness, p. 380.
[62] John E. Alexander, "The City of Brotherly Fear: The Poor in Late-Eighteenth-Century Philadelphia," in Kenneth Jackson and Stanley Schultz, eds., Cities in American History (New York: Alfred A. Knopf, 1972), pp. 79—97.
[63] W. Cooke Taylor, "Notes of a Tour in the Manufacturing Districts of Lancashire," as quoted by R. Glass, "Urban Sociology in Great Britain," in R. E. Pahl, ed., Readings in Urban Sociology (New York: Pergamon Press, 1968), pp. 67—68.
[64] Raymond Williams, The Country and the City (New York: Oxford University Press, 1973), p. 221.
[65] Louis Chevalier, Laboring Classes and Dangerous Classes in Paris During the First Half of the Nineteenth Century (New York: Howard Fertig, 1973), pp. 413—416.
[66] Charles Loring Brace, The Dangerous Classes of New York, 3rd ed. (New York: Wynkoop & Hallenbeck, 1880), p. 27.
[67] Dickens, Bleak House, chap. 46.
[68] Robert Ernst, Immigrant Life in New York City, 1825—1863 (New York: Kings' Crown Press, 1949); Ann Novotny, Strangers at the Door (New York: Bantam Books, 1974).
[69] Novotny, Strangers at the Door, pp. 138, 141.
[70] Ernst, Immigrant Life in New York, p. 51.
[71] Novotny, Strangers at the Door, pp. 144, 149.
[72] John Higham, Strangers in the Land: Patterns of American Na-tivism, 1860—1925 (New York: Atheneum Publishers, 1969), p. 25.
[73] Roger Daniels, The Politics of Prejudice: The Anti-Japanese Movement in California and the Struggle for Japanese Exclusion (New York: Atheneum Publishers, 1969), p. 17.
[74] Stanford M. Lyman, "Strangers in the City: The Chinese in the Urban Frontier," in Amy Tachiki, Eddie Wong, and Franklin Odo, eds., Roots: An Asian American Reader (Los Angeles: UCLA Asian

American Studies Center, 1971), pp. 159—187; and "Red Guard on Grant Avenue," in Howard S. Becker, ed., Culture and Civility in San Francisco (New Brunswick, N.J.: Transaction Books, 1971), pp. 20—52.
[75] Victor G. and Brett de Bary Nee, Longtime Californ': A Documentary Study of an American Chinatown (New York: Pantheon Books, 1973), pp. 299—300.
[76] Ibid., pp. 165—166.
[77] David Ley, The Black Inner City as Frontier Outpost (Washington, D.C.: Association of American Geographers, 1974), pp. 212—214.
[78] Paul Bullock, Watts: The Aftermath (New York: Grove Press, 1969), p. 37; Robert Conot, Rivers of Blood, Years of Darkness (New York: Bantam Books, 1967), p. 454.

## / 第十三章 /

[1] John A. Wilson, The Culture of Egypt (Chicago: University of Chicago Press, 1951), pp. 241—243; see also D. Lorton, "The Treatment of Criminals in Ancient Egypt (Through the New Kingdom)," Journal of the Economic and Social History of the Orient 22, pt. 1 (1977): 50—51.
[2] H. F. Jolowicz, Historical Introduction to the Study of Roman Law (Cambridge: University Press, 1965), pp. 326, 412—413; Grant Showerman, Rome and the Romans (New York: Macmillan Co., 1931), p. 410.
[3] Adhemar Esmein, A History of Continental Criminal Procedure (Boston: Little, Brown & Co., 1913), pp. 26—27.
[4] Martin Hengel, Crucifixion (London: Student Christian Movement Press, 1977), p. 54.
[5] Quintilian, Declamationes 274; quoted by Hengel, Crucifixion, p. 50.
[6] Tacitus, "Germany and Its Tribes," secs. 12, 21, trans. A. J. Church and W. J. Brodribb, The Complete Works of Tacitus (New York: Modern Library, 1942), pp. 714, 719.
[7] F. L. Attenborough, ed., The Laws of the Earliest English Kings (New York: Russell & Russell, Publishers, 1963), p. 131; Christopher Hibbert, The Roots of Evil: A Social History of Crime and Punishment (Boston: Little, Brown & Co., 1963), p. 5; F. M. Stenton, Anglo-Saxon England (Oxford: Clarendon Press, 1947), pp. 349—350.
[8] John Deane Potter, The Fatal Gallows Tree (London: Elek Books, 1965), p. 10.
[9] Luke Owen Pike, A History of Crime in England (London: Smith, Elder & Co., 1876), 2: 82—84.
[10] John Bellamy, Crime and Public Order in England in the Later Middle Ages (Toronto: University of Toronto Press, 1973), p. 182.
[11] William Andrews, Old-Time Punishments (Hull: William Andrews, 1890), pp. 132—133.
[12] Durant W. Robertson, Jr., Chaucer's London (New York: John Wiley & Sons, 1968), p. 47.
[13] Carl Ludwig von Bar, A History of Continental Criminal Law (Boston: Little, Brown & Co., 1916), p. 190.
[14] Theodor Hampe, Crime and Punishment in Germany (New York: E. P. Dutton & Co., 1929), p. 46; Von Bar, Continental Criminal Law, pp. 106—110; F. R. H. DuBoulay, "Law Enforcement in Medieval Germany," History, 63, no. 209 (1978): 345—355.
[15] Bellamy, Crime and Public Order in England, pp. 185—86.
[16] Thomas Wright, The Home of Other Days (New York: D. Appleton & Co., 1871), pp. 356—357.
[17] Marc Bensimon, "Modes of Perception of Reality in the Renaissance," in Robert S. Kinsman, ed. The Darker Vision of the Renaissance: Beyond the Fields of Reason (Berkeley and Los Angeles: University of California Press, 1974), pp. 223, 225.
[18] John L. Pritchard, A History of Capital Punishment (New York: Citadel Press, 1960), pp. 61—62.
[19] Paul Lacroix, Manners, Customs, and Dress during the Middle Ages and during the Renaissance Period (London: Bickers & Son, n.d.), p. 424.
[20] John Ogilby, Itinerarium Angliae, or A Book of Roads . . . (1675); quoted in Leon Radzinowicz, A History of English Criminal Law and Its Administration from 1750 (London: Stevens & Sons, 1948), 1: 214.
[21] Radzinowicz, English Criminal Law, p. 216.
[22] Potter, Fatal Gallows Tree, pp. 22—23.
[23] W. C. Sydney, England and the English in the Eighteenth Century, 2nd ed. (Edinburgh: John Grant, 1891), 2: 277.

[24] Quoted in ibid., p. 294.
[25] Alfred Marks, Tyburn Tree (London: Brown, Langham, 1908).
[26] David D. Cooper, The Lesson of the Scaffold: The Public Execution Controversy in Victorian England (Athens: Ohio University Press, 1974), pp. 7, 20.
[27] Jack Kenny Williams, Vogues in Villainy: Crime and Retribution in Ante-Bellum South Carolina (Columbia: University of South Carolina Press, 1959), p. 101.
[28] Gerald D. Robin, "The Executioner: His Place in English Society," British Journal of Sociology 15 (1964): 234—253.
[29] Henry Fielding, "An Enquiry into the Causes of the Late Increase of Robbers . . ." (1751), in The Works of Henry Fielding (London: Frank Cass, 1967), 13: 123—124.
[30] Jeremy Bentham, The Works of Jeremy Bentham, ed. John Bow-ring (New York: Russell & Russell, Publishers, 1962), 1: 549.
[31] Philip Collins, Dickens and Crime (London: Macmillan & Co., 1962), p. 240.

## / 第十四章 /

[1] Derk Bodde and Clarence Morris, Law in Imperial China (Cambridge, Mass.: Harvard University Press, 1967), pp. 81—82, 84—85; Étienne Balazs, Le Traité juridique du "Souei-Chou " (Leiden: E. J. Brill, 1954), pp. 23, 59, 66; Grant Showerman, Rome and the Romans (New York: Macmillan Co., 1931), p. 411.
[2] Michel Foucault, Madness and Civilization: A History of Insanity in the Age of Reason (New York: Vintage Books, 1973), p. 47.
[3] George Rosen, Madness in Society (Chicago: University of Chicago Press, 1968), p. 140.
[4] Robert S. Kinsman, "Folly, Melancholy and Madness: A Study in Shifting Styles of Medical Analysis and Treatment, 1450—1675," in Robert S. Kinsman, ed., The Darker Vision of the Renaissance: Beyond the Fields of Reason (Berkeley and Los Angeles: University of California Press, 1974), p. 282.
[5] Kaspar K. Riemschneider, "Prison and Punishment in Early Anatolia," Journal of the Economic and Social History of the Orient 22, pt. 1 (1977): 114—115.
[6] Wesley W. Spink, Infectious Diseases: A History of Their Control (Minneapolis: University of Minnesota Press, 1978), p. 159.
[7] E. Jeanselme, "Comment l'Europe, au Moyen Age se protégea contre la lèpre," Bulletin, Société Française d'Histoire de la Médecine 25 (1931): 75—81; Saul Nathaniel Brody, The Disease of the Soul: Leprosy in Medieval Literature (Ithaca, N.Y.: Cornell University Press, 1974), pp. 73—75.
[8] Kinsman, "Folly, Melancholy, and Madness," p. 293.
[9] Peter Richards, The Medieval Leper and His Northern Heirs (Cambridge, Eng.: D. S. Brewer, 1977), pp. 33, 51.
10] Rotha Mary Clay, The Medieval Hospitals of England (1909; reprint ed., London: Frank Cass, 1966), pp. 50—51.
11] W. K. Jordan, Philanthropy in England, 1480—1660 (London: George Allen & Unwin, 1959); J. S. Coburn, "The Nature and Incidence of Crime in England, 1559—1625: A Preliminary Survey," in J. S. Coburn, ed., Crime in England, 1550—1800 (Princeton, N.J.: Princeton University Press, 1977), pp. 60—61; Bronislaw Geremek, "Men Without Masters: Marginal Society During the Pre-industrial Era," Diogenes, no. 98 (Summer 1977), pp. 28—54.
[12] Frank Ayedelotte, Elizabethan Rogues and Vagabonds (1913; reprint ed., New York: Barnes & Noble, 1967), pp. 52—53.
[13] C. J. Ribton-Turner, A History of Vagrants and Vagrancy (London: Chapman & Hall, 1887), pp. 67—78.
[14] D. L. Howard, The English Prisons: Their Past and Their Future (London: Methuen & Co., 1960), p. 11.
[15] J. Thorsten Sellin, Slavery and the Penal System (New York: Elsevier Scientific Publishing Co., 1976), pp. 70—82.
[16] Foucault, Madness and Civilization, p. 41.
[17] Georges Guillain and P. Mathieu, La Salpêtrière (Paris: Masson, 1925), pp. 20, 35.
[18] John Howard, Prisons and Lazarettos (4th ed., 1792; reprint ed., Montclair, N.J.: Patterson Smith,

1973), 1: 8.
[19] Edward G. O'Donoghue, The Story of Bethlehem Hospital (London: Fisher Unwin, 1914), pp. 202, 210.
[20] Robert R. Reed, Jr., Bedlam on the Jacobean Stage (Cambridge, Mass.: Harvard University Press, 1952), p. 25.
[21] R. S. Hinde, The British Penal System, 1773—1950 (London: Gerald Duckworth & Co., 1951), p. 13.
[22] Michael Ignatieff, A Just Measure of Pain: The Penitentiary in the Industrial Revolution, 1750—1850 (New York: Pantheon Books, 1978), p. 44.
[23] Foucault, Madness and Civilization, pp. 202—204.
[24] David J. Rothman, The Discovery of the Asylum: Social Order and Disorder in the New Republic (Boston: Little, Brown & Co., 1971).
[25] Albert Deutsch, The Mentally Ill in America, 2nd ed. (New York: Columbia University Press, 1949), pp. 64—65.
[26] Rothman, Discovery of the Asylum, pp. 69—71.
[27] Blake McKelvey, American Prisons: A Study in American Social History Prior to 1915 (Chicago: University of Chicago Press, 1936), pp. 16—21.
[28] Rothman, Discovery of the Asylum, pp. 79—84; for European cases, see Michel Foucault, Discipline and Punish: The Birth of the Prison (New York: Pantheon Books, 1977), and Ignatieff, A Just Measure of Pain.
[29] Deutsch, The Mentally Ill in America, pp. 92—95.
[30] Rothman, Discovery of the Asylum, pp. 129—130.
[31] Gerald N. Grob, Mental Institutions in America: Social Policy to 1875 (New York: Free Press, 1973), p. 89.
[32] Rothman, Discovery of the Asylum, pp. 184—185.
[33] Deutsch, The Mentally Ill in America, pp. 116, 129.
[34] Rothman, Discovery of the Asylum, p. 237.
[35] "The Plight of the 'Deinstitutionalized' Mental Patient," Science 200 (June 23, 1978): 1366.
36] A new high-security state prison is planned for Minnesota. It is "a low-slung building nestled against the sloping earth overlooking the St. Croix River, almost invisible from the highway and surrounded simply by chain-link fence. . . . The trend these days is to build prisons that don't look like prisons." Minneapolis Tribune, June 17, 1978, p. 11.

## / 第十五章 /

[1] Jean Cazeneuve, "Jeux de vertige et de peur," in Roger Caillois, ed., Jeux et Sports (Paris: Encyclopédie de la Pléiade, 1967), pp. 683—731.
[2] Charles Houston, "The Last Blue Mountain," in Samuel Z. Klausner, ed., Why Man Takes Chances: Studies in Stress-Seeking (Garden City, N.Y.: Doubleday Anchor Books, 1968), p. 57.
[3] William Goldfarb and Irving Mintz, "Schizophrenic Child's Reactions to Time and Space," Archives of General Psychiatry 5 (1961): 535—553.
[4] Harold F. Searles, The Nonhuman Environment (New York: International Universities Press, 1960), pp. 15, 146, 309.
[5] Edoardo Weiss, Agoraphobia in the Light of Ego Psychology (New York: Grune & Stratton, 1964), pp. 51—52.
[6] Isaac M. Marks, Fears and Phobias (New York: Academic Press, 1969), p. 134.
[7] Pascal's Pensées, introd. T.S. Eliot (New York: Dutton Paperbacks, 1958), no. 72; but see also nos. 205, 206, 212, 229.
[8] Gregory Bateson and Margaret Mead, Balinese Character, Special Publication of the New York Academy of Sciences, vol. 2 (New York, 1942), pp. 6, 11; Margaret Mead, "Children and Ritual in Bali," in Margaret Mead and Martha Wolfenstein, eds., Childhood in Contemporary Cultures (Chicago: University of Chicago Press, 1955), pp. 42, 80.

[9] Gladys A. Reichard, Navaho Religion: A Study of Symbols (New York: Pantheon Books, 1963), pp. 5, 89, 158.
[10] E. O. James, Seasonal Feasts and Festivals (London: Thames & Hudson, 1961), p. 178.
[11] J. Littlejohn, "Temne Space," Anthropological Quarterly 36 (1963): 8—9.
[12] Vance Randolph, Ozark Superstitions (New York: Columbia University Press, 1947), pp. 283—284.
[13] Bateson and Mead, Balinese Character, p. 20.
[14] Earl Cook, review of Gilbert F. White and J. Eugene Haas, Assessment of Research on Natural Hazards, in Association of American Geographers, Annals 68, no. 2 (1978): 289.

## / 第十六章 /

[1] John Wain, Samuel Johnson: A Biography (New York: Viking Press, 1975), p. 43.
[2] Pierre Goubert, Louis XIV and Twenty Million Frenchmen (New York: Pantheon Books, 1970), p. 21.
[3] Lynn White, Jr., "Death and the Devil," in Robert S. Kinsman, ed., The Darker Vision of the Renaissance: Beyond the Fields of Reason (Berkeley and Los Angeles: University of California Press, 1974), p. 31.
[4] Georges Duby, La Société aux XIe et XIIe siècles dans la région mâconnaise (1953), quoted in Philippe Ariès, Centuries of Childhood: A Social History of Family Life (New York: Vintage Books, 1965), pp. 353—355.
[5] T. K. Chêng, Archaeology in China: Shang China (Toronto: University of Toronto Press, 1960), 2: 53—55.
[6] Matthew Luckiesh, Artificial Light: Its Influence on Civilization (New York: Century Co., 1920), p. 158.
[7] René Grousset, The Rise and Splendour of the Chinese Empire (Berkeley and Los Angeles: University of California Press, 1959), p. 171.
[8] Alan Macfarlane, The Family Life of Ralph Josselin: A Seventeenth-Century Clergyman (Cambridge: University Press, 1970), p. 171.
[9] Edward Shorter, The Making of the Modern Family (New York: Basic Books, 1977), p. 26.
[10] Daniel Bell, quoting Merwyn Jones, in "Technology, Nature and Society," American Scholar 42 (Summer 1973): 396.
[11] Wolfram Eberhard, Conquerors and Rulers: Social Forces in Medieval China (Leiden: E. J. Brill, 1965), pp. 15—16.
[12] David W. Orr, "Catastrophe and Social Order," Human Ecology 7, no. 1 (1979): 41—52.

# 索 引

## A

## C

## D

## E

## G

**H**

## I

## J



## K

## L

## M

## N

## O



## P

## Q



## R

## S

## T

## U



## V



## W

## Y



## Z